中国少数民族设计全集

The Design Collection of Chinese Ethnic Minorities

怒族

中国少数民族设计全集编纂委员会 编

图书在版编目（CIP）数据

中国少数民族设计全集.怒族／中国少数民族设计全集编纂委员会编；徐晶，熊枫，朱琦著.—太原：山西人民出版社，2019.10

ISBN 978-7-203-11036-1

Ⅰ.①中… Ⅱ.①中… ②徐… ③熊… ④朱… Ⅲ.①怒族－民族文化－研究－中国 Ⅳ.①K28

中国版本图书馆CIP数据核字（2019）第224666号

中国少数民族设计全集.怒族

编　　者：	中国少数民族设计全集编纂委员会
著　　者：	徐　晶　熊　枫　朱　琦
责任编辑：	傅晓红
复　　审：	贺　权
终　　审：	秦继华
装帧设计：	谢　成

出 版 者：	山西人民出版社　人民美术出版社
地　　址：	太原市建设南路21号
邮　　编：	030012
发行营销：	0351－4922220　4955996　4956039　4922127（传真）
天猫官网：	https://sxrmcbs.tmall.com　电话：0351－4922159
E － mail：	sxskcb@163.com　发行部 sxskcb@126.com　总编室
网　　址：	www.sxskcb.com
经 销 者：	山西出版传媒集团·山西人民出版社
承 印 者：	山西出版传媒集团·山西新华印业有限公司
开　　本：	889mm×1194mm　1/16
印　　张：	17
字　　数：	200千字
印　　数：	1—1 000册
版　　次：	2019年10月　第1版
印　　次：	2019年10月　第1次印刷
书　　号：	ISBN 978-7-203-11036-1
定　　价：	240.00元

如有印装质量问题请与本社联系调换

中国少数民族设计全集编纂委员会

总 主 编（按年龄排序）
　　　　　　张夫也　王立端　戴晋明　廖　军　王　琥　李豫闽　过伟敏　顾　平
　　　　　　王　强　李　岗
执 行 主 编　王　琥
编 务 统 筹　张明山

中国少数民族设计全集编辑工作委员会

主　　　任　刘伟冬
编　　　委（排名不分先后）
　　　　　　王　琥　王　峰　王　强　王立端　王浩滢　白　波　过伟敏　许　星
　　　　　　许边疆　李　岗　李　丽　李豫闽　成光虎　肖　飞　余　强　汪传跃
　　　　　　罗　力　杨明朗　陈　述　陈见东　邱　珂　胡万明　顾　平　郑　静
　　　　　　郭立忠　姬　莹　张夫也　张泽国　张明山　张秋平　张耀引　梁盛平
　　　　　　樊　进　谢　玮　熊　伟　熊　微　熊建新　蔡克中　葛　芳　鞠　斐
　　　　　　魏　洁　廖　军　戴晋明

中国少数民族设计全集出版工作委员会

主　　　任　胡彦威　周　伟
执 行 主 任　姚　军　欧京海
编 务 统 筹　阎卫斌　周小龙
编　　　辑（排名不分先后）
　　　　　　王新斐　史美珍　冯　昭　冯灵芝　吉　昊　吕绘元　刘小玲　任秀芳
　　　　　　孙　琳　孙宇欣　李广洁　李建业　李　靖　员荣亮　张小芳　张志杰
　　　　　　张书剑　何赵云　陈俞江　吴春华　武　静　周小龙　柳承旭　郝文霞
　　　　　　赵　玉　赵晓丽　席　青　秦继华　高　雷　郭向南　阎卫斌　崔人杰
　　　　　　傅晓红　蔡咏卉　翟丽娟　樊　中　薛正存　魏　红　魏美荣
整 体 设 计　谢　成

中国少数民族设计全集·怒族

本册著者 徐　晶　熊　枫　朱　琦
参与撰写 黎文勤　齐瑞文　朱　华　李　爽
　　　　　　蔡　轩　陈荣喆　丁　岩　高梦竹
　　　　　　沈开靖　崔月垚

求同存异　和合共荣

刘伟冬

　　中华民族，是一个由56个民族组成的大家庭。在漫长的文明发展史中，汉族和各少数民族都为中华文明的繁荣发展贡献了自己的聪明才智。纵观中华文明史，其实就是一部各族群之间"求同存异，和合共荣"的文化演进史。

　　从根子上讲，4000年前的"中国"，仅指北方中原地区，居住在这里的相传是上古时期黄帝部落和炎帝部落的后裔，故而自称"炎黄子孙"。其时的"中国"，不过是黄河中下游（西起陇山，东至泰山）区域。在千年发展与民族融合之后，尤其是晋末"衣冠南渡"，南迁的中原汉族与南方百越民族彻底融合，来自北方的鲜卑等民族融入汉族，使汉族前所未有地壮大发展，逐渐形成后来疆域辽阔、人口众多、物产繁盛、文化昌明的中华民族的主体族群。特别值得强调的是，自从作为一个民族整体之后，中华民族就从未中断过自己的民族发展史——这在世界历史上是硕果仅存、独一无二的。

　　中华民族具备兼容并蓄、虚心好学的民族天性。仅以设计学范畴的事例讲：在数千年文明发展历史中，中华民族在不断向外输出优秀的文明成果（如烧造之陶瓷砖瓦、营造之榫卯斗拱、织造之丝绸刺绣、锻造之"失蜡"分模等），影响全人类的日

常生活与生产方式的同时，也不断地吸纳域外各民族的优秀文明成果，如汉魏之印度佛教和西域音乐、隋唐之西亚服饰和家具、宋元之东洋印染和漆艺、明清之西洋机器与建筑……在中华民族内部，这样的文化交流更是从未停止过，而且是风生水起、枝繁叶茂，愈发流畅、深入，中华民族各族群之间"求同存异，和合共荣"的文化大演进，共同创造了中华民族极为灿烂辉煌的造物文明历史。仍以设计学范畴为例：原本是匈奴人发明的单足绳圈，被晋代的汉族人设计成铁质双镫；最早是鲜卑人原创的毡毯卷边，被晋代的汉族人改造成"高桥马鞍"，这宗中国式马具设计案例，被誉为"13世纪中国传入欧洲的最重要文化成果"（李约瑟语）。再如，西域（今新疆地区）是全世界最早的皮靴生产地，哈尼族为主的红河地区出现了全世界最早的梯田。再如，全世界最早的"干栏式建筑"和全世界最早的稻米人工育种、栽培，均起源于长江中下游的百越地区；全世界最早的竹藤编结器物起源于闽越地区……由中华民族共同创造、发明，后来又影响了全人类文明进程的优秀造物设计案例很多，不胜枚举。几千年中华民族的文明史，就是各种文化多元融合、共同发展的最好例证。不了解中华民族内部各族群的文明交流史，就无法真正理解中国文化史，也不能理解为什么中华民族总是能在逆境中成长强大。甚至可以说，能否完整地理解中华民族的文化史，是检验每一个当代中国知识分子（特别是文史哲专业的学者）文化立场的"试金石"。

随着改革开放的逐渐深入，各民族地区的经济与社会状态已发生了天翻地覆的变化。令人遗憾和担心的是，由于各地区政策执行力度不平衡，保护措施不得力，少数民族的文化特性正在逐步衰退，有些地区的少数民族文化特征甚至已经消失殆尽，仅仅存在于徒具形式，充满口号、标语的民族文化村旅游景点中。有学者预言，再不加快整理抢救工作，中国的少数民族可能在物质形态和文化内涵的特征上，若干年后将不复存在。

从少数民族地区反映古代中国社会某些面貌的文化遗存看，这些少数民族之所以一直与汉族地区差距巨大，存在多方面的原因，其中历代汉族统治者对少数民族的歧视政策是主要原因。此外这些地区本身就处于偏僻荒地，不是沙漠就是山区，自然条件远不及汉族聚集地区，社会发展水平滞后。20世纪50年代，有相当比例的少数民族在当时仍处于原始农耕社会或奴隶制社会，不要说通电、通水、通汽车，不少人一辈子连铁器长什么样都没见过。部分少数民族聚集地的各种自然条件也较差，缺肥少水，基本生活来源，一靠老天爷恩赐的"望天收"农作物；二靠家庭手工作坊制作些竹藤编结物和土织、土陶等土特产来换取粮食；三靠养猪、兔、羊和鸡、鸭、鹅等家禽来换取日用品，如灯油、农具、衣物和油盐酱醋等；四靠为土司、头人和大户们出卖劳力（社会底层奴隶身份），年老即被抛弃。中华人民共和国成立后，党和政府在这些地区实行社会主义改造，打倒以土司、巫师和头人为首的剥削阶级，将土地和生产资料一律收归集体所有，解放了全体少数民族民众，使他们历史上第一次有了自由劳作和生活的权利。

中华人民共和国成立之初，党和政府就高度关注民族事务问题，为如何保护、关心各少数民族制定了一系列方针、政策，也为当代中国社会处理民族问题、保护民族文化树立了光辉典范。中央人民政府政务院于20世纪50年代初发布了《关于民族事务的几项决定》，为新中国民族政策奠定了最初的思想基础，其主要内容是：一、各大行政区军政委员会（人民政府）须指导各有关

省、市、行署人民政府认真推行民族区域自治及民族民主联合政府的政策和制度，并随时向政务院报告推行经验，请示者须事前向政务院请示。二、各大行政区军政委员会（人民政府）须指导各有关省、市、行署人民政府认真并有计划地实行政务院在1950年颁发的《培养少数民族干部试行方案》，并将该项工作进行情况定期加以检查，每半年向政务院报告一次。中央民族学院及西北、西南、中南各军政委员会和新疆省人民政府的民族学院，必须依计划实行，并向政务院报告。三、政务院于1951年下半年适当时间将同时召开有关少数民族的卫生、教育及贸易三个专业会议，责成政务院文教委员会、中财委指导中央卫生部、教育部、贸易部开始筹备，并责成中央民族事务委员会协助进行。有关部门如农业部、文化部也须派人参加。四、责成中央人民政府各委、部、会、院、署、行注意建立有关民族事务的业务。五、在政务院文教委员会内设民族语言文字研究指导委员会，指导和组织少数民族语言文字的研究工作，帮助尚无文字的民族创立文字，帮助文字不完备的民族逐渐充实其文字。六、扩大中央民族事务委员会委员名额，责成中央民族事务委员会提出补充名单的建议，并于1951年下半年召开中央民族事务委员会扩大会议，检查与总结关于推行民族区域自治及民族民主联合政府的经验。

20世纪50年代，中央人民政府和政务院，曾多次组织"中央慰问团""土改工作队"和"普查工作队"等，花费大量人力和物力，深入各少数民族地区，进行了大量较为翔实的社会历史调查。50年代这轮由政府统筹、由中央民委组织行政领导和人类学、社会学专家学者以及民族同志组成工作队与考察队的少数民族大考察活动，1953年正式启动，1956年结束（个别地区延期至1958年才结束）。直接成果之一，就是为1956年国务院公布的55

个少数民族的正式定名和划分，提供了可靠的依据。

从当时考察的资料看，各少数民族的社会发展水平参差不齐，不少民族呈现类似汉族曾经历过的各种历史发展状况，为我们今天考察、了解并研究过去的历史以及各学术分支问题，提供了绝好的活体范本。比如以"设计发生学"研究为例，以山寨（村落）为主的初级社会组织形态，原始手工业在农耕环境中的地位，原始造物的手工技艺与设备、工具等，都是我们极感兴趣的研究对象。

在西北、西南和东北各少数民族聚集地区，有些古时流传下来的本民族手工造物技术，迄今仍保存良好。其吸收了汉族和其他兄弟民族的技术长处之后演变出来的各时段手工造物技术，则印证了各民族互相融合、取长补短的史实。更有些原始手工艺，特别具有艺术和历史研究价值。以维吾尔族人为例，本世纪初，笔者在新疆喀什城艾格孜艾日克老街看到几样手工艺绝活：其一是整条街的维吾尔族乐器店，除了热瓦普、曼陀林和冬不拉等少数维吾尔族知名乐器外，全是些笔者叫不上名来却似曾相识的弹拨乐器和拉弦乐器，于是从心里认可了"西域古乐成就了中国传统民乐"这句话所言不谬。其二是亲眼所见一个拖着鼻涕的不到10岁的维吾尔族小男孩，拿着电砂轮在铜壶上信手飞快地刻着精美细腻的图案，一不要底稿，二没有图纸，真是佩服得五体投地，也相信了"汉族人长于热铸，西域人长于冷锻"这个说法。其三是在喀什近郊著名的大巴扎"金器一条街"上看见近百家金店生意红火，家家门前毡毯上都围坐着一群金店伙计和顾客，正在热烈讨论、共同设计着花样繁多的未来金饰嫁妆，感受到了"中国传统样式的金银首饰工艺，最富有创意的设计和最先进的工艺制作，原来在维吾尔族人手里"这句大实话。还有，笔者

求同存异 和合共荣

在云南景洪县城集市上，曾亲眼见过景颇族老乡用古老的"焖烧法"烧出的红彤彤的土陶——跟笔者一知半解的仰韶彩陶的烧制工艺几乎一模一样。还有，笔者在大西北甘陕宁各省亲眼所见的回族、保安族、裕固族和东乡族老乡巧手做出的那些花样繁多、样式复杂的面塑造型，真是个个精妙绝伦。这方面的事例实在太多了。

50年代的少数民族地区社会大普查，以及半个多世纪以来社会各界对其丰富而珍贵的考察、研究，意义深远，价值极为重大。这些地区客观上保存的较为完整的、与数千年前中国原始社会最初形态近似的许多社会特征，为我们研究社会的最初形态形成和当时的经济、文化、政治的基本状况以及"设计发生学"的相关课题，提供了珍贵的类型学"活化石"范本，价值非凡。改革开放以来，这些少数民族地区也获得了前所未有的巨大发展，人民生活日新月异；但与此同时，少数民族地区的民族性在不可避免地愈发衰减、退化，甚至消失。如果我们再不采取保护措施，若干年后，各少数民族的许多宝贵民族文化遗产将无法挽救地彻底消亡，这部分同属于全人类精神财富和中华民族集体智慧的宝藏，我们将再也看不到了。

在"设计发生学"问题上，我们一向秉持文化多元论的观点，认为人类文明是全世界人民共同创造的，各国家、地区、民族均做出过大小不一、形态各异的贡献；同理，中华民族的灿烂文明是中国的各族人民共同创造的，每个民族都对中华传统文化做出过贡献，也都应当得到尊敬和肯定。中国的各少数民族在中华文明漫长的演化过程中，都曾经以自己独特而充满智慧的文明成果，补充、完善甚至改良着中华文明。比如，古代西域的龟兹古国各民族创造或引自西亚的弹拨乐器和拉弦乐器以及音律、曲

式，彻底改造了中国古代音乐，新创作出代表中国古乐精髓的江南丝竹；南疆的维吾尔族和北疆的哈萨克、塔塔尔、塔吉克等族首创了制革术，并引进古波斯革皮书籍装帧术和制靴术、制毡术、毛衣编结术；海南岛的黎族率先种植棉花并纺织棉布，传入内地后棉织业逐渐形成中国古代手工行业的"天下第一营生"……保护少数民族的民族文化特性，就是保护我们的历史遗产，就是传承我们的文明。我们应进一步发扬文化兼容的优良传统，把振兴中华的百年民族复兴梦，逐步落实为将大中华建设成为中国各民族共同拥有的美好家园。

由上千名来自全国各高等艺术院校的教授、研究生组成的55支团队参与编撰的《中国少数民族设计全集》（55卷），正是有识之士基于对各少数民族的民族文化特性正在快速衰减、消亡的严重现实问题的深切忧虑而进行的抢救、发掘、整理中国少数民族文化遗产的重要文化工程。经过两年精心筹划，六年努力写作，在国家出版基金管理部门的支持下，在山西人民出版社和人民美术出版社的策划和组织下，目前《中国少数民族设计全集》的书稿编撰工作已基本完成，即将付梓。在长达八年的漫长过程中，全国兄弟院校各团队涌现出的各种可歌可泣的事迹经常感动着笔者，并不时鞭策着全体作者克服千难万险，一路向前。有的分卷作者身患绝症仍不眠不休地忘我工作，有的分卷作者遭遇各种意外仍坚持工作。特别是，很多民族同志公而忘私、不计较个人得失，有人不惜将自己赚钱的企业关张歇业，全身心地投入各自所负责分卷的繁重编撰工作中；有人义无反顾地将自己珍藏多年的本民族实物、资料和研究成果无偿提供给相关分卷作者。大家万众一心，克服各种复杂得难以想象的困难，以确保这部凝聚了众人八年心血的巨著，能按计划如期完成。借此机会，笔者谨

求同存异　和合共荣

代表本丛书编委会全体成员,向领导、编辑和作者们表示衷心的感谢!

作为一项文化创举,笔者深信《中国少数民族设计全集》必将在未来岁月的长期检验中,愈发显现其非凡的、独特的文化价值。

2017年夏季于南京

前言

一、怒族历史概述

（一）怒族人口构成与族群构成

1. 人类学分析。

怒族，是一个分布于云南省西北部的少数民族，是56个民族中人口较少语种较多的民族之一，从历史源流及文化演变来看，其民族组成成分及其民族形成的过程十分复杂。如今的怒族主要分布于云南省的怒江傈僳族自治州、迪庆藏族自治州和西藏自治区察隅县等地，总人口约31000人。怒族目前分布有四个支系，分别为自称"阿怒""怒苏""阿侬""若柔"。自称"阿怒"的怒族主要居住在云南省贡山县、独龙族怒族自治县一带，自称"怒苏"的怒族主要居住在福贡县匹河怒族乡一带，自称"阿侬"的怒族主要分布于福贡县上帕镇、鹿马登乡和架底乡一带，自称"若柔"的怒族分布于兰坪白族普米族自治县、泸水县一带，各个支系的语言、习俗、文化均有不同。

历史上将怒族称之为"怒子""怒人""弩人"等。据樊泽《蛮书》记载，怒族于唐朝就已存在，主要居住在怒江、澜沧江上游流域，是两江两岸最古老的民族。关于怒族的起源，怒族自身只有带有神话色彩的创世纪说，没有迁徙之说，自认为是这块土地上最古老的居民。

实际上从与怒族形成的时代更为相近的材料来看，怒族的族源可能来自两个不同的部分：其一是来自古代"庐鹿"蛮的一支"诺苏"，今怒江州原碧江县的怒族即来自这一支；另一部分则可能来

源于怒江北部地区、贡山一带自称为"阿怒"或"怒"的古老族群，今贡山怒族的先民极可能是来源于此。

2. 历史迁徙与定居。

关于怒族是土著居民，还是迁徙定居而来，专家学者们已经有了一定的研究和结论。首先，认为怒族是由氐羌族群沿藏彝民族走廊自北而南迁徙而来的，且与独龙族同源，经由怒江、澜沧江和金沙江的上游，进入云南西北即"三江并流"地带，再沿怒江和澜沧江流域逐渐南下到滇西各地。迁徙而来的氐羌族群分散到各个部落独立发展，逐渐融合演化成为除怒族以外的，像藏族、纳西族、彝族、傈僳族、普米族、独龙族等民族。

历史证明，古老民族都是沿着一定的路线往返迁徙的，这些路线最后都成了地区民族之间交往的重要商贸通道。怒族的分布区域就有着古来的商贸驿道，被称为"滇藏驿道"，这条古道是区域内各少数民族对外贸易、交流的重要通道。所以，怒族的分布也基本是沿着这条古老的商贸驿道所固定下来的。

3. 家庭基本构成。

早先怒族家庭的构成大都是同一个氏族，即配偶双方都是同一个大家族里除亲生父母、兄弟姐妹外的成员。这种家庭婚姻是属于较为原始的亚血缘族内婚姻。

据专家学者研究，亚血缘族内婚在怒族社会保持下来有两个主导因素：第一，是原始的婚姻遗留。亚血缘族内婚是由更古老的血缘内婚发展过来的，即由血缘亲族之内的乱婚进而为排斥亲生父母、子女、兄妹之间的亚血缘婚配。第二，受通婚集团的限制。傈僳族进入怒江后，怒族被孤立在一些村寨里，氏族之间的联系形同断绝，因此各个氏族之间的婚配关系受到客观事实的限制，而不得不以本氏族及本家族内部为主。

随着社会的发展,这种传统社会的亚血缘族内婚现象越来越少,仅仅残留于极少数僻远、封闭的山寨,怒族的家庭基本构成也转变在一夫一妻制上了。

4. 家族社团构成。

历史上怒族是以氏族为单位构成聚居村落,血缘亲属关系作为村落组成中一个重要因素,这也是怒族村落构成的一个特点。

伴随着氏族公有制向私有制的慢慢转变,原来归属于氏族共同拥有的生产资料转归到个体家庭长期占有,以氏族形式构成的家族社团丧失了维系整个氏族的物质基础。这样一来,以氏族为组织形式的家族社团伴随着人口的增长、迁徙而分裂成为若干个父系家族。所以,生产资料私有制的确立、人口的增长与迁徙、个体家庭单位的出现都是氏族组织瓦解的重要原因。

氏族分裂成几个大家族,每一个大家族都大概由一二十户个体家庭组成。由于家庭人口不断地增加,又分离出小的家族。所以,原来由一个氏族所组成的村落变为由若干个家族所共同组成的村社。每个村社基本上都是独立的,不从属于其他的村社。村社的土地为大家共有,但是按各个个体家庭来进行分割,缺地少地的村社成员可以通过自由开荒作为占有村社土地的一种补充手段。

(二)村寨分布与自然条件

1. 村寨分布状况。

怒族的人口在第六次人口普查中有37523人,绝大部分的怒族人都居住在怒江州各县中。怒族的村寨分布在福贡、贡山、兰坪及泸水等县,其中福贡县是怒族人口最多的县,匹河乡是怒族人口最集中的乡。

怒族村寨主要特点就是大杂居、小聚居的形式,与傈僳族、普米族、白族、藏族等多民族交错杂居,形成与其他民族杂居的聚居村。

其他怒族民众，或散居昆明市、维西县及部分省市，或聚居于西藏自治区察隅县察瓦龙乡松塔、龙普村。

2. 地理与土壤、物种、植被条件。

怒族聚居地地理位置处在云南省的西部，其分布范围大体位于东经98°～98°4'，北纬27°9'～28°23'之间。东西横距最宽约60公里，南北纵距最长约160公里。

怒族居住的怒江大峡谷是亚洲最长、最深、最险的大峡谷。怒江发源于青海省唐古拉山南麓，经西藏流入怒江州，南北纵贯奔腾，在全州境内流程为316公里。怒江的东西两边分别是海拔高达四五千米的碧罗雪山和高黎贡山。州境之内北部谷底海拔为1400米，南部海拔最低为760米，谷底和山峰相对高差在两三千米以上，整个峡谷平均坡度在40度以上。

怒江峡谷的地质结构复杂，地质结构中岩石所占的比重较大，岩石种类多。受自然地形、森林植被及成土母质的影响，县内土壤多为棕壤及少数的红壤、黄壤土。

怒族居住的境内森林覆盖茂盛，野生动物种类与数量繁多，其中不乏如云豹、羚羊、小熊猫、野牛、岩羊、滇金丝猴、猕猴、鹿、麂子、飞鼠、水獭、黑熊、尾梢红雉、灰角雉等国家1级、2级、3级珍贵保护动物。

怒江大峡谷的立体气候环境，为植物多样性的生长繁衍提供了良好的自然条件。境内有壳斗科、木兰科、山茶科及箭竹、铁杉、冷杉等植物上千种；珍贵树种有红豆杉、秃杉等以其树种的古老、防腐等特点而闻名。

3. 气候条件。

怒江峡谷群山绵延、山高谷深，属亚热带山地季风气候。由于怒江峡谷南北纵长300余公里，垂直相对高差在2000～3000米以上。

所以，既有河谷到山顶的立体气候，又有峡谷南北的立体气候，具有"一山分四季，十里不同天"的特点。因而气候的纬向差异，尤其是垂直差异十分显著。这种垂直气候的特点表现为高山、半坡、河谷三种垂直变化的立体型气候，垂直温差大于水平温差。因为受北亚热带季风气候的影响，怒族境内全年既无严冬，也无酷暑，且属多雨区域。

怒族居住的区域既有山地、高原的高海拔，也有平原的低海拔地理气候条件，使他们的生活方式显示出特有的文化特征。这些文化特点，表现在居住、服饰、饮食乃至人的气质、歌舞、词语之中。比如在词语方面，表示地理方位、气候就跟其他环境中的民族不同：没有东、西、南、北的概念，只有用山河的走向来命名的词，如"江头"（指北方）、"江尾"（指南方）、"彼方"、"此方"等；也没有称春、夏、秋、冬四季概念的词，只有"热季"和"冷季"之称；对于立体分布的气候变化，分别以不同地带的物候作为象征。

4. 水源条件。

怒江峡谷由于山高谷深，境内水能资源是十分丰富的。怒江由北向南贯穿全境，境内流程300多公里，年径流量上千亿立方米。还有几十条天然河流从碧罗雪山、高黎贡山的山涧注入怒江。这些河流的发源地均在海拔2000～3000米以上，相对落差1000～3000米，河道坡降比最小8.2%，最大的有31.8%，与怒江呈"非"字形交汇。

如此优势的天然资源，怒族境内多修建有水电站，充分利用丰富的水源条件造福怒族民众。较为有名的水电站有马吉电站、鹿马登电站、碧江电站等，装机容量都达到了百万千瓦级。

除此之外，在怒族民众生活的村落中，沟涧多有分布，水系富饶。中华人民共和国成立后，通过利用改造，使得水系、水网分布给位合理，也给怒族民众的农业种植提供了坚实的保障。

5. 物产条件。

怒族居住区域特殊的地理和气候条件，使得境内物产丰富。除上文已有阐述的丰富的植被资源，怒族境内还具有丰富的经济林木，如乔木漆树、核桃树、板栗树、油桐树、茶树等都已形成一定的种植规模，且生长旺盛，产量也高；海拔2800～4000米的寒温地带，分布着怒江冷杉、华山松、云南松、楠木等20余种建材乔木林；峡谷中药用植物也多达几百种，如虫草、黄连、贝母、天麻、珠子参、胡黄连、厚朴，以及牛黄、麝香、朱砂等。

怒族境内矿产资源丰富，目前已经初步探明的矿产资源有绿宝石、锡、沙金、铅锌、钨、铁、水晶、云母、绿柱石、硅、石灰岩等多种矿种，并伴有多种贵金属和稀有元素。境内还蕴藏着丰富的大理石资源，如"贡翠"大理石，其色如翡翠，品质优良。

（三）怒族传统造物文化溯源

1. 生产方式和生活方式传统形态。

怒族的峡谷、山地的居住生态环境造就了怒族民族多样的生产生活方式。在早先，由于怒族与外界的交流比较封闭，生产力水平比较低下，一些先进的生产工具和生产方式并没有流入，所以怒族民众生产方式依然是以原始的采集和渔猎为主。

怒族居住的区域物产丰富，山林中可以采集的植物十分广泛，包括各类菌类、野菜类、药材类、调味品类、淀粉类等。对应不同的采集对象，怒族人民用勤劳和智慧就地取材制作了各式的采集工具，像尖木棒、竹签、砍刀、木锄等，都是用竹木材料制作，这些采集工具结构简单但非常实用。

怒族世代生活在怒江两岸，山谷中河溪纵横交错，所以捕鱼是怒族获得生活资料的一个重要手段。怒族人家的捕鱼主要有夹网捕鱼、长绳钓鱼、鱼叉戳刺、长网捕捞、鱼篓捕鱼等多种灵活的方式，根据实际情况采用不同的方式。比如夹网捕鱼，只适宜于小河流或江岸浅水处。怒江的江面窄小，湍急无比，激流险滩甚多，但江水在转弯浅水处大大减慢了流速，故夹网便在浅水区派上了用场；而鱼叉戳刺可以针对河水清澈时，鱼群较集中的礁石、凹潭、洞穴处使用。

狩猎在早期怒族社会获得生活资料中占有相当重要的地位。怒族居住的周围都覆盖着茂密的原始森林，山林中有众多的各类大小动物，这些动物为原始怒族居民提供了丰富的肉类食物来源和皮毛资源。在原始怒族社会，狩猎一般是怒族男子的工作，包括制作各种狩猎工具。怒族的狩猎工具种类很多，主要有弩弓、火药枪、长刀、木柄铁叉、木柄铁矛、麻绳网、各式扣子等等。怒族男子从小就要接受狩猎的训练，学习不同的捕猎技术，所以每一个怒族男子都具有丰富的狩猎经验。

2. 手工艺。

怒族人的手工艺技艺很高，善于编织、制陶等，且工艺精美，独具风格。余庆远的《维西见闻录》中就有记载："怒子……麻布短衣……人精为竹器，织红纹麻布，么些不远千里往购之。"由此可见，怒族的手工艺制品远近闻名。

怒族的特色手工艺主要有织布、纺麻、编织竹器、烧制陶器等。比如，怒族的织布技术可不用借助纺车、织机等机械，只要独自一人便可完成。在织布时，人席地而坐，用纺好的麻线一端系在一根木棍上，线的另一头拴在腰间，工具仅有间隔经线的线梳，用纬线团在线梳之间来回编织。制陶工艺亦是如此，仅仅依靠一些木质工具，便可在手中将陶泥制作成精美的陶器坯。烧制过程也没有专门窑用来烧制，只是在院场里用松木柴火堆烧，烧制成色完全根据经验而定。

竹编也是怒族手工艺中常见的，生活中许多器具、用具都是用

竹编制成的，而且有些怒族的竹编生活用具，比如像竹编扇子就是非常具有特色的。怒族的竹编扇子外形是圆形的，类似于宫女的团扇。但是，扇子的使用不是上下扇动的，而是扇子的扇柄固定在圆竹筒里，纳凉时是围着中轴转动来扇风的，省力方便、独具一格。

怒族手工艺品，不仅实用，而且美观。这些传统的手工艺都是怒族人民生活智慧、审美观念的体现。

3. 造物合成材料。

怒族民众制作各类工具、器物时善于因地制宜，并且能就地取材用于制作工具和器物。怒族常见的造物合成材料主要有陶土、铁。

怒族人民在长期的生产生活实践中，发现了当地的某些土壤经过加工后可以制作经久耐用的器物，比如怒族有名的加车陶和龙普陶。制作陶土时，先将陶土用木杵舂烂，筛去泥土中的杂质，然后加水将陶土反复揉搓，使之具有黏性和韧性，这样的陶土就可以拿来制作各种陶坯了。怒族所用陶土制作出来的陶器种类繁多，几乎涵盖了所有家庭生活用具，包括灶具、食具、盛器等。

关于铁器，怒族早先并不能自己冶炼，像怒族的怒锄、铁犁等等，其铁质构件都是从周边的民族流传过来的。逐渐地怒族人民掌握了冶炼技术，部分怒族村落中已经有专门的铁匠。铁匠有自制的风箱和打制铁器所需的基本工具，可以自己制作加工铁锄、铁犁了。

4. 语言文字。

怒族语属于汉藏语系藏缅语族，与独龙族语及彝族语均有亲缘关系。怒族的四个支系均有不同的支系语言，语法结构、词汇都有差异，像贡山地区的阿怒系怒语与福贡地区的怒苏系怒语，因为词汇的差别较大，所以他们之间不能通话；兰坪怒族的若柔语受到白族语和傈僳语的影响，也完全不能与贡山阿怒支系、福贡怒苏支系通话。

由此可见，怒族各个支系之间语言差别很大，彼此不能通话。

这些差别可能是因怒族先民们来自不同的族群，经过长期的交往融合，这些不同族群形成了怒族，然因山川阻隔等原因，早期族群的语言未走向统一。

怒族的四个支系不仅有自己支系的语言，而且有的还能说出其他相邻、杂居民族的语言，如傈僳语、藏语、白族语等等。据调查，以福贡县的老姆登村为例，村中的百姓不仅能说怒语，而且还会说傈僳语，甚至在教堂做礼拜唱诗时，都是用的傈僳语。

民族语言的转用和兼通是历史形成的，是各民族人民群众长期以来互相联系、互相交往的结果。由于怒族各支系跟相邻民族杂居，互通有无，联系紧密，反映在语言上为互相兼通和转用。

怒族各个支系没有文字，所有的本民族历史、文化知识、生活生产经验等都是世世代代口头相传的。由于，仅仅靠口述记录事件，历史时间一长，难免就会与原有事实偏差，甚至是遗忘。因此，怒族人民就采用了原始的"刻木结绳记事"的方法来记录重大事情。但是，刻木结绳记事毕竟是原始的记事方式，其单纯的形式毕竟不能适应怒族越来越复杂的社会发展。中华人民共和国成立后，政府加大了对怒族的文化教育，在本族语言不变的情况下，运用汉文、傈僳文等来记录事情。

二、怒族的生活方式与传统造物设计

（一）怒族的居住方式与建筑形态

1. 村落。

怒族的居住地大都分布在怒江大峡谷及澜沧江两岸海拔1500～2000米的山腰台地上。他们村落的组成方式首先是以怒族为主所形成的聚居乡村，比如像福贡县的老姆登和普乐等村落；另外一种是与傈僳族两族杂居形式的村落，如福贡县的知子罗、鹿马登、固泉等村，以及贡山县的丙中洛、永拉干等村落。

怒族村落大都处在山谷坡地之上，村寨背靠大山、森林，下方便是奔腾不止的怒江。村落中植被茂盛，有着大片的水田和竹林、核桃树、梨树等组成的经济林木。村落中蜿蜒曲折的土径、一丛丛竹林、阡陌交错的沟渠、层层水田、坐落在缓坡上的怒族民居建筑，家家户户房前屋后堆放的柴火，设有晾仓、菜园等，这一切构成了怒族村寨的典型风貌。

另外，怒族聚居的村落大都人口较少，民族学研究资料表明："阿怒人聚居的村落，大则五六十户，小则一二十户不等，且村落分散，规模小。"

聚居的村落大多是以家族血缘关系组成的，比如福贡县的甲加、罗宜益两自然村是由"俄皮谷""俄则谷"两个父系家族所组成的；木古甲、阿尼岔两个自然村是由"古乃比"和"次邦"两个家族组成的。

因此，怒族的村落构成方式最大的一个特点，就是以家族为单位组成，这样一个显著的特点，反映了血缘亲属关系在怒族村落组成中还是非常紧密的。

2. 民居建筑的类型与特点。

远古的怒族祖先大都居住在岩洞之中，过着穴居和半穴居的生活。余庆远的《维西闻见录》中有"怒人居山巅"，"覆竹为屋，编竹为垣"，这便是最初古代文人对怒族建筑方式的记载。

怒族生活的地域资源丰富，盛产木材、竹子、茅草、石材以及砖瓦等建筑材料，为建筑房屋提供了丰富的物质条件。长期以来，怒族的民居建筑形式就是根据所处地区的自然资源和自身的经济技术条件等形成的。

怒族人民居住在山区，建筑大都是依山坡而立，建筑形式中最大的一个特点就是采用干栏式，或称为井干式。《北史蛮僚传》中就有载："依树积木以居其上，名曰干栏……"。

干栏式建筑是西南少数民族地区常见的一种建筑形式，多以竹木为主要建筑材料，多建在坡地或低洼等地势不平的地方。干栏式建筑一般都由若干木桩、圆木、木板组成，建筑底部用木桩在坡地或低洼地上架构出一个水平平台，在平台之上再用圆木或木板按照"井"字布局，榫卯连接层层叠架起来。这种木结构建筑既可防蛇虫猛兽之害，又具有良好的通风和防潮性能。

根据对怒族几个聚居地区的调查，房屋建筑归纳大致有木楞房、千脚落竹篾房、土墙房和石片顶房四种类型。

（1）木楞房

怒族木楞房，亦称之为垛木房，是怒族人民最为常见的一种建筑形式。按照其建筑用料和构成方式的差异，大致可以分为"平座式"和"井干—土墙"式两大类型。

"平座式"房屋在起伏的山坡地上修建时，地形的高差利用长短不一的木支柱的高矮调节成一个水平平台，然后在平台上垛木建房，即比其他木楞房多了一个平座，故称之为"平座式"木楞房。

"井干—土墙"式在建房时房屋的长边尽量与等高线平行，在上坡一侧定出房屋内高度，在下坡一侧夯筑一段土墙，其顶与在上坡处定出的高度相应，然后继续在其上用长约6000毫米的圆木或木板垒成建屋。这种下为土墙，上为井干壁体的住屋，即所谓的"井干—土墙"式住屋。

（2）千脚落竹篾房

千脚落竹篾房是怒族地区另一种基本的民居建筑形式，也属于干栏式建筑的一种，其构造方式非常具有特点。

千脚落竹篾房也是依山地而建，它与怒族木楞房的区别在于，在修建房屋的地基上插上数十根木柱，中间有三根高柱上至房梁，是谓"撑天柱"；底层用木板围合，主要用于关养牲畜；二层墙面

是以木板或竹篾笆为四壁，地面铺以篾笆或长木板供人居住，然后用竹篾条把连接处捆绑紧固；二层与屋顶之间的隔空层也是用竹篾或木板铺设，用于存放粮食和其他用具；房顶均用茅草或木板覆盖。

千脚落竹篾房的建造因地制宜，就地取材，省工省料，适用方便。竹篾房结构简单，既易建筑，也便于迁徙时拆散，且冬暖夏凉，防潮防火，非常适合怒江地区的气候特点。这不仅展示了怒族人民的聪明才智，同时也体现了怒族人民顽强的生命力和追求与大自然和谐的生活本领。

（3）土墙房

土墙房是怒族居住在六库、泸水、上江等地区的一种民居建筑形式，这些地区的地势与其他地区相比较平缓，所以，在建造房屋时并不像千脚落竹篾房那样需要多根木柱架出平台。

土墙房在修建时，先在较平缓的地基上垒好石脚后，四周打上土墙，以墙为梁，然后用木板或石片覆为屋顶。土墙房有众多优点：第一，这种房屋造价低廉，相比要耗费大量木材的木楞房、木板房，更环保；第二，取材便利，建造时只需备好屋顶木料，泥土随地可取；第三，土墙房冬暖夏凉。以前，土墙房没有窗户，屋内光线阴暗，现在经过不断改良，房屋墙体多增设了窗户，通风和采光及卫生条件均得到了改善。

（4）石片顶房

在贡山丙中洛地区，阿怒民居还有一种独特的住房形式，叫作石片顶房。石片顶房，顾名思义，就是以石片覆盖住房建筑的顶部。

石片顶房类似于木楞房这种井干式建筑，但其建造形式还受到藏族住房的影响，常常以土、石、木为结构，即斗榫的木屋架支撑，土石为底墙，垛木为楼。顶上覆盖的石片为丙中洛当地盛产的青岩石加工而成。这种青岩质地较软，用刀可以削成又薄又平的石片，每块石片长宽约300～600毫米，厚度在50～100毫米。青石片防水防风，坚固耐用，是修建房顶的上乘材料。石片顶房也成为怒族民居中一种极具特色的建筑形式。

3. 民居空间的布局与特点。

怒族民居住房布局合理，一般分为底层、二层和阳台三个部分。

民居底层一般为饲养牲畜和堆放杂物，二层为人的居住空间，房顶和二层之间的夹空层则用来储藏粮食，各层之间均用独木梯相连。但是，现在越来越多怒族人改进了这种居住格局，把住房底层仅仅作为架空层，不再饲养牲畜，而是将关养牲畜的空间单独分离出去，使得人的居住环境更加健康卫生。

怒族民居的二层是主要的生活空间，一般分为三间。中间是堂屋，是屋内最重要的一个功能空间，相当于现代住宅的起居室。堂屋内都置有一个大火塘，火塘上设有铁三脚架或石三脚架，主要用于烧火煮饭、取暖和接待客人，具有厨房、客厅和老人卧室的功能。堂屋两边设两间卧室，一间为主人卧室兼储藏室，一般外人未经过主人允许不宜进入，另一间为子女卧室。

怒族民居建筑朝向有两种，布局有所不同。一种是面山，在楼屋面山处开挖一块小院坝，直通设火塘的房间。另一种是背山，在楼屋悬空处设环形走廊，中间有较宽的阳台，有门连设火塘的房间；侧面设小院坝，有两三级台阶连接侧屋的正门。

（二）怒族传统衣着方式与服饰设计

1. 传统男装。

在清代的《续云南通志稿》上就有对怒族男子服装的记载："怒人……男子……红藤勒首，披发，麻布短衣，红帛为裤，跣足，妇亦如之。"从文献记载中，我们可以归纳出怒族早期男子装扮的大致样貌：披发，用红藤勒在额前束发，上身穿麻布短衣，红帛为裤，

男女都是赤脚。

怒族男装较怒族女装显得简朴，整体服装的风格古朴素雅。怒族传统男装可以大致按支系分为阿怒、怒苏、阿龙三个样式，但这三种服装样式及风格特点都比较相似，各个支系差别不大。怒族男子一般内着对襟麻布衣服，外套是麻布长褂，长褂无领无扣，肩头缝合处有坎肩式活接头，接头处有两个装物的大暗袋，一左一右，腰系藤条或麻绳。怒族男子服饰中最有特色的叫"约多"，"约多"是怒族妇女编织的，工艺水平很高。长褂白天可以当衣穿，挡风避雨；晚上则可以当被盖，露宿时可垫可盖，深受怒族人们喜爱。

2. 传统女装。

怒族女装也以麻布材质为主，十二三岁便穿传统的麻布长裙和右衽上衣。按照风格样式不同，怒族传统女装可以分为阿怒、怒苏、阿龙、若柔四个支系的服装，每一个支系的服装各有千秋，区别在于衣服的色彩和服装配饰方面。

阿怒和怒苏支系的传统女装，上身一般为浅色短衣，外配艳丽的大红色领褂，褂上添有许多花边；腰间无腰饰，下穿黑色或浅色横条纹的长裙，长裙的褶纹从腰间向下发散开来，十分美观。

阿龙支系的传统女服整体色彩比较艳丽，上身内着浅色衣服，外面搭配红色的领褂，下着一条具有典型怒族色彩的竖纹彩花长裙，腰间也绑有一条彩色条纹腰带，格外醒目。

若柔支系的女装由于受其聚居地域的影响，其服饰较为接近白族和普米族的风格。若柔支系的服饰是所有怒族女装中比较素雅的，一般上身内穿青色、蓝色或白色的左衽土布短上衣，外面套前襟短后襟长的深蓝或黑色领褂，下身穿深色大裆裤。也有腰饰，腰饰为浅色绣带围腰，整体显得清淡素雅。

3. 传统头饰。

怒族各支系的男女头饰独具特色，尤其女子的头饰更是装饰繁多，风格各异。

如阿怒及怒苏系的女子头饰是用许多红白料珠、珍珠、贝壳、玛瑙等制成，色彩华丽，十分漂亮。阿龙支系的女子头饰，由于受到贡山地区藏族文化的影响，是以佩戴头巾为饰，用大银管插于盘发之上，若干种彩色毛线编成缨穗饰于银管一端。而若柔支系的女子头饰如同其服装一样，显得素雅，是以白布包头，辫梢饰银管和长长的红色流苏，垂于右肩。

相较于女子头饰，怒族男子的头饰显得朴素许多，也没有那么多不同的样式。怒族男子一般都蓄有长发，仅仅用青布或白布打包头，与其服饰搭配起来显得非常的素雅大方。

4. 服装配饰。

怒族女子传统着装除了漂亮的服饰、头饰之外，服装配饰的种类也是十分丰富的。在过去，藤器是各地怒族妇女的主要饰品，她们喜欢用细藤环绕于头部、腰部和足踝部。

随着怒族人民社会经济的发展，古老的藤编已经被其他色彩绚丽、制作精美的工艺饰品所替代。怒族女子往往佩戴耳环、手镯，在胸前会佩挂多彩串珠，除此还喜欢佩戴用珊瑚、玛瑙、水晶、贝壳、珍珠、银等珍贵材料制成的胸饰，让自己一身显得雍容大方，光彩夺目。除此之外，怒族女子还喜欢配挎自己缝制刺绣的怒包来装扮自己。

怒族男子的服装配饰主要受到家庭角色分工的影响，他们日常主要的工作就是砍柴、狩猎、耕作等，所以，怒族凡成年男子均左腰佩砍刀，右肩背弩弓及箭包，脚上用竹篾绑腿，攀登悬岩，步履如飞。

（三）怒族的饮食文化与食材加工、烹饪工艺

1. 主食。

在过去，种植技术不发达的条件下，怒族人民很大程度是依靠捕鱼、狩猎、山林中采集野菜、野果获得食物。中华人民共和国成立以来，随着怒族人民的生活改善，野外采集和狩猎已经比较少见了，都是通过农业种植的方式来获得稳定粮食的来源。

怒族人主要种植的粮食除玉米和荞麦之外，还种植少量的稻谷、高粱、大麦、小麦、豆类、薯类等，贡山地区的怒族还从北部藏族那里学会种植青稞。蔬菜类如白菜、蔓菁、萝卜、南瓜、豆类、马铃薯及辣椒等也广泛种植，普遍食用；猪、鸡、牛、羊等肉类成为日常生活的副食；黄果、甜橘、桃、梨、李等水果也进入了寻常百姓家。

怒族人家主食虽以玉米和荞麦为主，但是品种却是比较多，按照不同烹饪方式可以做成包谷饭、荞面粥、荞米糁饭、石板粑粑、糌粑等多种主食，有些主食制作加工很有特色。

如包谷饭，首先将包谷（玉米）放在脚碓里，加少许水后舂。舂好取出，簸去皮糠，用眼孔不同的筛子筛成颗粒大小不等备用。做包谷饭时，把包谷放入容器内，用冷水拌匀，上锅蒸熟，味道跟高粱饭相似。若做包谷稀饭，多放水，味道清爽；再加些竹叶菜、牛尾巴菜之类，味道浓郁、清香爽口。

丧事食用荞面粥，这习俗流行于贡山境内。贡山怒族认为老人死后吃一顿荞面粥，可为死者打通从人间至天堂的通道，并以此来祭奠亡灵，希望他们在阴间也能过上好日子。

2. 特色菜式。

千百年来，怒族人家依靠自己的智慧和勤劳的双手创造出了独特的饮食文化。通过炸、煮、蒸、烧、烙等不同的烹饪手法，制作出了一系列风味各异、独具特色的怒族菜式。如琵琶肉、咕嘟饭、红烧硕鼠、漆油炖鸡、麻子豆腐、树花菜、肉拌饭、侠拉、巩拉等，这些菜式不仅美味可口，而且有些还具有强身健体的保健作用。

比如像"侠拉"，"侠拉"是怒族语，意思为肉酒。其烹饪方法是将动物的肉切成小块，放入锅中，用烧热的漆油或酥油煸炒，至肉皮变金黄后改用文火，最后将上好的烧酒倒入锅中，盖上锅盖，焖上十来分钟即可。"侠拉"不仅味道鲜美，同时它还能滋补身体，强壮筋骨，是治疗风湿病、妇科病的上乘进补药膳，它对产妇的伤口愈合及体弱多病者的身体恢复均有特别的效果。再像漆油炖鸡这道菜也是如此，不仅美味，同时也是妇女生产后恢复过程中必吃的滋补食品。

3. 餐具。

怒族传统的生活餐具都以木器、竹器为主，制作的材料都是就地取材，经济又便利。怒族的木器和竹器餐具不仅制作精美，而且非常实用。

比如，像"怒斯"就是怒人生活中比较具有特点的餐具。"怒斯"用傈僳语来解释就是怒族的碗的意思。怒碗和我们现在所见到的碗并不一样，它的形状如盘子一般，是一种大大小小簸箕形的竹编器具，大者直径约2尺，小者数寸。

怒碗是怒族民众用本地所产的竹节篾片编制而成，它的形状像盘子，有底圈，无论大小，怒碗中间都不留接头，篾片大小一致，顺势延伸成为光滑的圆形口边。怒碗编织得非常精细，不仅实用而且美观。将碗做成簸箕形的竹编器具是和怒族古代进食的方法有关。怒族古代进食不用筷，是用手抓吃，如同藏族、维吾尔族等民族一般。如今的怒族年节，有的还行古俗，吃一餐抓饭。但因为传统进食方式的改变，现在怒族人家将怒碗用作果盘，或放在室内兼作艺术品。

4. 厨具。

怒族民众所使用的厨具种类不是很多，诸如像锅铲及锅釜、炉箅、灶台、笼屉竹夹、抓篱、刀具等，和餐具一样，厨具很多也是用木、竹来制作的。

过去很多怒族人家用的是土锅，土锅很容易破损，只有个别富裕的家庭才能用得起铁锅或铜锅。但在贡山怒族地区，当地怒族人家制作了一种石板锅作为他们生活中主要的厨具。石板锅的石材和贡山怒族所建石板房的材质一样，都是贡山地区仅有的质地特殊的石头。这种石材具有很好的韧性，可砍可削。怒族民众根据自己的需求，将当地盛产的页层岩加工成薄薄的石片，再用砍刀将其砍成微微凹下的锅形，放在火塘上烤干石板内水分制成。石板锅一般是放在火塘上加热烤制食物，所做出来的食物别具风味。

（四）怒族传统出行方式及用具建造与制作

1. 背具。

怒族人民的居住地为怒江峡谷，东西两面分别是高黎贡山和碧罗雪山，两座大山紧夹着怒江激流，两岸处处是悬崖绝壁，其间江流溪涧纵横交错，山道崎岖艰险，地形十分复杂。如此天险，造成怒族居住地自古以来交通极其闭塞，怒族人民为了生存和与外界联系，只能凭手里的砍刀，逢水架桥，遇岩搭梯，披荆斩棘，劈出了一条条的人行步道。

在清末民初之前，这些人行步道路多宽不容掌，被称为"鸟道羊肠"，车辆均无法通过，地势险要之处，甚至要攀藤附葛，借天梯而过。所以，早期怒族民众都是依靠脚力与外界相互往来的。在这种情形下，怒族人民为了携带物品方便，发明制作了背具。

背具分为背板和背篓两个部分。怒族人民发明背板，是考虑人们背负着沉重的物品，还要跋山涉水，那么如何方便省力便成为重点。

背板结构并不复杂，它主要是在背篓背负重物时，能巧妙借助人体肩膀与头部来作为辅助力的支撑。背篓是用竹和篾编织而成，方便背着东西在潮湿的山林小道中穿梭。整个背具的设计与制作不仅轻便、防潮，而且坚固，是怒族人民勤劳智慧的体现。

2. 船、筏。

怒江峡谷"道路绝险"，怒江激浪滔滔，急流汹涌，怒族民众渡江过河的交通工具，绝大部分是靠独木舟、竹筏、溜索。

独木舟、竹筏是怒族民众渡江的主要交通工具。在春冬两季，怒江处在枯水期，怒江上很多水流平缓的江面能够泛舟摆渡。据说怒族的祖先是看见小鸟脚踏小木片漂游江面，受到启示后效仿制造了独木舟与竹筏。

怒族的独木舟，是由三至五米长、粗大的整个树干挖凿而成的。船的两头尖而上翘，在中间穿几根横档，作为划船人或乘客的座位。船底稍铲平，用木桨划行和掌握方向。因独木舟的形状与怒族民众喂猪的食槽非常相似，因此便称之为"猪槽船"。独木舟有大有小，载人运物，大的能够坐十来人，载物七八百斤；小的亦可载两三人。

竹筏是用数十根龙竹并排捆扎在一起而成的。竹筏比较轻便，容易操作，用竹竿撑行可渡人、渡物。近年来，随着怒江峡谷间修建了各种桥梁，独木舟或竹筏已不再作为载人运货的渡江工具，而仅用于冬春两季的捕鱼。

3. 溜索。

独木舟和竹筏虽然是怒族民众渡江的主要方式，但是在夏秋两季，降雨量大，怒江变得水流湍急，难以通航。所以，架设溜索又是怒族民众渡江的一种灵活便利的方式。

溜索是中国古代的渡江工具，最早记录溜索的《水经注》中称其为"悬绳""筏竹索"。《蜀中广记》中称为"橦"，有的古籍称为"弦桥"。历史上,溜索一直是怒族民众渡江的基本交通设施,在生产生活中起着重要的作用。最初,溜索是用竹篾扭成单股,架设时,先用巨弩把细麻线射到对岸,然后不断加粗线,最后把篾索拉到对岸,两头收紧在木桩或大树上,即成溜索。

早先,怒族人只是用双手、双脚攀缘渡江,相当危险。后来为了确保安全,发明了溜梆。溜梆一般是用紫柚木、栗木等坚硬而有韧性不易开裂的优质木材加工而成,外形呈马鞍状,下面开槽,可卡住溜索,上面开有眼孔,过溜时将溜绳从溜梆孔中穿过,再将绳子套在身上拴牢,然后顺势滑下,转眼间便能飞越江面。

怒族的竹篾溜索有两种,一种叫平溜,一种叫陡溜。所谓平溜,就是只有一根溜索,基本平直,倾斜度小,来回都可溜渡。所谓陡溜,它有两根溜索,又称双股溜,用于江面较宽、来往人较多的地方,一高一低一来一往,高低对倾于两岸。人们在过陡溜时,从高处向低处溜,由于坡度大,瞬间便能飞越天堑。相对平溜而言,陡溜快捷、省力。"过溜"事实上早就成了怒族的一项生存技能了。不论男女老少均能自如过溜,不仅能够单独过溜,还可携带牛马牲畜、货物等过溜。但是,由于竹篾溜索及安全带易腐,索断或溜梆不牢等常造成意外伤亡事故。

中华人民共和国成立后,党和人民政府大力扶持边疆少数民族地区的交通建设,把怒江、独龙江和澜沧江上的所有竹篾溜索改成钢溜索,溜索桩也用钢筋水泥浇铸,溜梆换成铁溜梆,比起竹篾溜索更加省力、安全,保障了怒族民众的生命安全。

4. 桥。

藤篾桥是怒族古老的交通设施之一,是一种比溜索制作更先进的原始吊桥。像民国2年(1913)修建的普拉河桥,最初就是用藤篾索搭木而成的简易桥。

藤篾桥其桥形呈"V"字状。它一般由5根基本平行的、牢固于两岸的、有手肘粗的藤篾索及编在两侧的网状藤篾组成。其架设方法是将藤篾削成细条，编织成网，再用藤条或篾片扭成比溜索稍细的篾索两根，将网固定在篾索上，然后把网拉在江面上，撑开藤网，把网和篾索紧紧地拴在两岸的树桩或大岩石上。网的中间铺上龙竹作为桥面。藤篾桥悬空架于怒江峡谷之上，宽度也仅能供人双手抓扶，底部仅有一两根竹子供脚踏，人走在上面摇摇摆摆地晃个不停，有一定的危险性，但怒族同胞步行其上则如履平地。

三、怒族的生产方式与传统造物设计

（一）怒族生活习俗与用具设计

1. 陶器。

怒族陶器种类繁多，凡是家中所用的生活器具都能烧制，如怒族人家中所用的盛储器皿，大到储水罐、储酒罐、储粮罐、煮饭锅等，小到酒具、酥油茶壶、煮水罐、灯盏、香炉等，很多都是陶泥所制。

怒族人的制陶技艺古老而精湛，从采集原料到加工、制坯、烧成等一系列工序都十分严谨。首先，是采集黏性上好的陶土，当陶土采集回来以后，先要晾晒两三天，待陶土稍干后捣碎，再用细筛子筛出细土，放置于桶或盆中待用。制陶的土质非常关键，土质的优劣直接决定了烧制成品的品质。怒族居住的区域内，就有质地上好的陶土，取材便利，这也是怒族兴起制陶技艺的原因。如怒族龙普陶的原料就是从龙普村对面的高山上取来的，这里的土质呈浅黄色，泛微红，其柔性较强，火烧不裂，能烧出上好的陶器。

其次，制陶还必须掌握制坯技艺。怒族陶器的坯都是完全由手工完成的。制陶者借助多种制陶工具，如石头、雕塑刀等，将陶泥转动拍打、捏塑成形。做出器形之后，再削好平口，封底，必要时需加耳、加嘴、加盖等附件。陶器素坯制成后，还需晾晒几天。

第三步,就是陶器的烧制过程。怒族陶器的烧制过程,并没有窑炉,而是采用了原始简单的"堆烧"。"堆烧"即在屋外院落中架柴烧制,且所烧木柴必须用松木。透火成色根据经验而定,一般把松木烧尽则陶器基本烧成了,然后在息火柴灰中冷却,即成所需要的陶器制品。

2. 弩弓。

在山林中狩猎和采集活动是早先怒族民众获得食物的重要来源,于是怒族人民发明了获取猎物和防身的工具——弩弓。

怒族的弩弓,从选材开始就要挑选质地优良的材质,弓身的制作要对称均匀,造型美观,比例结构合理;弓的弦要粗细一样;扳机要灵敏,一触即发;弩箭的箭身、箭尾要求平衡,不能有丝毫偏差,这样弩箭在飞行过程中才能稳定且精准。所以,一把好的弩弓一定是制作精良,集实用性和艺术性于一体。怒族制作弩弓的师傅一般都有着高超的技艺。

怒族男子从小就要接触弩弓,在生活中还要学习制作和使用弩弓,弩弓对于怒族男子来说,不仅仅是狩猎的工具,更是男子英雄气概的象征。虽然,现在的怒族男子不再需要打猎,但是弩弓作为怒族男子的象征,在其传统的服饰佩戴中保留了下来。

3. 长矛。

长矛也是怒族狩猎活动中常用的一种工具。相对于弩弓的精密,长矛显得更加的精简。最早的怒族长矛是用箭竹制作,箭竹是怒族人居住的山区峡谷中常见的植物,怒族人民因地制宜、就地取材。

怒族长矛所选用的箭竹一定是要老箭竹,这样的竹子粗壮且质地坚硬。怒族人将其砍倒,取其一段,并将其顶端削制成尖状,即成兵器。随着历史的发展,社会的进步,怒族人民掌握了炼铁的技术,渐渐使用上了铁器,怒族铁制长矛就是在这种社会背景下诞生的。

怒族长矛制造极为简便，从内地买来生铁，在火上烧红用锤锻打，打制成两侧锋利的刺刀状，长约30厘米，矛的末端留棒孔，孔内装上长木棒，便成为长矛。

（二）怒族传统农耕与农具设计

1. 砍刀。

在20世纪50年代之前的很长一段时期里，怒族一直是刀耕火种的生产方式。因为，怒族过去耕种的土地大多处在高山坡地上，周围到处都是茂密的森林。怒族人在此种植，只有将森林砍倒一片，然后等第二年开春放火烧荒，再用木锄刨挖山地，木棍点播种子，不用管理，只等收获。来年，又砍倒一片，又烧，又种，又收。第三年再易地重复。

在这过程中，由于要砍伐大片的山林，所以砍刀就成为必不可少的生产工具。怒族砍刀设计制作比较简单，长度有几十厘米，由刀柄、刀片两部分组成，刀柄是用当地的木材制作而成，刀片为双刃，两面都可以使用，再配上刀套，用绳子系于腰间，使用时可以直接拔出，非常方便。

怒族砍刀不但用于生产，平时生活中很多地方都可以使用到。比如像日常生活中的砍柴，修缮房屋时砍伐木料，在森林狩猎时防身自卫等等。久而久之，砍刀就不仅仅作为生产生活工具，而是作为怒族男子勇敢、勇气的象征，随身佩挂在腰间了。

2. 锄头。

中华人民共和国成立以后，怒族人的耕种方式渐渐不仅仅是火山地种植，他们根据经验，将土地分类，按照土壤肥瘠、海拔高低、向阳背阴、坡度大小等条件将土地分为火山地、手挖地、牛耕地等三类。

当然出现多种耕种方式还有其他深层次的原因。有专家认为：

首先，当刀耕火种的生态系统陷入危机之时，面对满目的荒芜，抛荒的地片，难以再继续原有的生存方式。此时，居于此地的怒放人民，不得不去寻求和创造新的生存方式和与之相适应的生产工具。于是，手耕农业出现了，其生产技术的重点也由林木砍烧转到土地加工上。其次，家族公社向以个体家庭为单位的血缘村社过渡，公有制向私有制的发展导致大规模刀耕火种农业的逐步萎缩。

手挖地，怒语叫"瓦茸木拉"，实际上意思就是"用锄头挖地"。手挖地的种植是在坡度在45°～50°之间，由于坡陡，不便犁耕，所以锄挖比较便利。这样相应工具——锄头也就出现了。

最初，怒族人民使用的锄头是用木头或竹子制作的，这和怒族其他的许多工具的选材是一样的。因为，怒族人家居住在山谷中，这两种材料随手可得。锄头的设计结构非常简单，分为锄头和锄柄两部分。中华人民共和国成立后，怒族的社会、经济、文化的发展和交通条件得到极大的改善，铁器传入，怒族民众逐渐将锄头由竹、木改进为更先进的铁锄。铁锄，怒语称为"怒尔戈"或"俄中套"，是将尖口或平口的矛头铁件，套在木棍之上，形成小铁锄。但时至今日，怒族人仍然会制造和使用一些竹木锄具，主要是因为方便和习惯的缘故，已非原始意义的竹木锄。

3. 耕犁。

牛耕地也是怒族种植方式的一种，由于怒族居住地的坡地居多，而且地块狭小、坡地角度较大，怒族的耕犁一般只能是一头牛拉。

怒族的耕犁，其结构相对简单合理，一般分为犁头和抬架，材质都是选用当地盛产的木材加工制作而成，耕犁部件之间用麻绳进行捆绑紧固。抬架的一端则与牛身连接，犁头部分则在下端安装金属铁片，用于深耕土地。怒族耕犁的使用是怒族农业种植上的一大进步，它使怒族从原始的生产方式转变为更有效率的种植方式，为怒族生产奠定了坚实的技术基础。

（三）怒族传统酿造工艺与器具

1. 酒的种类。

怒族人家酿酒的历史久远，无论男女几乎都能饮酒，而且酿酒的技艺高超，工艺多样，能酿制出不同种类的酒。

怒族的酒常见有包谷酒、杵酒、烤酒、肉酒、鸡蛋炒酒、咕噜酒、浊酒、羊油酒等等。每一种酒的制作工艺、功效都不一样。比如，苞谷酒是用发酵蒸馏工艺酿造出来的。苞谷酒的原料要选用上好的玉米和优质山泉水，酿造的工艺古朴而又复杂，要经过淘洗—蒸煮—拌曲—发酵—蒸馏等程序才能酿制而成。

怒族还有一些酒是非常具有特色的，比如像肉酒、杵酒等。肉酒，在怒族语音译叫"侠拉"，"侠"是肉的意思，"拉"即是酒。"侠拉"可以算是酒，也是怒族人非常喜爱的一种食品，因为肉酒的制作过程特别像是在烹饪一道菜肴。肉酒一般选用上好的肉类和酿造好的烧酒作为原料，先将肉剁成小块，然后上锅加入漆油或酥油煸炒，待肉变为金黄色后改用文火，再倒入烧酒，盖上窝盖将酒煮沸即可。肉酒不仅鲜香美味，而且具有滋补身体、治疗疾病的功用。

可见，怒族人对酒的理解非常深刻，在平常生活中用不同的原料、不同的工艺酿制出如此多种类的酒，而且发明将酒制成药膳，具有保健和治疗疾病的药用价值。

2. 酿酒、饮酒的器具。

酒是怒族人家几乎家家户户都会常备的饮品，且每户人家几乎都会酿酒。怒族酿酒的工艺复杂，过程讲究，因此怒族人制作了许多酿酒用的器具。

怒族酿酒、盛酒都有不同的器具。其中主要有发酵罐，用于拌曲后的粮食发酵；甑子，是怒族人自制的蒸酒器，形状类似于高水桶，

用圆木挖成，中空，底部有许多透蒸气的孔格，置于锅上蒸煮，用于蒸馏；铁锅，盛满冷水，置于甑子之上，使蒸馏出来的酒气遇冷凝结成酒水；接酒器，怒语叫"龙吧"，连接于甑子上，引导蒸馏出来的酒水；另外，还有储酒罐、酒瓶、酒杯等分别用于成酒的储藏、分盛、饮用。怒族的酒具从酿制开始直至饮用，都有着一整套不同功能的器具，可见酒对于怒族人的生活是十分重要的。

怒族的酒器，有着各种不同的形态和材质。酒器多为罐、缸、瓶、杯这类造型，外形一般比较质朴、简单，就如同制作出它们的怒族人民一样显得憨厚淳朴。酒器的材质主要是怒人常用的陶、竹、木和铁，像发酵罐、储酒罐、酒瓶一类的多为陶器；像蒸酒器、接酒器、勺酒器、滤酒器、饮酒器则多为木质和竹质的；还有怒族人制酒过程中，都离不开大小的铁质蒸锅。

3. 怒族饮酒与习俗文化。

怒族有着悠久深厚的酒文化，怒族人酿酒与饮酒都与他们社会文化、生活习俗、生长环境有着密切的联系。

怒族人非常重视人际往来与待客礼仪，酒在这其中起到重要的媒介作用。每逢亲朋好友来访，怒族人都会拿出自家的佳酿来招待客人，可谓"无酒不成宴、无酒不待客"。怒族对待客人是很讲究饮酒礼仪的，陪酒和劝酒都是表示怒族人热情好客、尊重友情。在酒席中，对于尊贵的客人，他们会双手捧酒，站在客人面前，唱着表达美好心愿的祝酒歌；喝至兴起时，会邀客人共饮"同心酒"，即相互搂脖，无论男女脸贴着脸，同饮一碗酒，表示和客人的深厚友谊。

在人生重大时刻，如小孩出生、婚丧嫁娶等，怒族人也是用酒来表达心愿。怒族人家一般都会提前酿造备好酒水，或是送酒送肉到三亲六戚家通报情况，或是摆酒席宴请村寨邻里，招待前来道喜的客人和来帮忙的乡亲。主人敬酒答谢客人，客人纷纷举杯畅饮，大家都用喝酒的形式来表达喜悦、祝福、关切等美好的心愿。

在重要的怒族节日，怒族人的酒也是必不可少。每逢过年过节，家家户户都要酿制酒水，酒是过节期间不可缺少的饮品。怒族人用酒来表达节日的喜悦，增加节日的气氛，凝聚人们的感情。像怒族最有民族特色的宗教祭祀节日——鲜花节，怒族人都要团聚，设宴饮酒，借酒来传达对神灵的敬畏，对未来美好生活的祈福。

因此，酒在怒族人的生活中起到非常重要的作用，酒渗透于怒族人民物质生活和精神生活的方方面面，酒的文化也体现出怒族人的朴素的人生观和价值观。

目录

第一章 怒族传统建筑

怒族"井干—土墙"木楞房 002
怒族"平座式"木楞房 009
怒族木板房 015
怒族竹篾房 021
怒族草房 027
怒族现代住房 030
怒族重丁教堂 036
怒族老姆登教堂 042
怒族普化寺 048
怒族石磨房 055
怒族水磨房 059
怒族柴房 065
怒族晾仓 069
怒族火塘 074

第二章 怒族传统服饰

怒族阿怒及怒苏系女服 080
怒族阿龙系女服 087
怒族若柔系女服 093
怒族阿怒及怒苏系男服 098
怒族阿龙系男服 104
怒族头饰 110
怒族怒毯 114
怒族怒包 119
怒族竹篾绑腿 124
怒族兽皮箭包 128

第三章　怒族传统餐饮

怒族琵琶肉　132
怒族漆油炖鸡　136
怒族石板粑粑　140
怒族树花菜　143
怒族包谷酒　146
怒族杵酒　150
怒族羊油酒　153
怒族同心酒　157

第四章　怒族传统生活用具

怒族背具　162
怒族采果工具　164
怒族砍刀　167
怒族弩弓　171
怒族耕犁　175
怒族石磨　177
怒族制陶工具　180
怒族加车陶　184
怒族腰织机　190
怒族蒸酒工具　194
怒族水烟筒　198
怒族马鞍　201
怒族溜索　204
怒族猪槽船　207
怒族达比亚　210

怒族口弦　214
怒族竹号　217

第五章　怒族传统民俗和宗教造像

怒族仙女节　222

第一章 怒族传统建筑

怒族"井干—土墙"木楞房

图一 怒族"井干—土墙"木楞房主图

木楞房是怒族北部地区常见的建筑形式,如贡山的阿怒族的民居主要就是以木楞房为居住形式。当地人称垛木房,又叫"圆木垒墙房"。房屋形状像一个大木匣,长方形,是做工较为精细的住房。与南部地区相比,北部气温较低,林木繁茂,适宜建造垛木房,保暖性能较好。怒族木楞房一般分为两种:"井干—土墙"和"平座式"。

"井干—土墙"式住屋的出现是因为阿怒人民居住在怒江峡谷的坡地上,为了避免大挖大填,建房时房屋的长边尽量与等高线平行,在上坡一侧定出房屋内的高度,并在下坡一侧,用岩石与土夯筑一段土墙,其顶与在上坡处定出的高度相应,然后继续在其上垛木建屋。这种下为土墙,上为井干壁体的住屋,即所谓的"井干—土墙"式住屋。

"井干—土墙"式房屋的建筑材料与怒族其他类型的房屋一样主要以木料为主,以丙中洛乡茶腊自然村为例,木质房屋约占居民住房总数的93%。木材主要以当地盛产的松木或杉木为主,将木料加工成直径约150~170毫米、长约6000毫米的圆木,在土石夯筑起的土墙与坡地形成的平台上垒成的木楞房,阿怒语称"雄兰吉木",这种就地取材的方式是一种十分节约成本的建造方式。

早期怒族的建筑工具只有砍刀,故木楞房墙体一般用圆木相叠而成。墙体的4个角

图二　怒族"井干—土墙"木楞房空间分析图

图三　怒族"井干—土墙"木楞房剖面图

交叉处用刀砍出槽或用凿子凿成榫，将其穿牢固，造成屋架。柱顶用杈形榫架楼阁栅，再用藤篾绑牢。屋顶的盖法是在端山架上架脊柱子，上架脊桁，再由两侧墙顶架斜梁交于脊桁上，起屋架功能，承载整个屋顶的重量，组成屋顶的三角形空间，上架桁椽，用茅草、木板或贡山特有的薄石板盖顶。

阿怒人的房子不论是木楞房、木板房，还是较为稀少的土墙房或砖房，都有一个共同的特点，即房顶均以丙中洛地区怒江边出产的一种页岩片铺就，因此阿怒人的房子都被称为石板房"垄不拉吉木"。这种覆盖于房顶的页岩片，质地较软，所以能削、能钉。把页岩片加工成宽约300～600毫米，厚度在40～100毫米的石片，加工好的石片又薄又平，且有天然的岩石纹理，再覆盖于房顶上，即美观又耐用。

由于建筑工艺较为简单，有时建房仅凭几把砍刀即可完成，所以，阿怒人建筑的大小并不十分精确，不同的建筑时期表现为不同的标准。不论木楞房还是木板房，建筑面积一般为36平方米，木料数目无明确的规定。房屋的门窗显得更为随意，也显得较小。这主要是因为怒族曾有过穴居史，怒族民居不建窗或不重视窗户建设也是对这一客观事实的体现。

图片来源
图一　朱华　摄影
图二、图四至图六、图十、图十一　黎文勤　制图
图三、图七至图九　王佳乐　制图

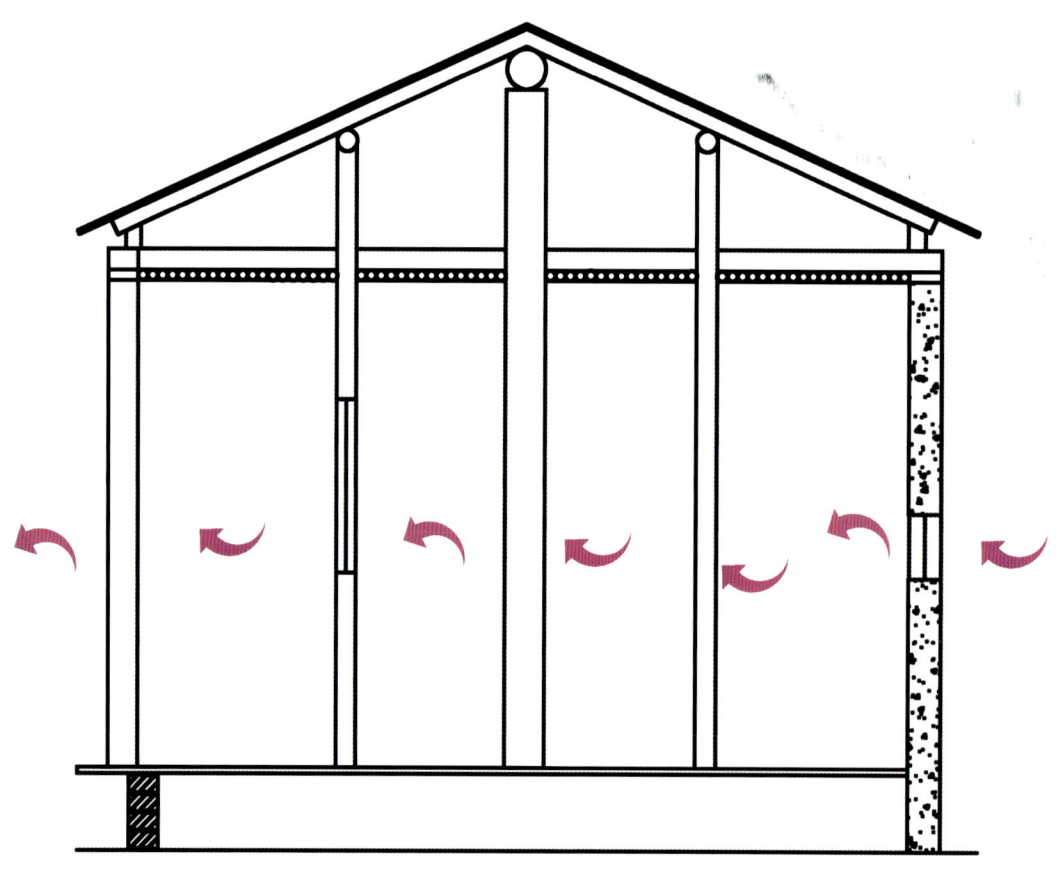

图四　怒族"井干—土墙"木楞房通风示意图

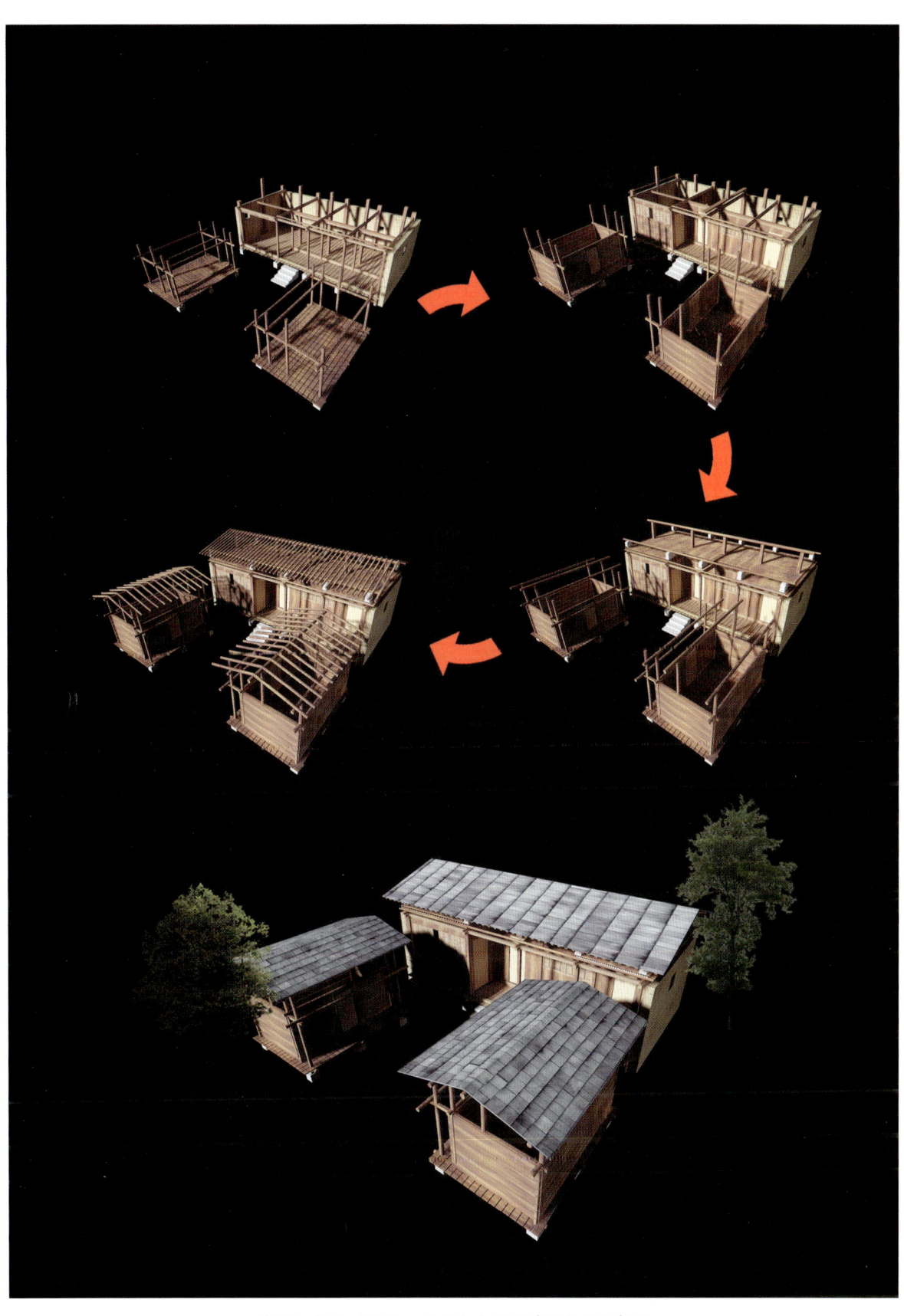

图五 怒族"井干—土墙"木楞房建筑构造分析图

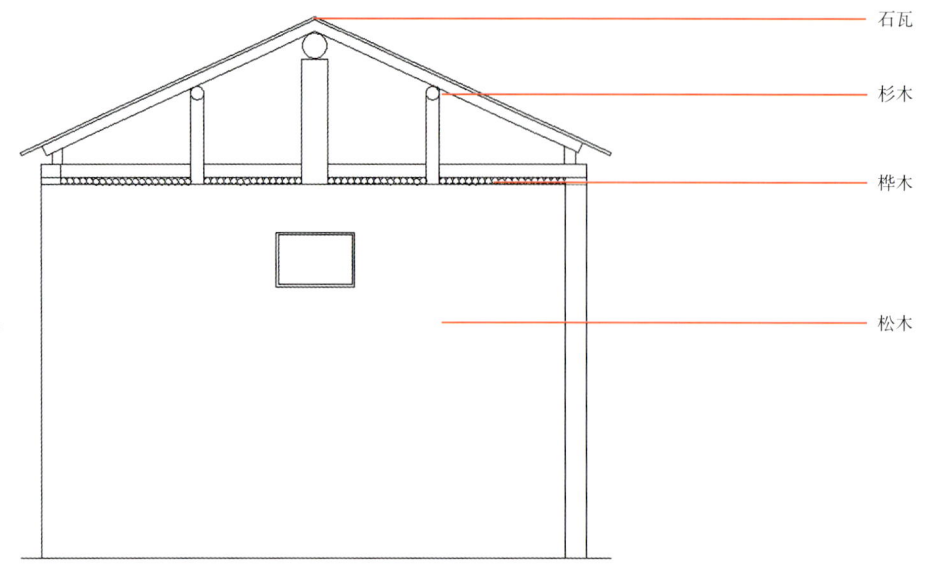

图六 怒族"井干—土墙"木楞房建筑材料分析图

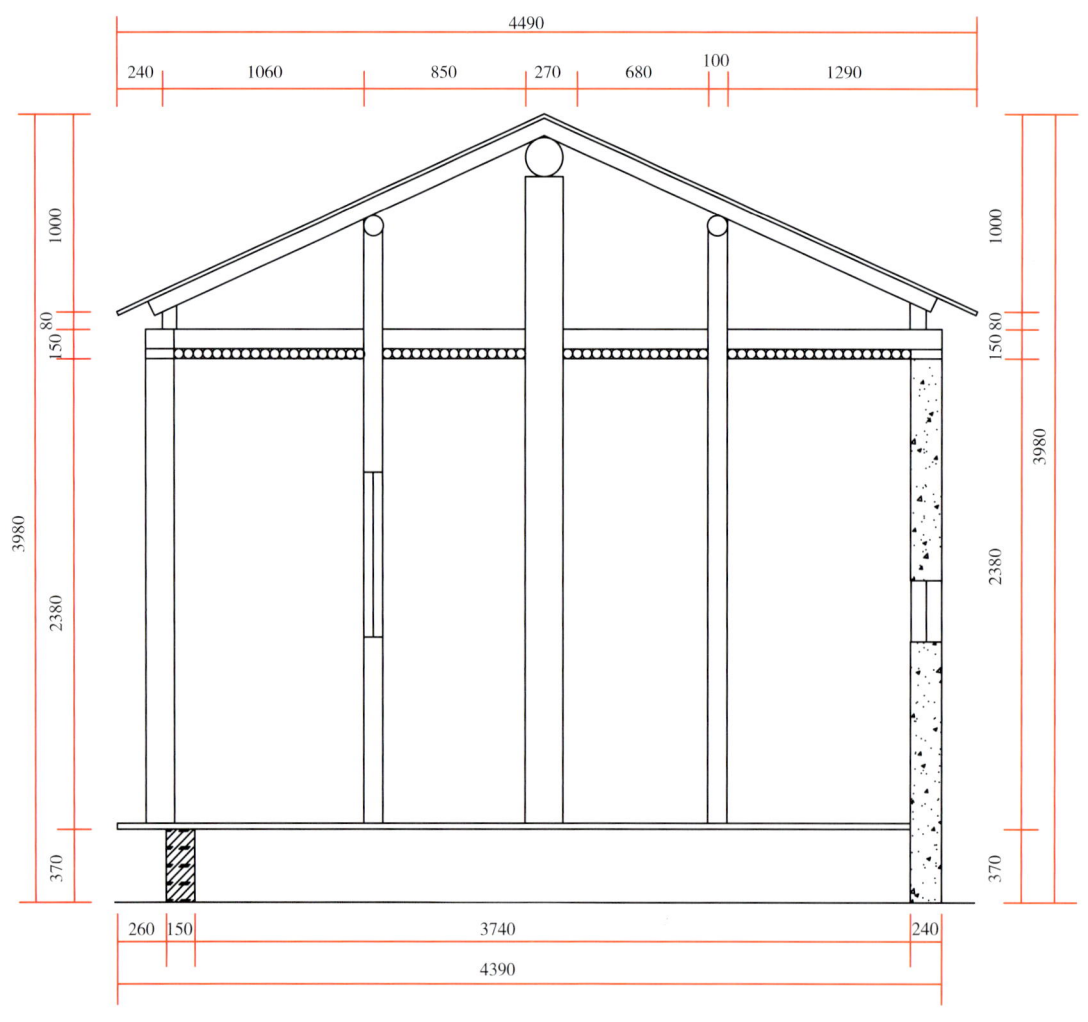

图七 怒族"井干—土墙"木楞房侧面、尺寸图（单位：mm 比例尺：1∶100）

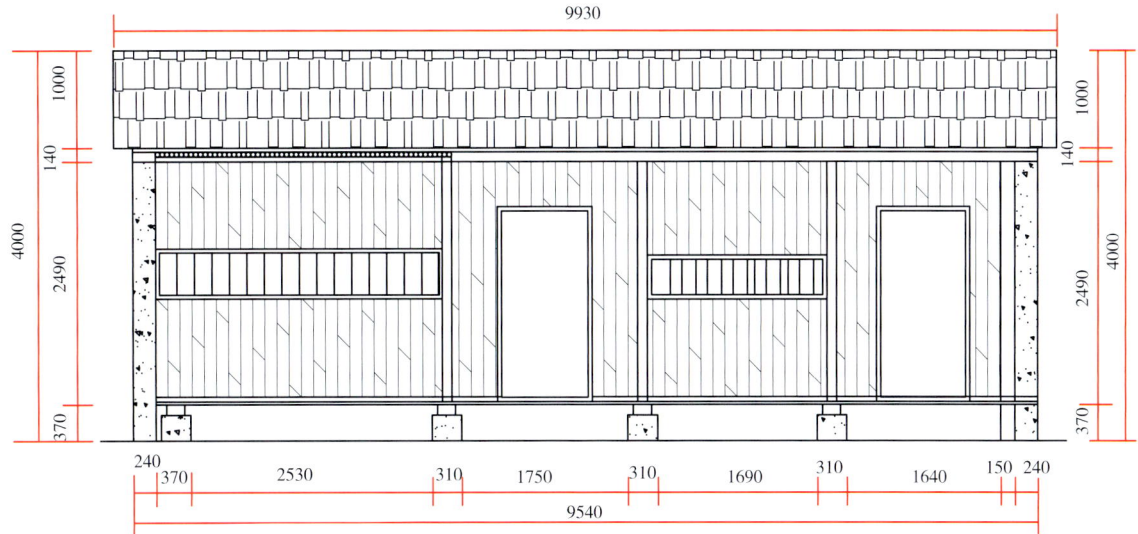

图八 怒族"井干—土墙"木楞房前视、尺寸图(单位:mm 比例尺:1∶100)

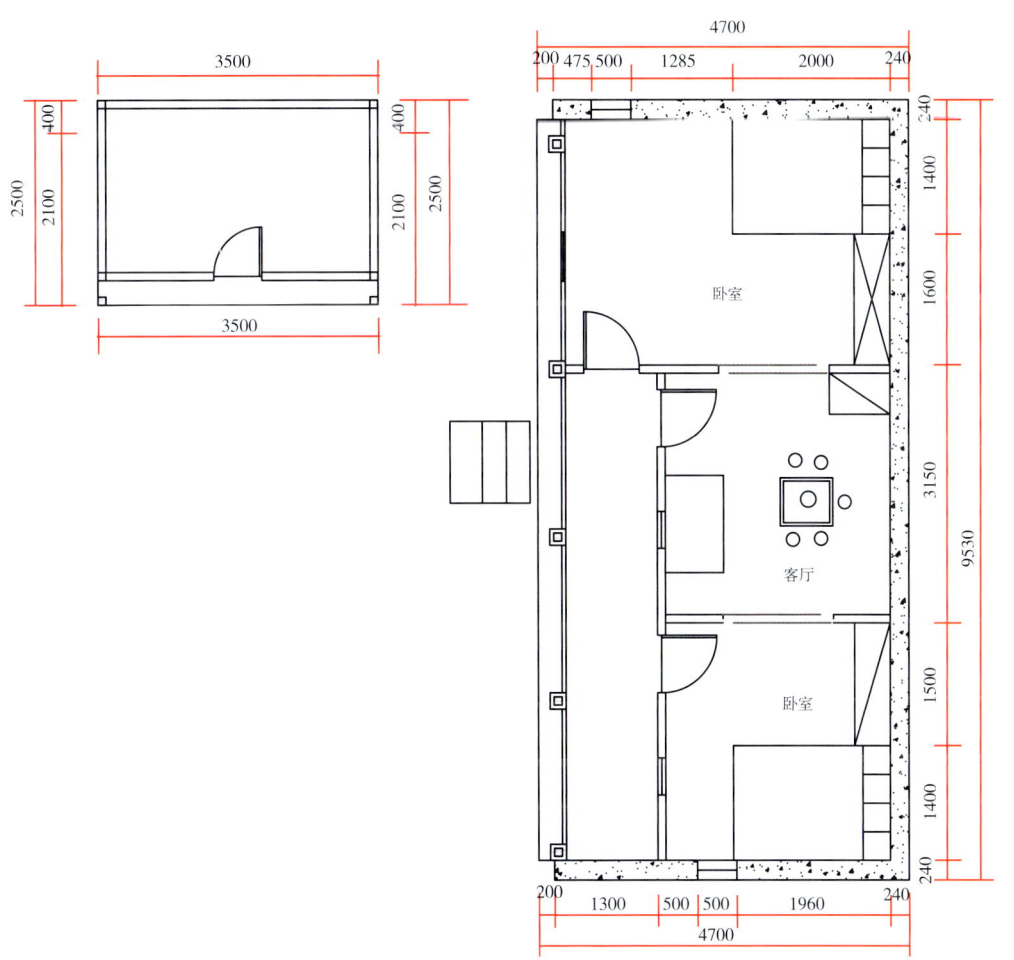

图九 怒族"井干—土墙"木楞房平面、尺寸图(单位:mm 比例尺:1∶100)

第一章 怒族传统建筑

图十　怒族"井干—土墙"木楞房效果图

图十一　怒族"井干—土墙"木楞房村落效果图

怒族"平座式"木楞房

图一 怒族"平座式"木楞房主图

"平座式"木楞房是怒族木楞房的另一种形式。与"井干—土墙"式房屋不同的是，在起伏的坡地上修建垛木房时，先用短柱及梁、板搭建成一个有木柱支撑的，地形的高差利用平座支柱的高矮调节成的平台，然后再在平台上建垛木房。因有别于在地面上修建的垛木房，即比其他的垛木房多了一个平座，故称之为"平座式"木楞房。

"平座式"木楞房的建造方式是由于受到生产力的制约，怒族人民只好用长短不一的木桩或石头将居住面架成水平面，这比起平整地基来既省时又省力。通过将居住层托离地面可以降低地气对人的危害，防止毒蛇猛兽的袭击。同时在房屋底层关畜禽，虽不卫生，但它客观上起到了防湿的效果，又能保护家畜的安全。

与"井干—土墙"木楞房相似，在房屋建盖前，也是要备好粗细相等而长短不同的木料，多用直径22厘米左右笔直干透的松树圆木，用斧、刀砍削成一样粗细的七面圆柱形木料。各木料的一边砍削成榫，直对榫的另一边刨剜成一细槽，两端的两边直对榫、槽，分别砍凿一镶嵌口。建盖这种房，每边要镶垒26至30根木料。建盖要按木料的长短，先在挖平的长方形地基的四个角落垫上大石头作石脚，木料就在上面榫对槽、镶口嵌镶口地架垒。每边垒至十一二根时，用粗圆木铺楼板，与下层隔开，上层为人住层；从楼板往上垒到二至四米左右时，在一长边的内侧设置放粮食和杂物的晾台；垒至顶形成木墙，在两短边正中间各立一木马，架梁子人字木，绑数十根椽木，顶盖杉板或页岩石片、茅草。较大的房屋分为两间，小的仅一间，常在侧面开门。房正中设一火塘，火塘边除挨门一边外，三边各设木支架，铺以厚木板为卧床、坐板；下层关牲畜。也有部分房屋是将原木削去皮，两端砍凿镶嵌口，以地基为地板，垒建粗糙的单层房。这种房子具有坚固、经久耐用、暖和、防潮、防风防震和便于搬迁的优点，但建盖耗费木料多，难以防火。

图片来源
图一　朱华　摄影
图二　黎文勤　制图
图三至图五、图七、图八　梁幸培　制图
图六　梁幸培、黎文勤　制图

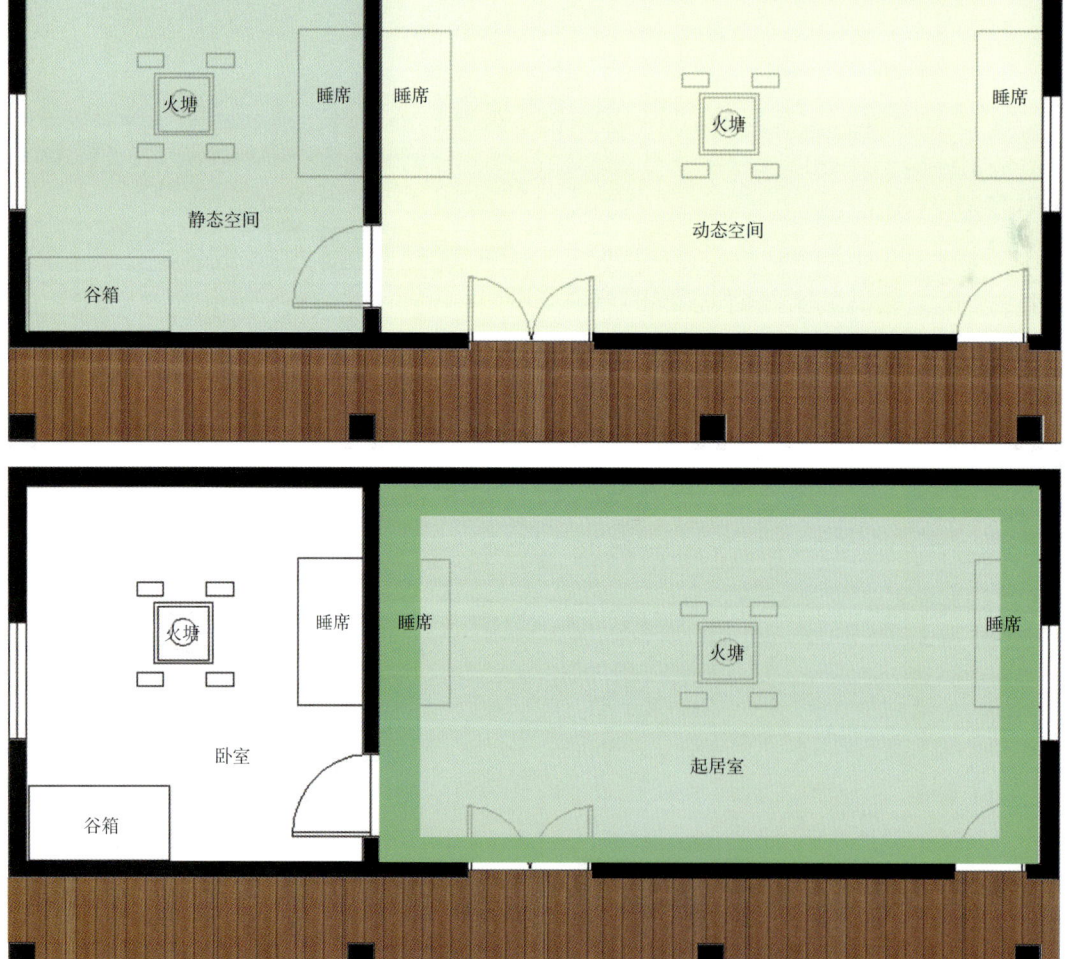

图二　怒族"平座式"木楞房空间分析图

图三　怒族"平座式"木楞房建筑构造分析图

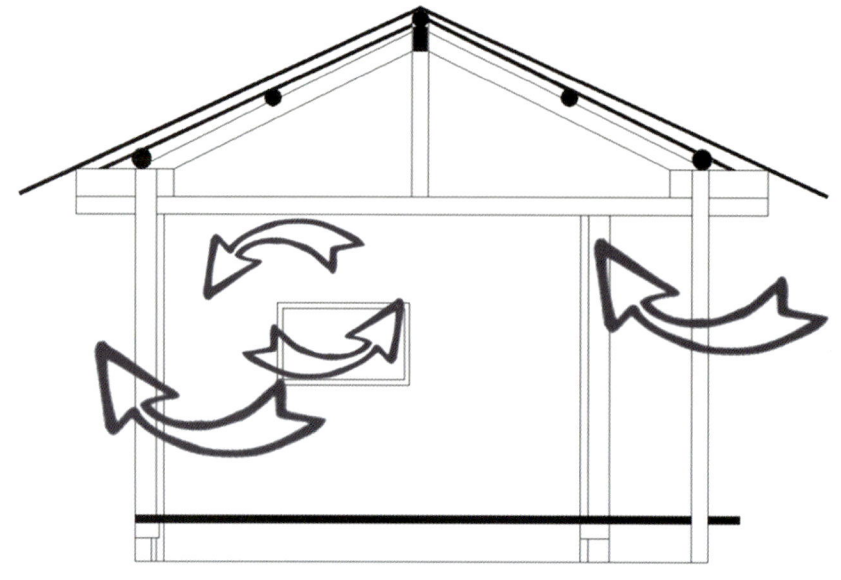

图四 怒族"平座式"木楞房通风示意图

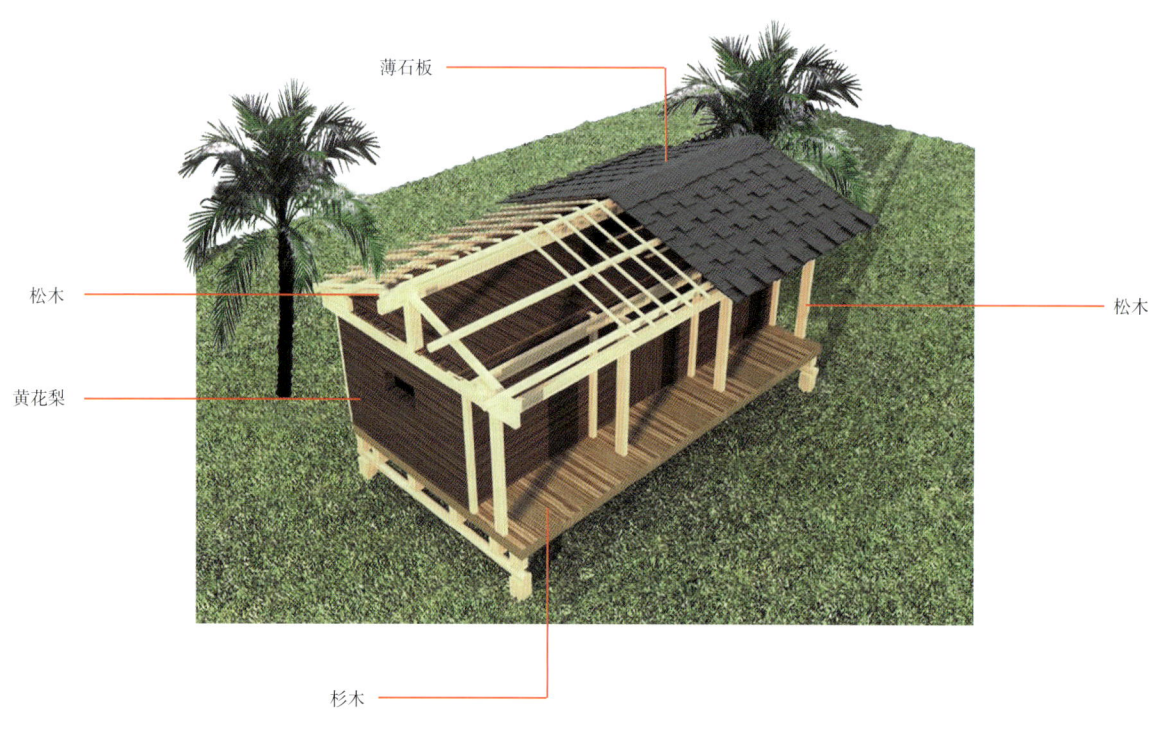

图五 怒族"平座式"木楞房建筑材料分析图

①-④立面图

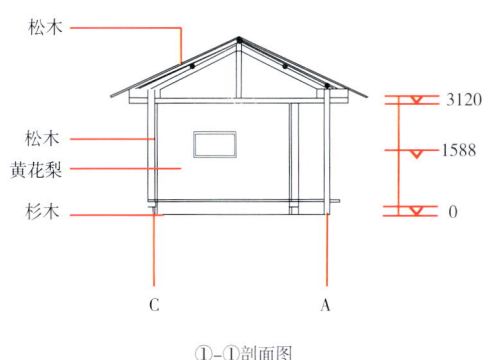

①-①剖面图

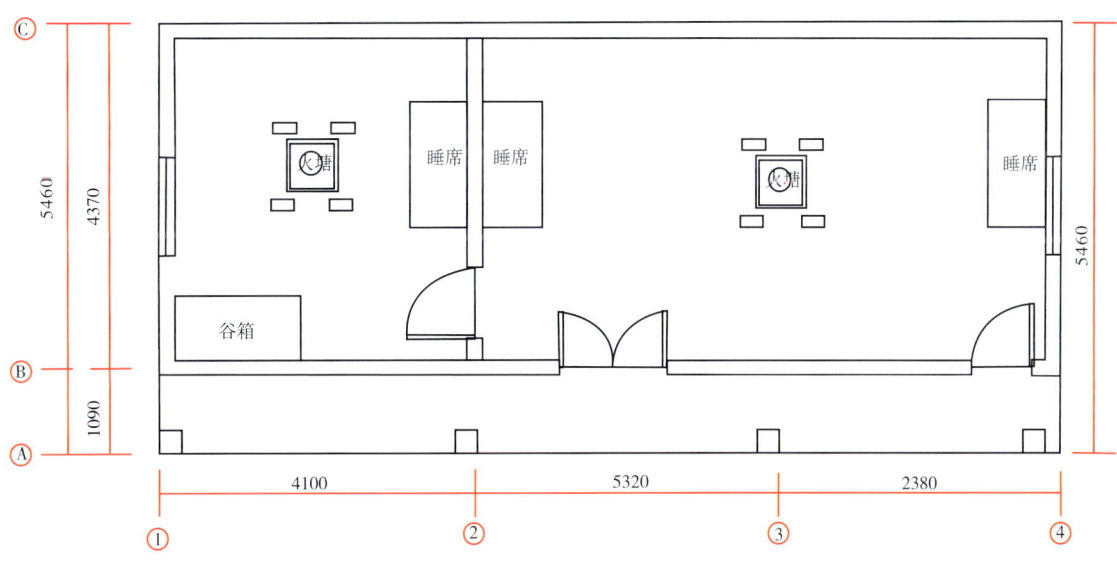

图六　怒族"平座式"木楞房尺寸图（单位：mm）

图七 怒族"平座式"木楞房建筑效果图

图八 怒族"平座式"木楞房村落效果图

怒族木板房

图一　怒族木板房主图

木板房是怒族居住建筑的另一种形式，它无论是从建筑结构、布局，还是用料方面都与木楞房相同，只不过在房屋的墙壁所用木料形状上有所不同。

怒族井栏式建筑可以分为两种：一种是用直径约150～170毫米、长约6000毫米的圆木垒成的木楞房，阿怒语称"雄兰吉木"；另一种则是用宽约200毫米、厚120毫米、长6000毫米的木板垒起的木板房，阿怒语称"达不兰吉木"。

怒族人建房工艺简单，20世纪80年代以前还没有使用锯子，也没有尺子和墨斗，因此此前建造的房子多为木楞房。此后随着上述工具的引进和使用开始建造木板房，效率有较大提高，但建筑的基本程序相同。先是在坡地上整出一块水平的平台，再清理上面的表层土壤。怒族人认为，表层的土壤不干净，因此要挖开扔掉，之后便是整平墙根，修挡墙。然后，沿四周以圆木楞或木板垒起井栏式的墙壁，墙壁达到大约20根木楞或12块木板的厚度时，就可以架横梁了，横梁首先架于井栏之上，下面以9根柱子支撑，梁上再架横木，上铺木柴，以蕨叶或"水发草"垫底，上填干净的细土，和清水整平，晾晒平台即算完工；之后以9根小柱子支撑一个"人"字形屋顶，上铺页岩石板，建房工作基本完成。另外，屋顶并不仅仅由房子内的柱子和井栏墙支撑，在靠山一面的室外有3根较粗的柱子与室内柱子共同支撑屋顶，在室外形成一个遮阳的回廊区，怒族人在此堆放农具、猪草、木料或作为妇女织布的场地。

阿怒人建房的主要工具是砍刀，在此条件下，需要大量的劳力同时操作，主要凭肉眼和手工，按照一定的顺序完成。如果有操作不当造成的失误，重做即可。在整个建房的过程中，人们唱着冗长的建房歌，一方面使建房按照程序完成，同时也包含了对新建住房的祝福，因此建房更像是一个建房仪式。在修建地平梁以下部分是不唱建房歌的，怒族人认为"下边"不吉利，因此从安装地平梁时开始唱。

阿怒人的木板房与木楞房一样均为单体杆栏式建筑，根据功能及用途一般有三种类别：主房(即厨房)、仓库、水磨房。一个家庭最基本的居住配置为一间作为全家人生活及活动中心的主房(同时作为老人的起居室和厨房)、一间用于存放粮食的仓库，水磨房仅属部分人家的私有或共有财产。因此，许多阿怒人的家就是一间主房"吉木"，"吉木"同时具有厨房、居室、会客室等功能，条件较好的家庭可有多间主房和仓库，家庭成员可分室而居。

图片来源
图一　朱华　摄影
图二至图五、图八　黎文勤　制图
图六、图七　王佳乐　制图

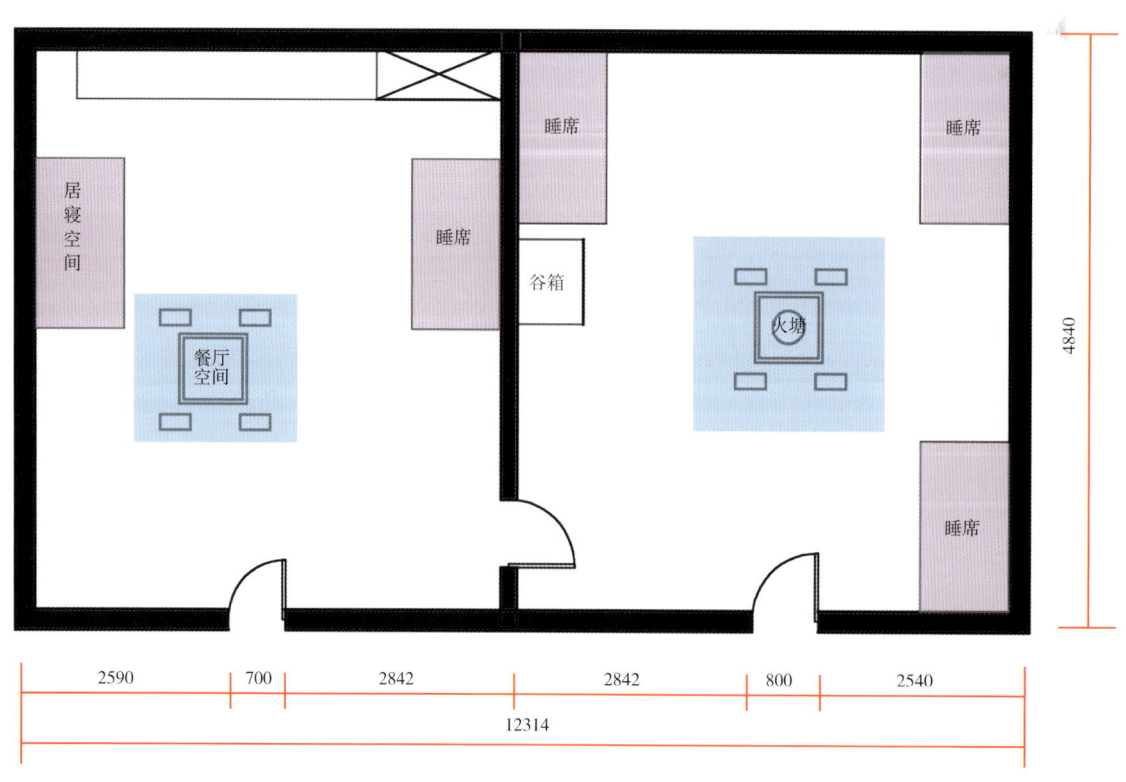

图二　怒族木板房空间分析图（单位：mm）

图三　怒族木板房建筑构造分析图

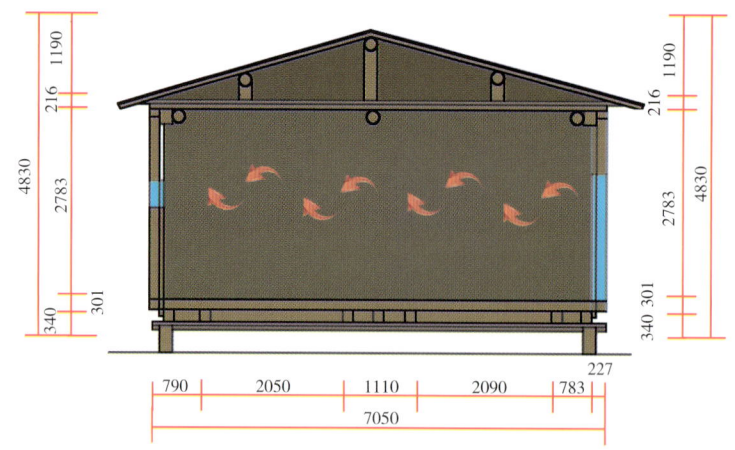

图四　怒族木板房通风示意图（单位：mm）

图五　怒族木板房建筑材料分析图

图六　怒族木板房剖面图

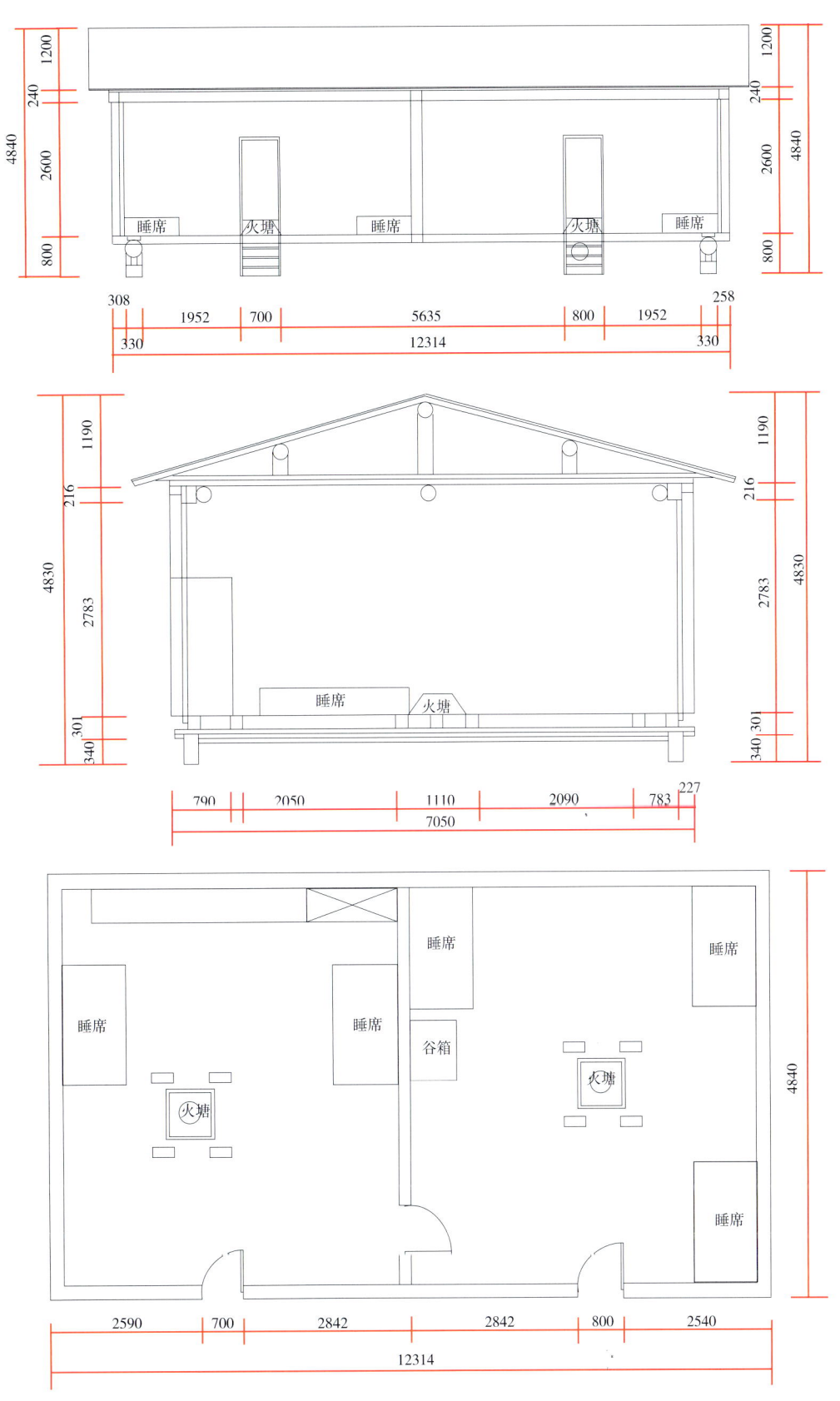

图七 怒族木板房三视、尺寸图（单位：mm）

图八　怒族木板房村落效果图

怒族竹篾房

图一 怒族竹篾房主图

竹篾房，俗称"千脚落地房"，是怒族的基本住房形式之一，主要分布于怒江的中部与南部。由于南部地区的气候温暖潮湿，而怒族的民居都是依山而建，建筑的局部或全部底层架空，所以怒族竹篾房屋的形式是架空楼居的栏杆式，上部一般住人，下部关养牲畜。

这种栏杆式的竹篾房与傈僳族的"千脚落地房"大同小异，房屋一般建于能躲避山洪和泥石流的山凹台地的向阳面偏坡上。建造时在斜坡下和左右两边，竖几十根坚硬耐腐的粗长木做柱子，坡下各木柱又分别用硬粗短木柱顶绑，以防倒塌；坡上用短柱，与坡下柱子对等；在坡下各长柱离地2至3米与坡上各矮柱底部成平行处，用横木捆绑紧固长柱，以保持平衡。竹篾房以木板或竹篾笆为地板，四周围以竹篾篱笆，房顶再铺盖房头板或茅草。房头板一般以红杉木为原料，红杉木纹理美观、利水性好、耐腐，有香气不受白蚁蛀食，可供相继三四代人使用。如用茅草则冬暖夏凉，盖一次可以利用九至十年左右。建盖此种楼房，不必平整地基，就地取材，省工省料，适用方便，隔五六年或七八年翻新一次。

千脚落地竹篾房一般以三层为主：第一层关养畜禽或储藏农具杂物等，第二层住人和做食物仓库等，第三层作晒楼。建筑内部空间布局一般为三开间，呈一字型布置，中间屋设有火塘作堂屋，比其他两间大，是长辈的卧房和客厅，兼炊事、聚会、庆典、取暖等功能。火塘上面置铁三脚架或耐火条石，作为烧火煮饭时支锅的支撑，如有客人就围着火塘坐。空间上方设棚架，不封闭，用于悬挂烘干的肉类、玉米等食物(食品的主要储存方式)，同时解决室内排烟问题。由火塘间进入，两侧分别设有房间，为厨房和储藏间。与火塘间并列的两侧房屋则为卧室，供子女居住，用外走廊将各个房间串联起来。若子女结婚，也可按需安排另用，也可另盖房子或扩大外室。

综上所述，怒族的竹篾房具有如下特征：①火塘间为日常生活的主要房间，不设专门的厨房、卫生间等。②房屋数量少，通常为1~2间，夜间全家围火塘席地而睡。卧室私密性差，且光线昏暗。③底层架空的结构形式适应陡坡地形，且空气流通，防潮避湿，冬暖夏凉，适应本地区的气候特点。

竹篾房建造的设计创意充分体现了怒族人民的智慧：以最简明的建造思路、最简单的建造材料、最简易的建造技术、最简洁的建造形式，达到最佳性价比的实用功能。由于地理位置的关系，各地的阳光照射不一，建盖房子的朝向也因地制宜各不相同。这一点则充分展现了怒族人"因地制宜、因陋就简、因材建造"的民族传统建造设计思想，以及建筑本身所包含的设计特色，无疑对流行于当今社会的"绿色—环保"设计理念，有一定的借鉴与启迪价值。

图片来源
图一　朱华　摄影
图二至图四　黎文勤　制图
图五、图七　刘晓丹　制图
图六、图八　刘晓丹、黎文勤　制图

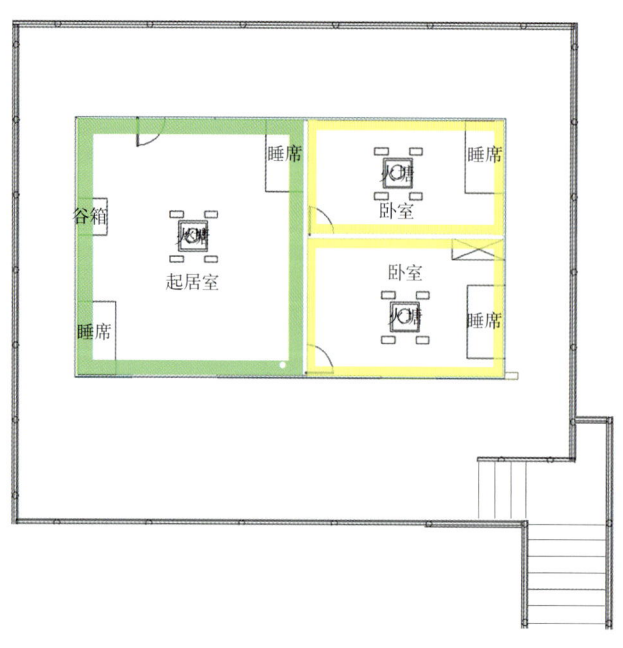

图二　怒族竹篾房空间分析图

图三　怒族竹篾房建筑构造分析图

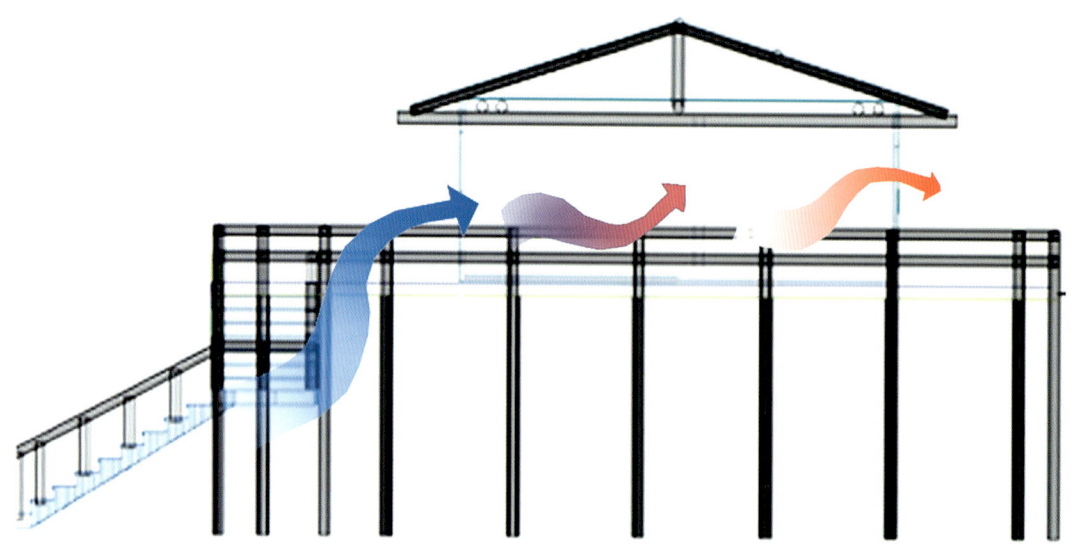

图四　怒族竹篾房通风示意图

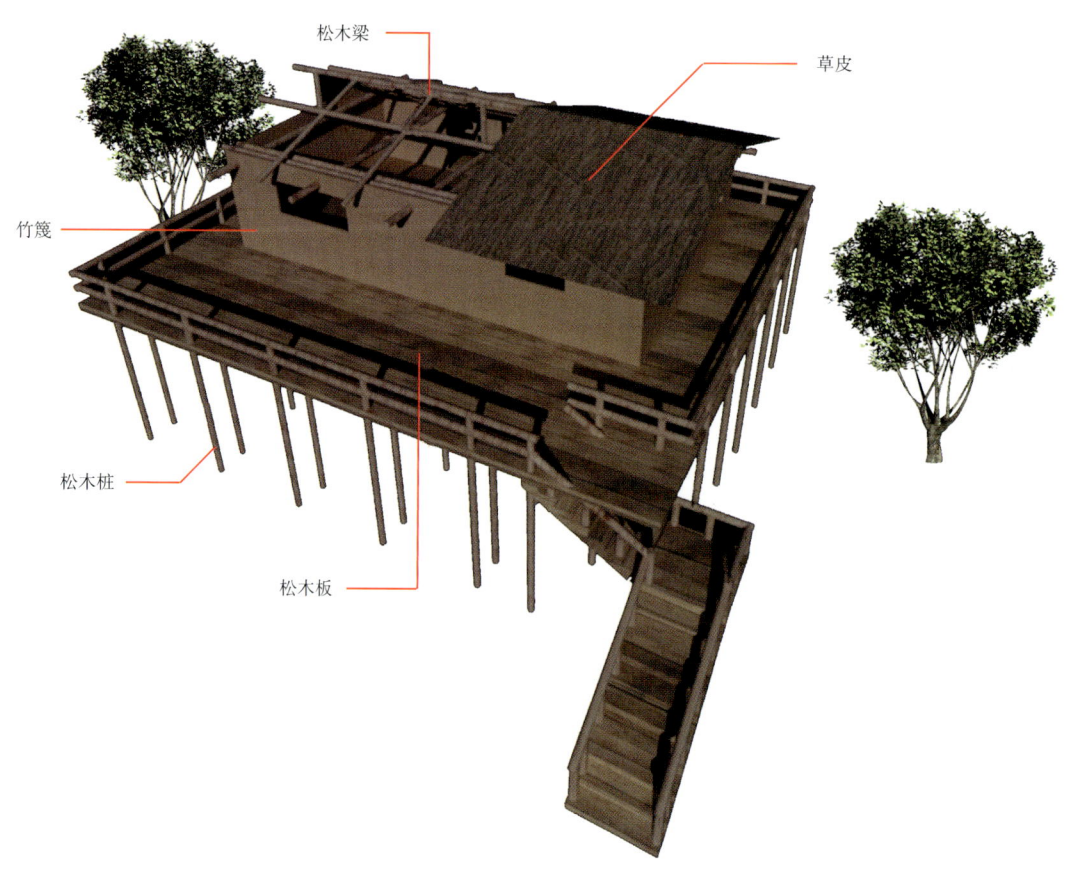

图五　怒族竹篾房建筑材料分析图

正立面图

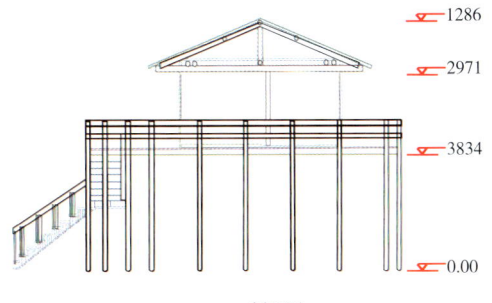
剖面图

侧立面图　　　　　　　　　　　　侧立面图

图六　怒族竹篾房三视图

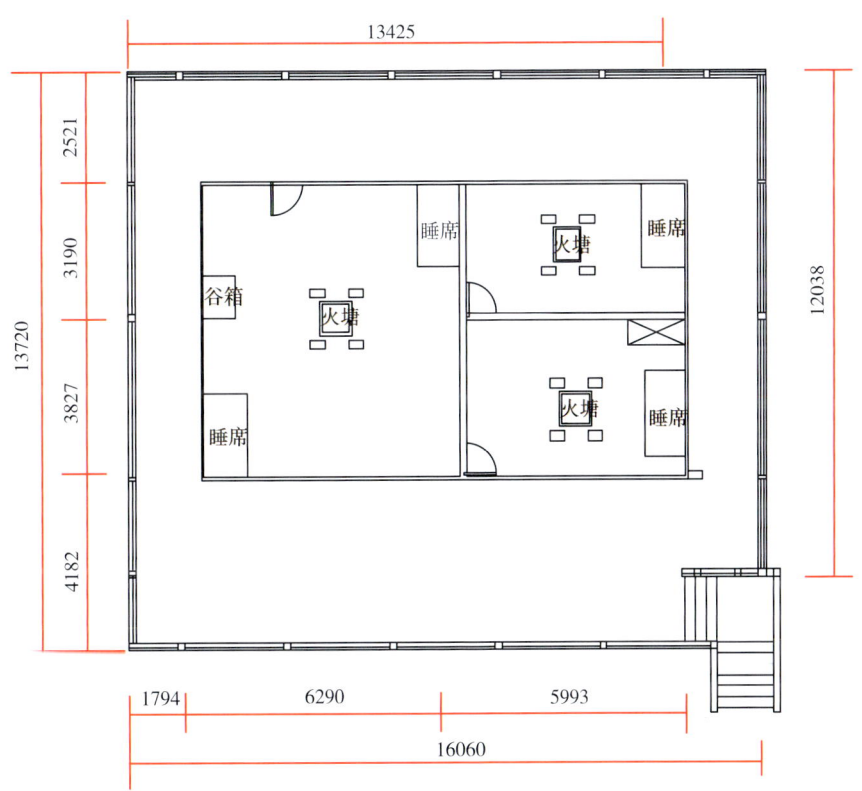

图七　怒族竹篾房剖面、尺寸图（单位：mm）

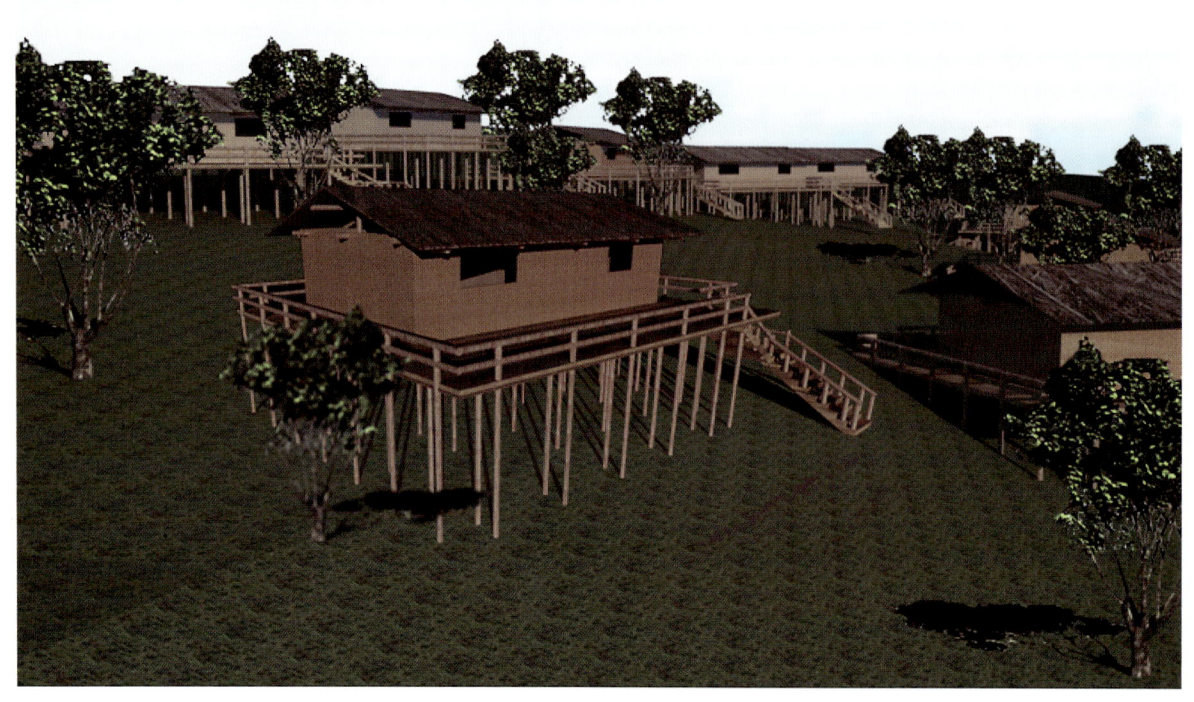

图八 怒族竹篾房建筑效果图

怒族草房

图一　怒族草房主图

草房是有别于木楞房和木板房的另一种怒族民居建筑类型。顾名思义，除了房屋顶部覆盖茅草以外，其他房屋结构、功能空间布局、建造程序都与其他房屋大致相同。

草房的优点在于结构轻巧、稳定，适于快速搭建，能应对多变的自然灾害。墙体结构亦是采用分布密集的细木柱支撑，而取消了横向连接杆件，外有竹篾维护。房屋一部分坐落在平地上，其余建在用密集的细木柱（直径约100毫米）搭接的平板之上。架空的底层存放农具、堆放干柴等。

草房的构造特点有：（1）采用长条木板前后搭接，并用捆绑、石块压顶的方式固定。由于木板防潮能力差，每年都需要翻修一次。翻修时，将木板正反面置换或者采用新木板替换。遇到风或者暴雨，木板有被掀掉的可能。（2）传统民居墙体一般由厚约20毫米的竹篾围合，竹篾由手工编织而成，用木条固定。怒族房屋地板采用单层木板，厚约5厘米；傈僳族房屋的地板采用双层结构，底层用木板铺平，中间铺一层细木板，间距较密，上铺以竹篾，这样可以防止潮湿腐烂，同时便于坐卧。底层立柱采用石柱、木柱或竹竿。墙体与屋架交接处以及山墙，均不围合，仅用结构杆件支撑，有利通风。防火方面，则在火塘周围浇一圈水，可防火。（3）杆件之间的连接主要采用捆绑、树枝叉接的方式固定。

图片来源

图一　朱华　摄影

图二至图四　林凯文　制图

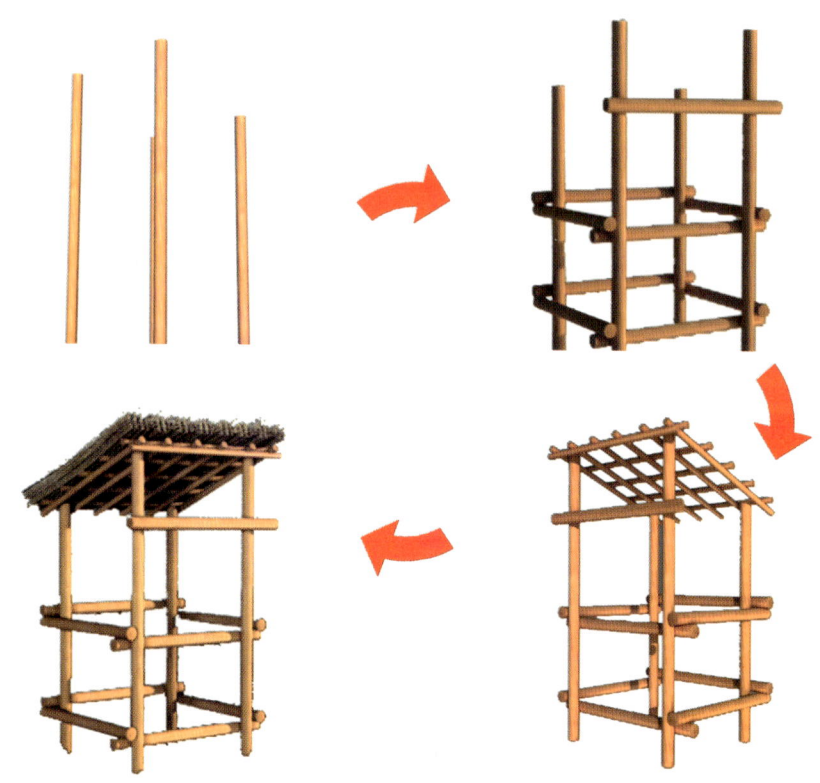

图二　怒族草房建筑构造图

图三　怒族草房效果图

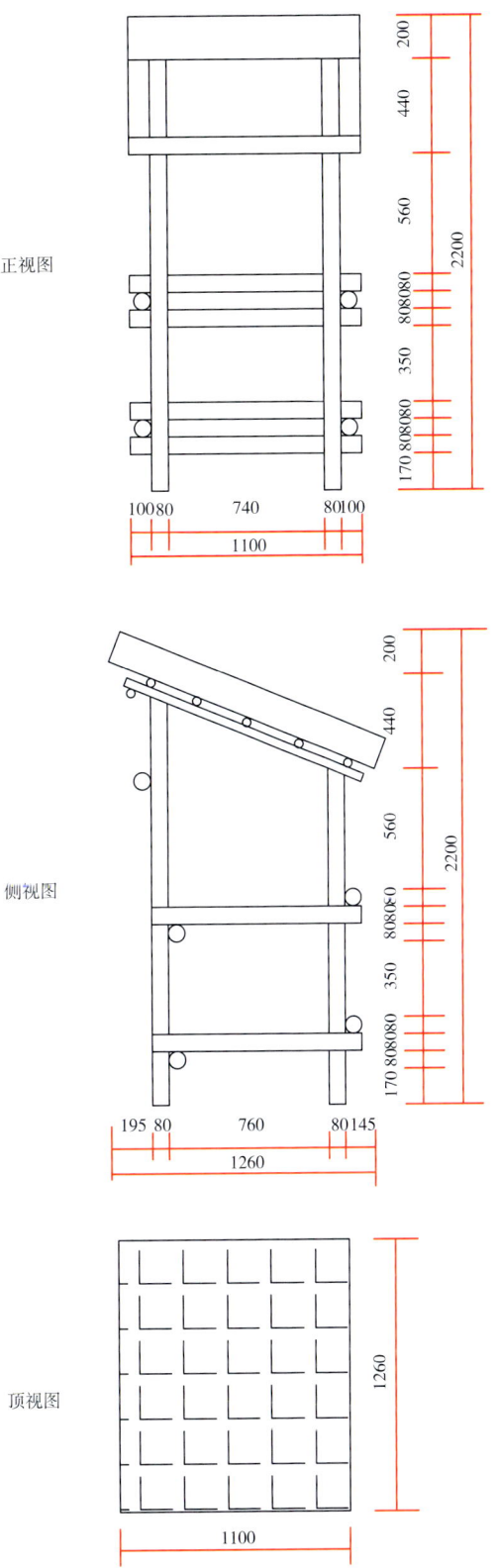

图四 怒族草房三视、尺寸图（单位：mm）

怒族现代住房

图一 怒族现代住房主图

千脚竹篾房、木板房、木楞房等是怒族传统的居住建筑形式，是集合怒族人民千百年来的智慧结晶。但时代毕竟在进步，通过开放，原始的怒族村寨和外面世界的交流越来越多，其居住建筑的建造形式也随之发生改变。

怒族的现代居住房，采用了传统与现代结合的建造方式。底层不再用木柱或石块形成架空层，而是采用现代的建筑材料，砖垒砌成墙，外面再覆以水泥，进行粉刷，这完全是现代砖瓦房的建造方式，整个建筑是建造在平地之上。但在二层，怒族人民继续采用了他们自身的传统方式，用木板、木架构建成木板房。二层向建筑外部伸出，形成阳台走廊，走廊用四根大木梁支撑，在一层也形成了回廊式的过渡空间。他们在此堆放农具、猪草、木料或作为妇女织布的场地。房顶依然是人字形屋顶，在二层墙壁垒砌到一定高度时就架设横梁，二层建筑与屋顶之间延续传统方式，留有架空层，便于通风、防潮，可以存放粮食与物品。顶部在木框架上再用木板垫底，上铺页岩石板。

现代住房的内部布局与传统居所相似，功能及用途依然有主房(即厨房)、仓库、卧房等等。家具的种类与放置有了一定的变化，主房、厨房也用起了现代的家用电器。

可见，怒族人民的生活也随着时代的变迁发生了翻天覆地的变化，居住的建筑也在保留怒族一定的传统下与现代建筑材料、建造方式进行了结合。

图片来源
图一　朱华　摄影
图二、图三、图四、图六　黎文勤　制图
图五　王强　制图

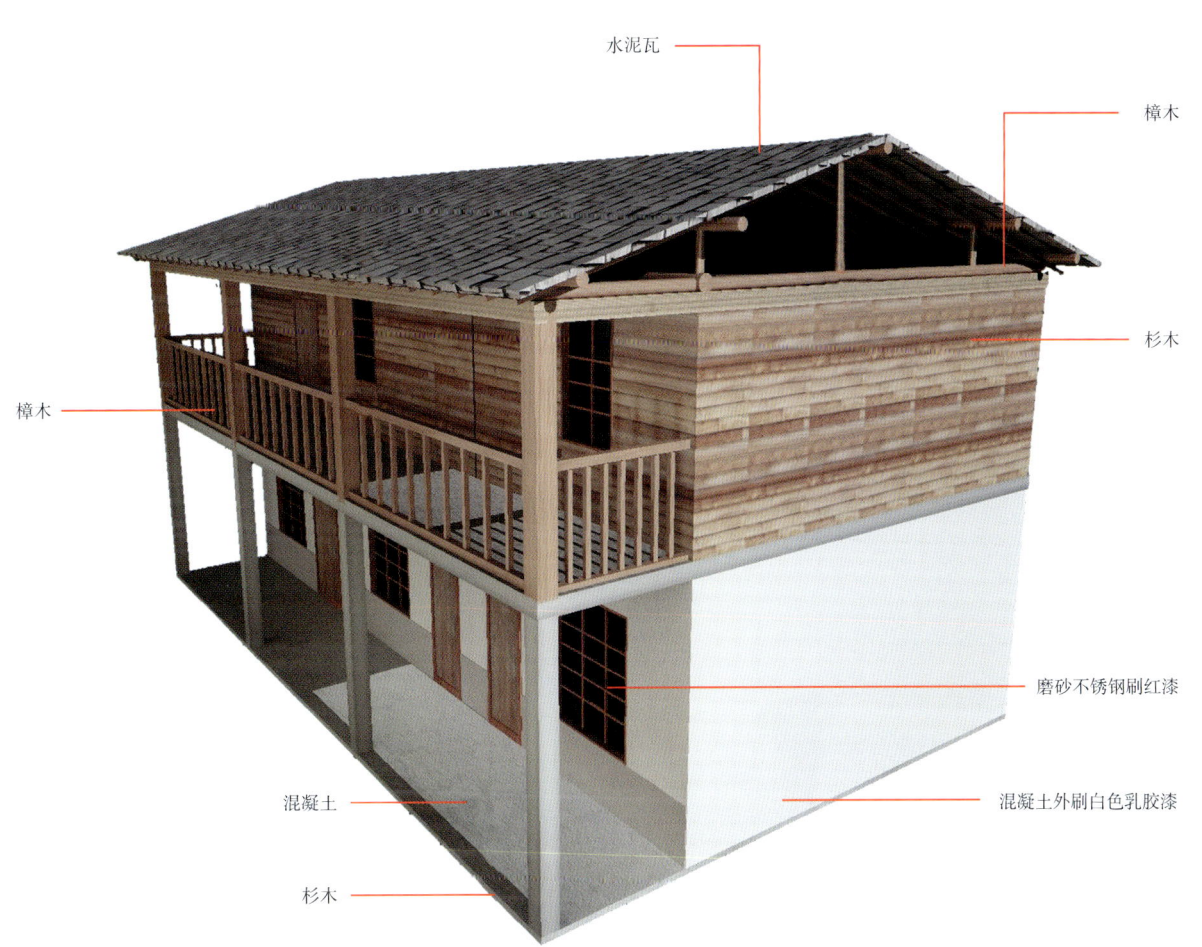

图二　怒族现代住房建筑材料分析图

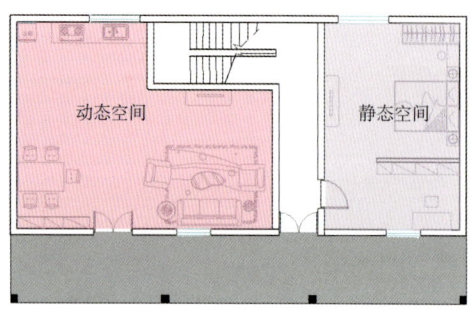
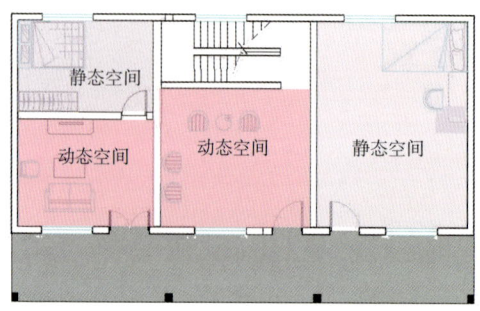

空间分析

■ 动态空间

■ 动态空间

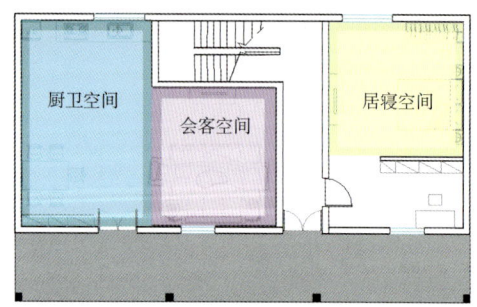
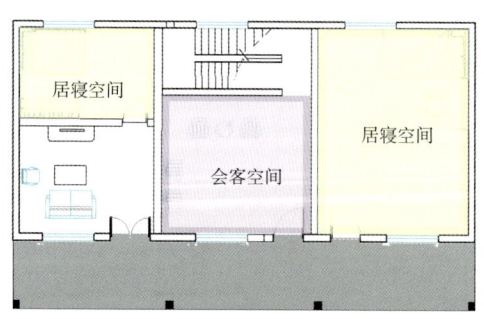

空间功能分析

■ 居寝空间
■ 厨卫空间
■ 会客空间

图三　怒族现代住房空间分析图

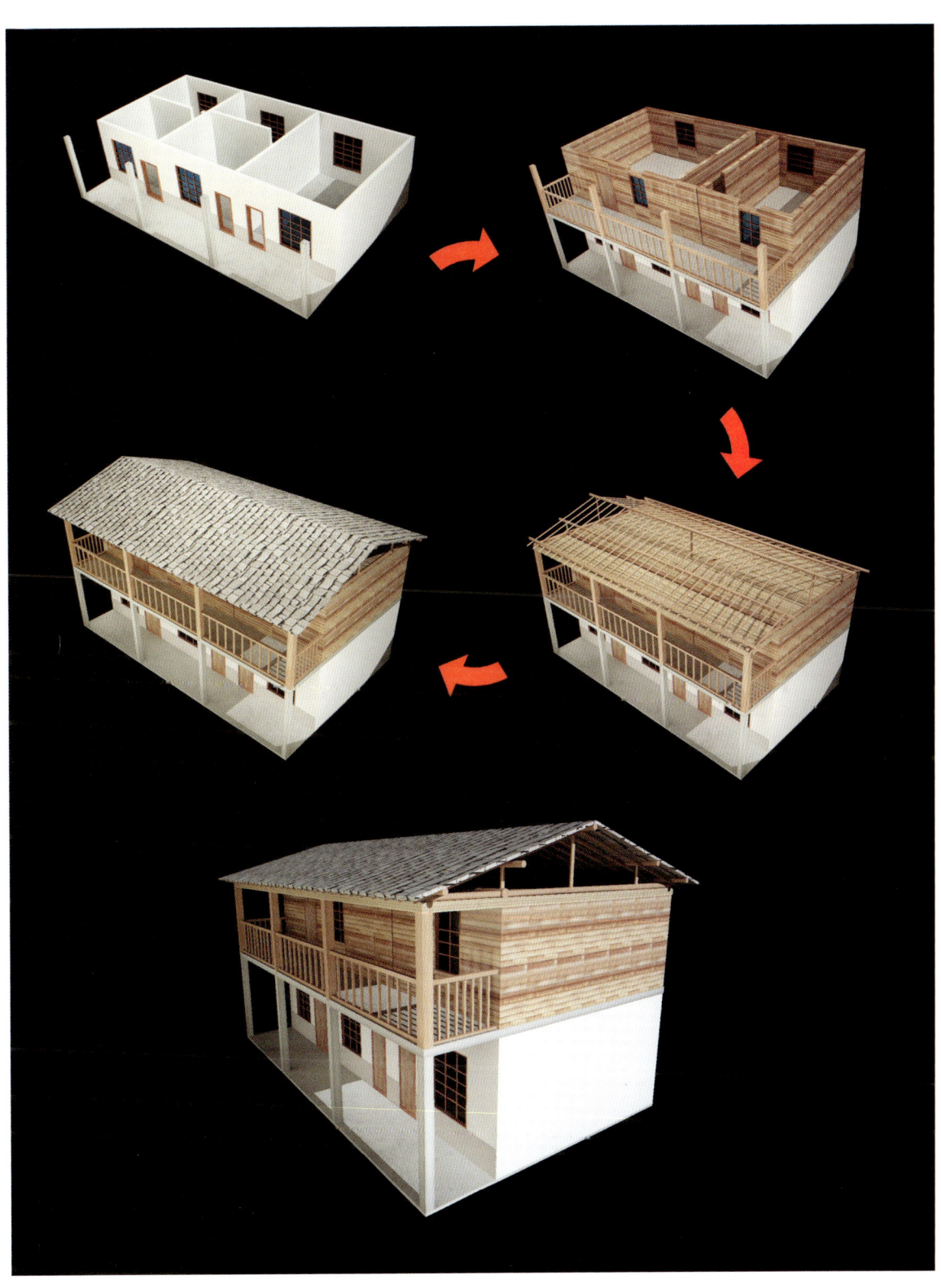

图四　怒族现代住房建筑构造分析图

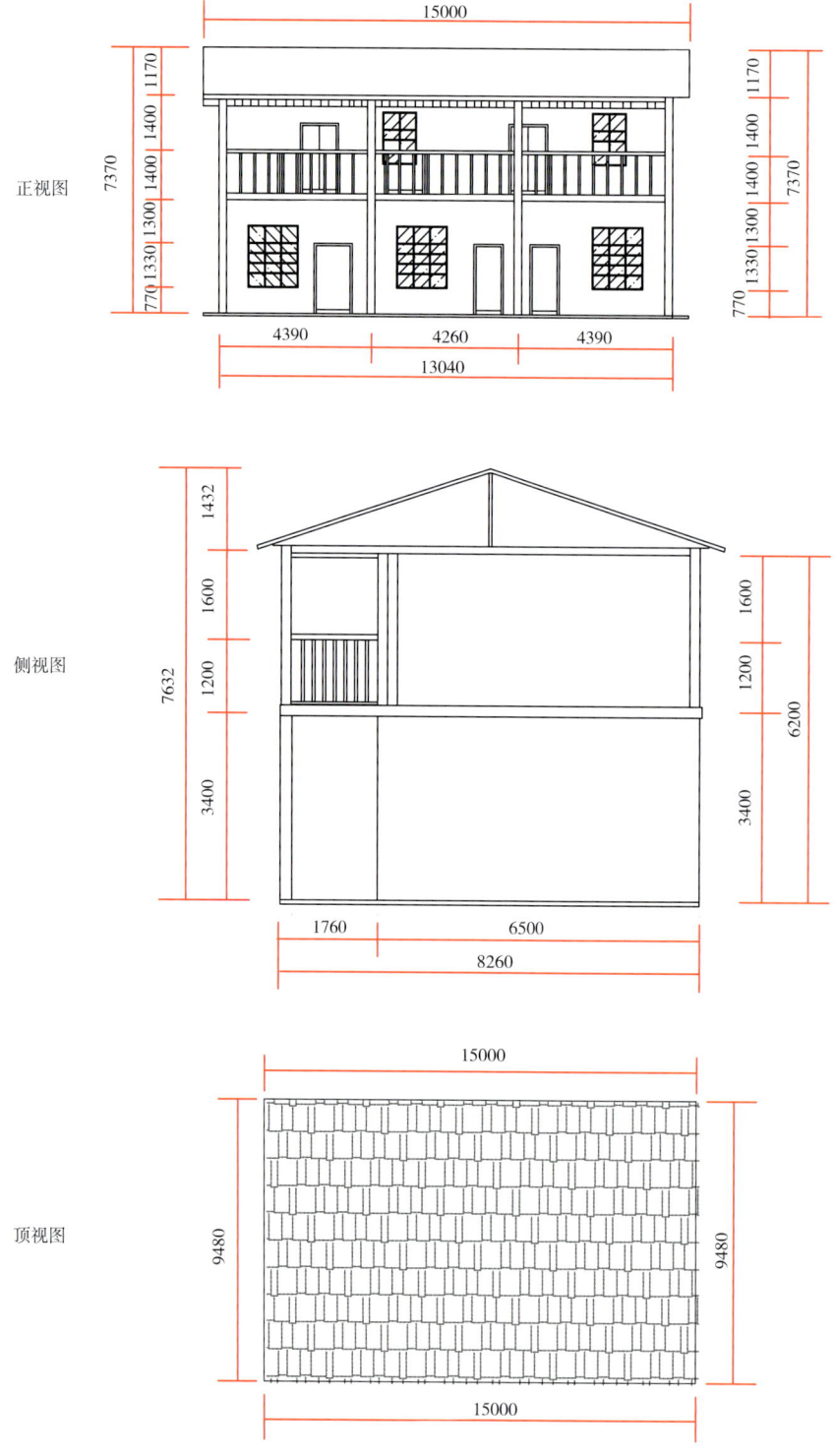

图五　怒族现代住房三视、尺寸图（单位：mm）

图六　怒族现代住房效果图

怒族重丁教堂

图一　怒族重丁教堂主图

　　重丁教堂是一座贡山地区闻名的天主教堂，它位于素有"人神共居"的丙中洛乡。丙中洛神秘而又充满魅力，重丁教堂就安静地躺在丙中洛乡的角落。

　　重丁天主教堂是一座法式建筑，于1935年落成，创建者是法国神父任安守。

　　据说，修建重丁教堂前后花了十余年时间，任安守神父还曾到香港去拍摄照片，参照那里的教堂式样，把重丁大教堂盖成法国式结构。重丁教堂具有厚重的墙壁和拱形的门窗，中间为礼拜堂，建筑前两端为两座三层高的钟楼，整体建筑形成尖细高耸的轮廓，具有较为典型的哥特式建筑风格，但其又与纯正的哥特教堂有所不同，是西方外来建筑文化与本土建筑文化交融的结果。

　　重丁天主教堂大面积白色的外墙，显得朴素而自然，让人心静如水。教堂顶上的十字架在阳光下闪烁着，宁静而肃穆。从正面看，教堂方形门框下一扇金属的圆拱大门，两侧柱体呈古典简化式，大门两侧各有一个拱形假窗。大门正上方画着一个黑色的十字架，十字架两侧各绘制着天使。十字架上方有两幅画，分别绘制着耶稣和圣母玛利亚。大门两侧有用藏文书写的对联，两侧假窗上方绘有花草纹样。教堂第二层正中又有三个拱形窗子，窗子正上方书写着"圣心堂"三个字。房顶正中立着一个十字架，左右两侧的房顶也各立着一个十字架。

重丁教堂内部为长方形空间，空间为对称布局，中轴为行走通道，两侧整齐地排放着祷告用的长椅，这和传统西方教堂内部布局十分相似。空间尽端的墙上放置了耶稣的塑像，塑像左下方还放置了圣母玛利亚的画像。整个内部空间顶部装饰着以六边形和菱形交错的连续纹样，每个纹样框内绘制着鲜花、植物、鱼、鸟等动植物，整体色调沉着素雅，让人走进祷告空间感觉到一种庄严、肃穆。

无论从正面还是侧面看，重丁教堂的布局都非常巧妙，让人有进入风景画中的感觉。在院落的一角，有一块不起眼的长方形墓，教堂的创立者任安守神父1936年死后便长眠于此，静静地陪伴着他所创建的基业，守护着这片雪山脚下的上帝的领地。

令人惋惜的是重丁教堂在"文化大革命"期间被毁，现在所看到的重丁教堂是1996年在原址上重建的，其规模远小于过去的大教堂。如今天主教在丙中洛已经成为超越藏传佛教和其他本土原始宗教的第一大宗教，重丁教堂也随之名扬天下。

图片来源
图一　朱华　摄影
图二、图四、图五　黎文勤　制图
图三　王强　制图
图六　黎文勤　王强　制图

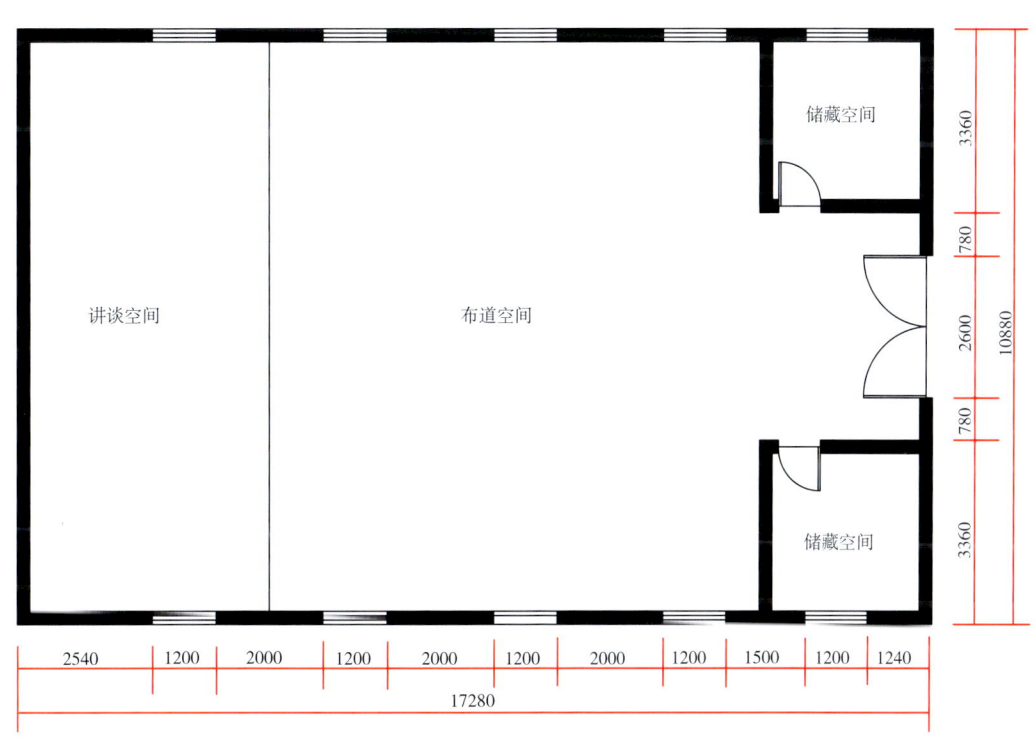

图二　怒族重丁教堂空间分析、尺寸图（单位：mm）

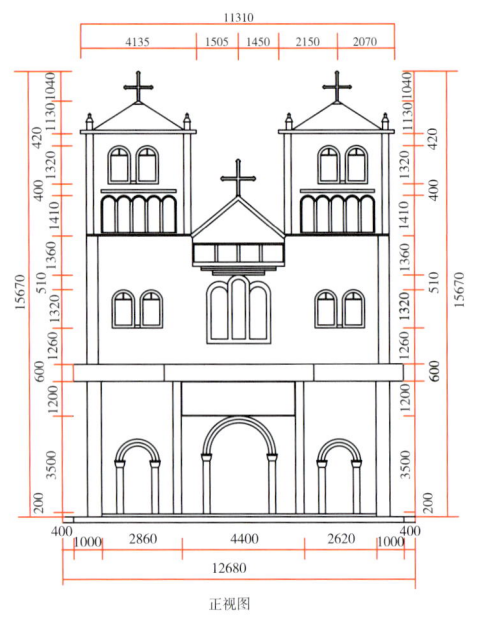
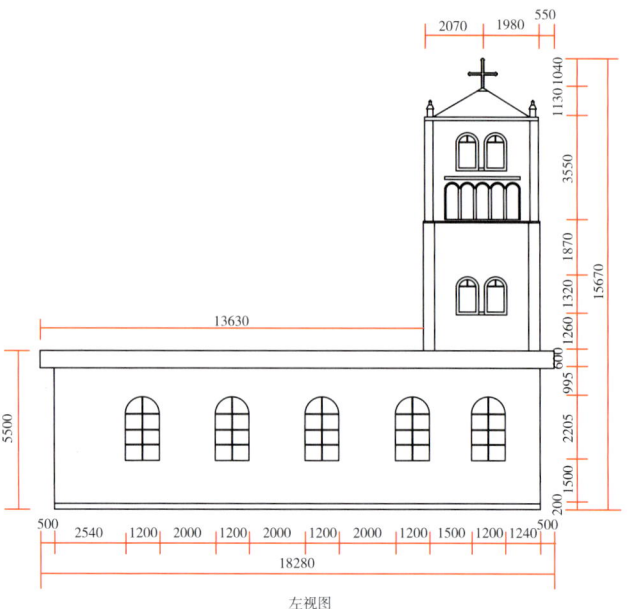
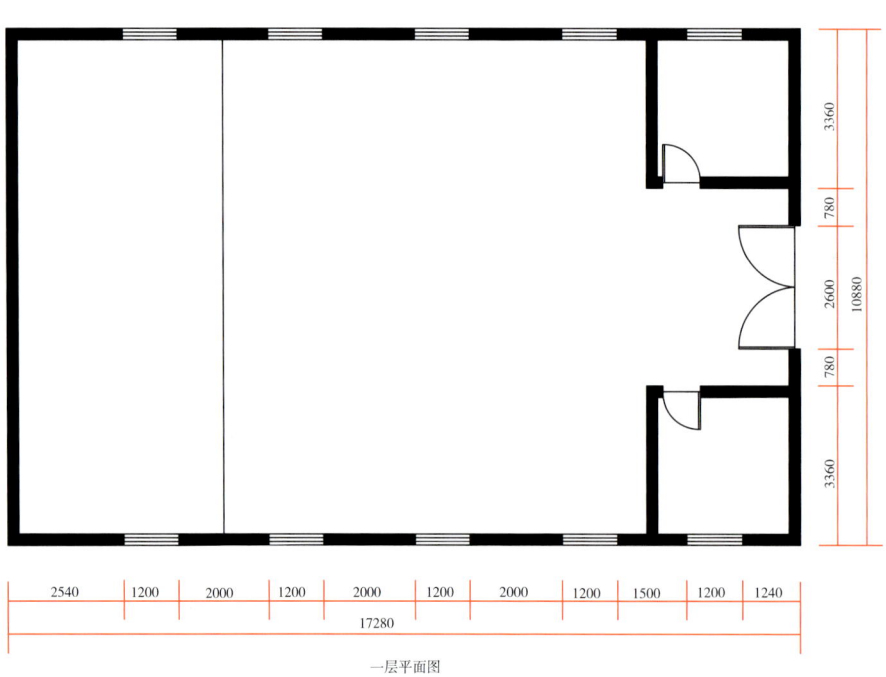

图三　怒族重丁教堂三视、尺寸图（单位：mm）

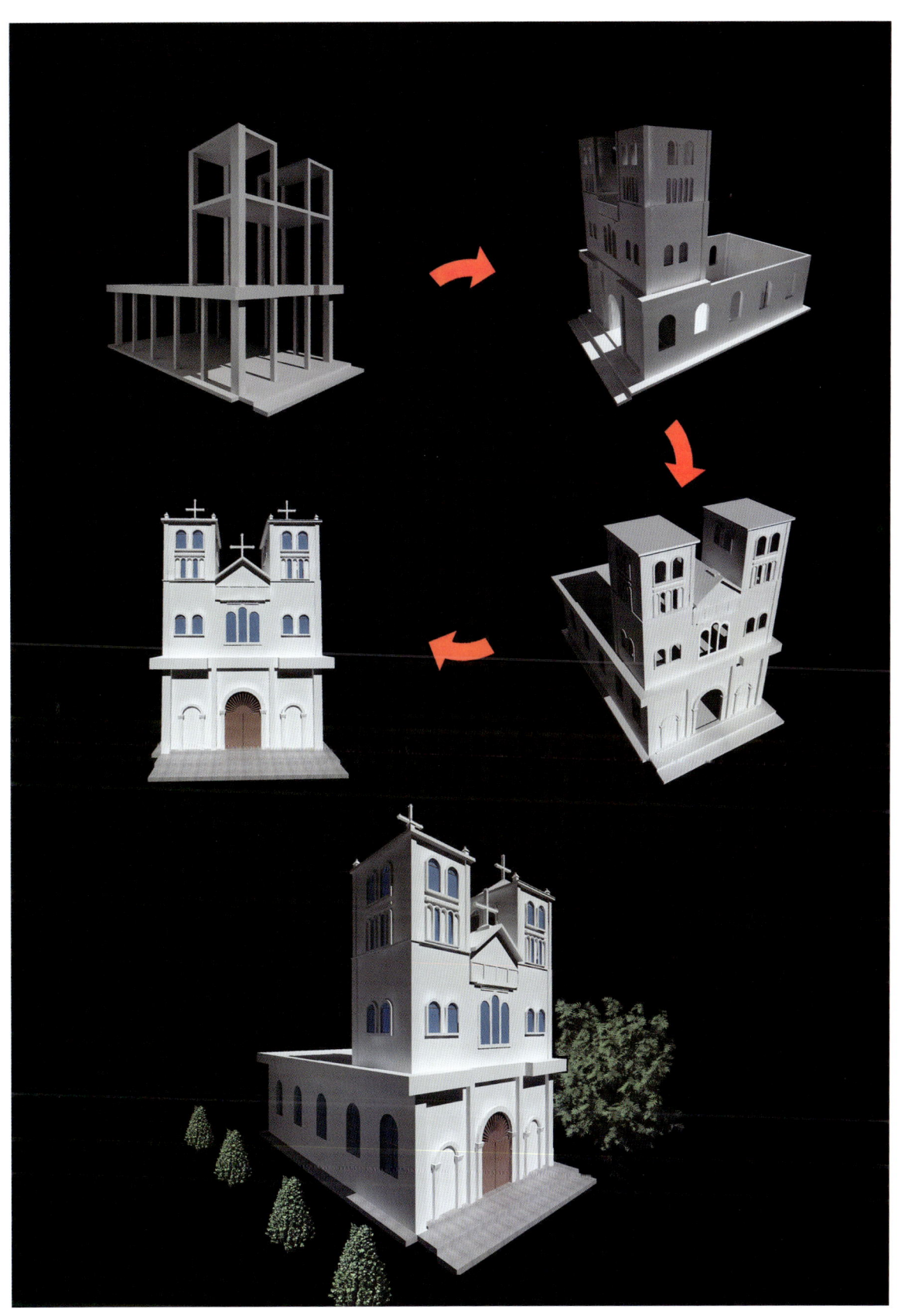

图四 怒族重丁教堂建筑构造分析图

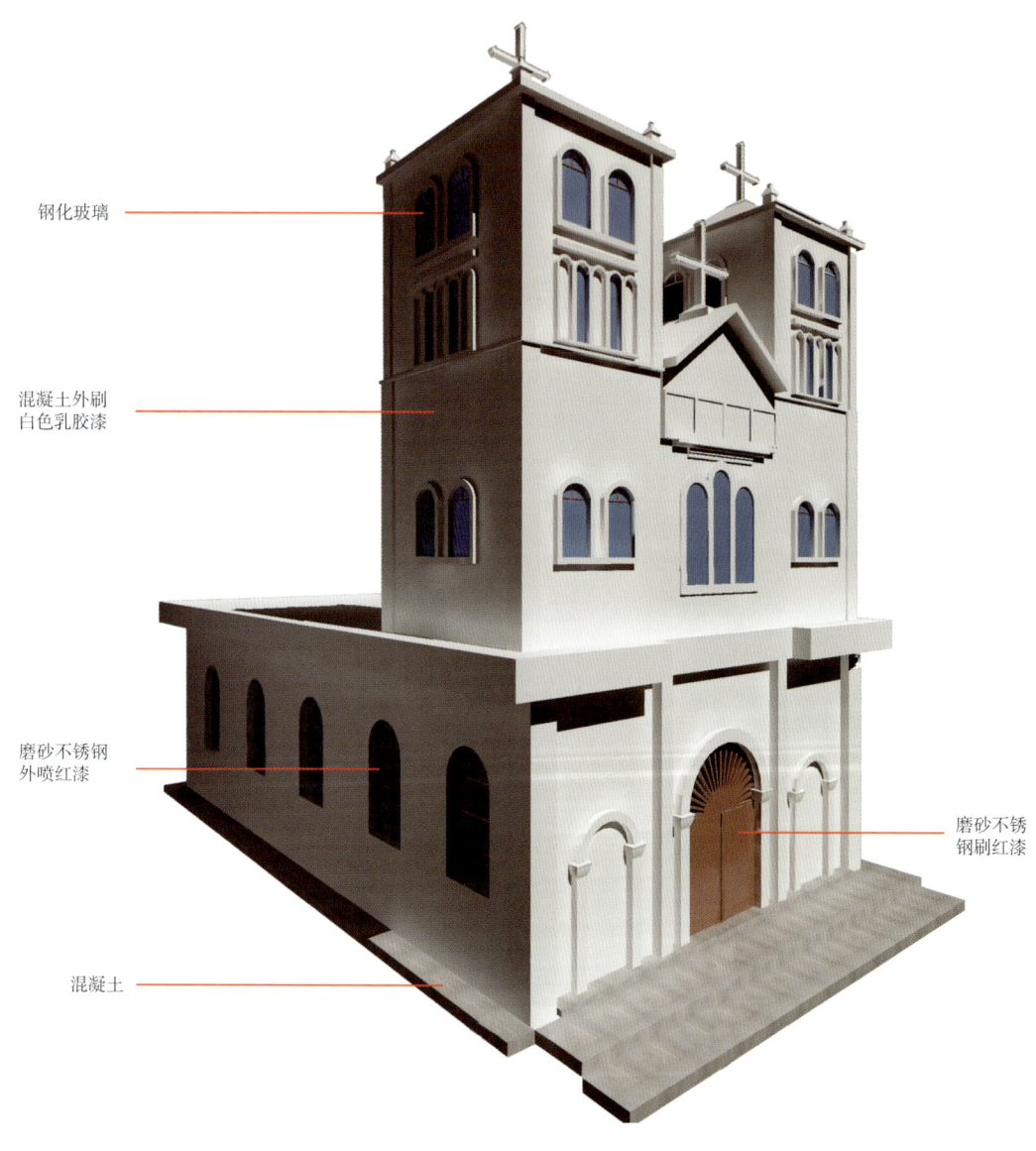

图五　怒族重丁教堂建筑材料分析图

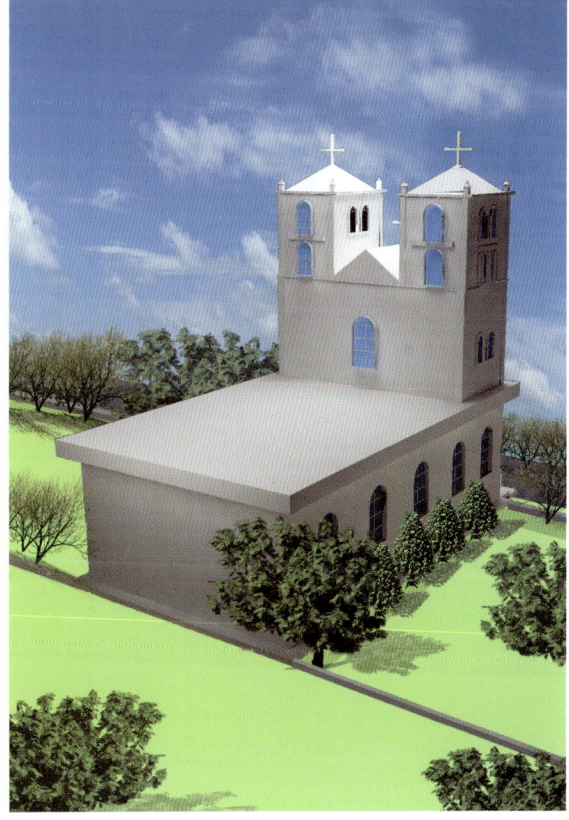

图六 怒族重丁教堂效果图

怒族老姆登教堂

图一　怒族老姆登教堂主图

老姆登村属于匹河怒族乡，村中人口有千人，怒族占95%，这里绝大部分村民信仰基督教。"老姆登"是怒族语的音译，在汉语里的意思是"人喜欢来的地方"，老姆登教堂就坐落于老姆登村内。

老姆登教堂建造在村中的悬崖边上，建筑身后是雄伟的皇冠山，悬崖下的怒江奔流不息，红白相间的教堂在夕阳的映照下，显得朴素自然，让人心静如水。老姆登教堂始建于1930年，教堂最早的建筑是一座草房，现在的教堂是1988年由信徒们捐资万余元重建的，是怒江流域最大的基督教堂。

基督教传入怒族地区大约在19世纪下半叶，在此之前，怒江峡谷中的怒族信奉原始宗教，崇拜神灵、鬼怪、祖先，盛行巫术。继1888年法国传教士在峡谷中修建了最早的天主教堂，1913年，英国传教士也将基督教传入了泸水、碧江一带。基督教传入怒江后，发展很快，到1965年，怒江地区共建基督教堂207所，大小神职人员近千人，基督教徒2万多人。信仰基督教者，以怒族人民居多。

老姆登教堂建筑并不是仿造西方传统教堂的样式风格建造的，人字形的坡顶、青砖白墙、拱形的门窗，是中西合璧的建筑样式。建筑正面拱形大门上红色十字架直指天空，"神爱世人"四个大字鲜艳醒目。教堂内部为对称布局，八根红色的柱子支撑着人字形的木质屋顶，天花板由短木条拼成正方形，横竖交错排列而成，简单大方。神父祷告台的白色背景墙上只有一个鲜红的十字架，整体室内空间没有过多的装饰，显得庄重肃穆。

每当有宗教节日或礼拜日，怒族基督徒都要聚集在老姆登教堂唱圣歌，四声部无伴奏合唱悠扬动听。虽然老姆登是个怒族村寨，但是因为怒族只有语言没有文字，早期传教士都是将圣经翻译成傈僳文，为怒族所共用，所以圣歌都是用傈僳语唱出的。

图片来源
图一　朱华　摄影
图二、图五、图六　黎文勤　制图
图三、图四　张揆庆　制图
图七　黎文勤、张揆庆　制图

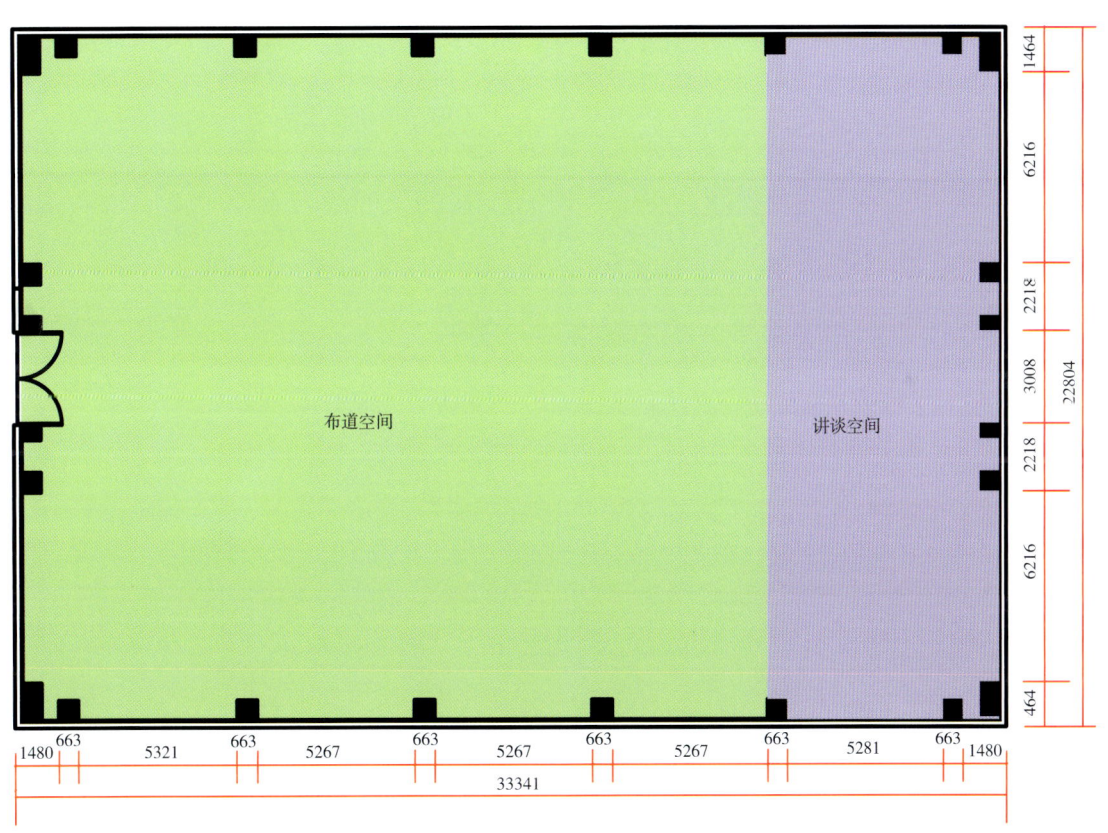

图二　怒族老姆登教堂空间分析、尺寸图（单位：mm　比例尺：1∶100）

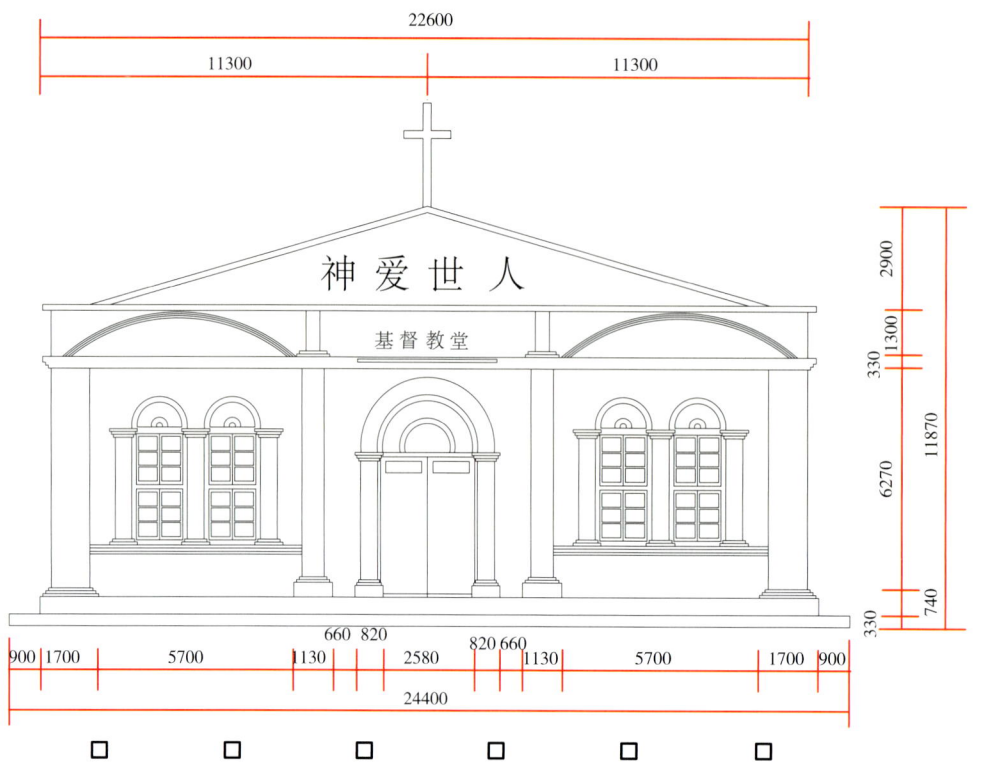

图三 怒族老姆登教堂前视、尺寸图（单位：mm）

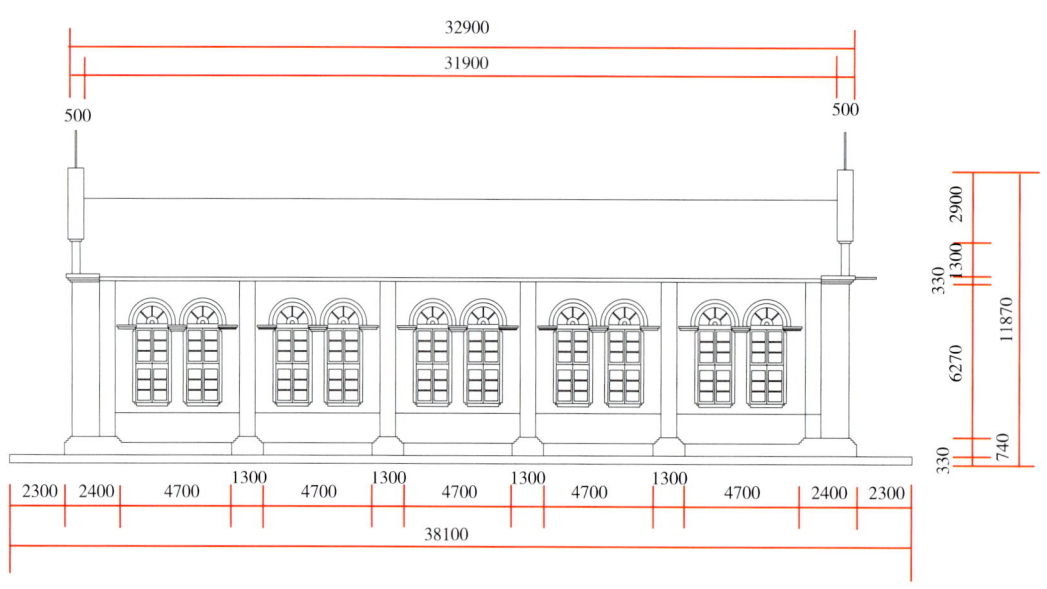

图四 怒族老姆登教堂左视、尺寸图（单位：mm）

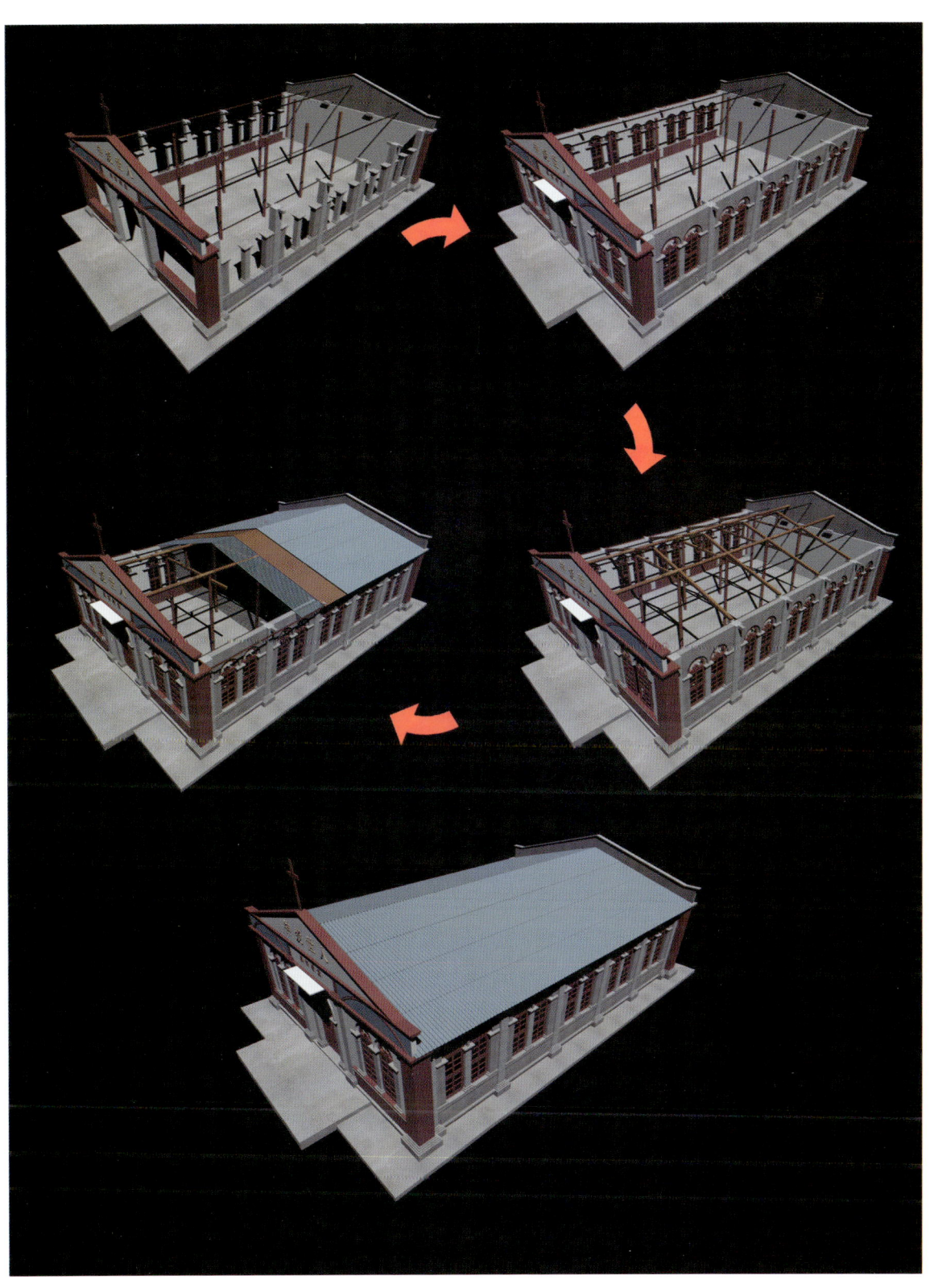

图五 怒族老姆登教堂建筑构造分析图

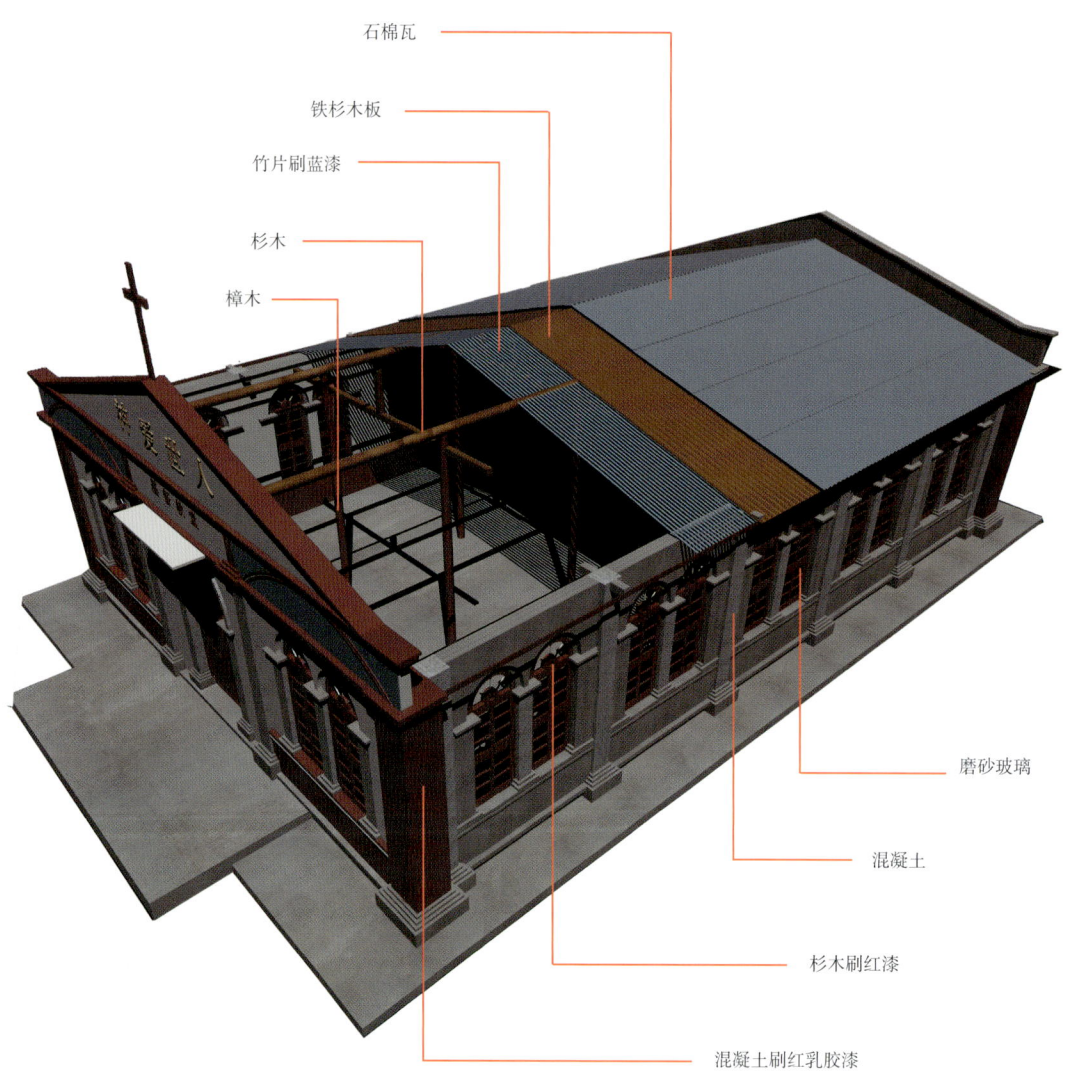

图六　怒族老姆登教堂建筑材料分析图

图七 怒族老姆登教堂效果图

怒族普化寺

图一　怒族普化寺主图

普化寺位于怒江自治州贡山县丙中洛乡赤柯当村，是怒江州境内唯一的喇嘛寺庙。普化寺原来隶属于四川省德格县的佐钦寺，与香格里拉县的承恩喇嘛寺关系密切，同属藏传佛教红教宁玛派，在清朝乾隆初年，由佐钦寺喇嘛杜建功传人和松娄喇嘛正式建寺，取名"飞来寺"。光绪年间，住持兰雀活格喇嘛由外地请来工匠，将原来的草房改为土木结构的瓦房，于1883年建成了金碧辉煌的喇嘛寺，并改称为"普化寺"。

普化寺坐西朝东，倚山面水，居高临下，四周山水神奇清幽，雅静恬然，云海雾裹，时隐时现。寺旁高山围绕，山体蜿蜒起伏，高耸青翠。普化寺建筑都为中国式的土木结构，共21间，占地面积约3000平方米。进入寺院大门，便可见正殿一座。正殿高13000毫米，建筑共分三层，重檐，歇山顶。寺顶立有一座金塔和一座铜塔。殿阔18000毫米，进深16500毫米，内有8根四方形的空心中柱。殿内原有泥塑大佛像5尊，各种小雕塑小菩萨150余尊，其中镀金菩萨61尊。现在仅存贴金释迦牟尼塑像一尊、盘坐式佛像一尊、铜质降雨菩萨一尊、象牙雕刻女菩萨一尊、铁质菩萨一尊、瓷质菩萨4尊、镀金菩萨一尊、半裸坐式的铜质观音佛像一尊，还有以"出世本尊""世间教学"等为内容的雕刻塑像和浓墨重彩的唐卡壁画。

正殿的左边是一座二层楼的藏经楼和更衣室，是喇嘛们静坐修行和生活起居的

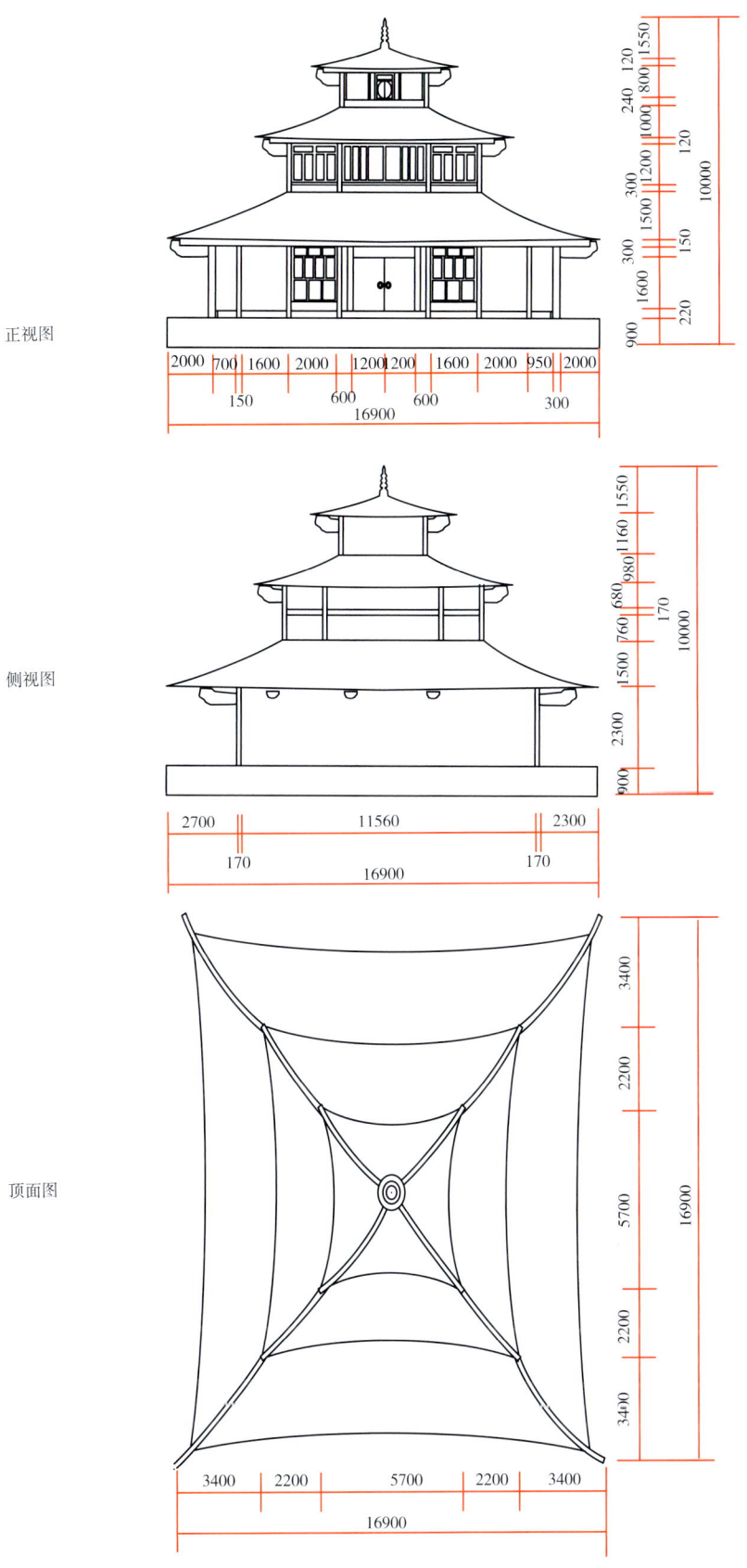

图二 怒族普化寺寺庙三视、尺寸图（单位：mm 比例尺：1∶100）

图三 怒族普化寺主寺各面效果图

图四 怒族普化寺效果图

地方。藏经楼原来藏有正藏《甘珠尔》108卷，副藏《丹珠尔》1002卷，常念佛经36卷，早晚读本1000多套，还有100多幅佛画，其中镀金佛画16幅，现仅存"宁玛图吉"图和千佛图两幅佛画。正殿右边有一个院落，是寺院的客房。殿外还有喇嘛佛塔一座，经幢亭一座。

鼎盛时期的普化寺，住寺喇嘛多达100多人，水田150亩，每年收田租税粮和香火钱粮，累计共约收粮275担，合11万多斤。此外，还有风景林30亩，牛马各100头和上千只绵羊，纯金两竹桶，镶有宝石的方桌15张，折叠靠椅42把，水缸5口，铁三角三盘，大小火药枪各一支。

普化寺的建筑表现了中华民族灿烂的文化和精湛的建筑艺术，是怒江地区文化与内地文化交往融合的结晶。但令人惋惜的是"文化大革命"期间，普化寺遭到了彻底的破坏，庙宇、经书、法具和财物，几乎荡然无存。由于无人管理，在风雨侵蚀中，大部庙宇毁坏，现在所看到的寺庙建筑都是改革开放以后，在有关部门的帮助和信教群众的募捐下慢慢修复而成的。

图片来源
图一　朱华　摄影
图二、图五　姜东　制图
图三　林凯文、姜东　制图
图四、图七　黎文勤、林凯文　制图
图六　林凯文　制图
图八　黎文勤、姜东　制图

图五　怒族普化寺转经亭效果图

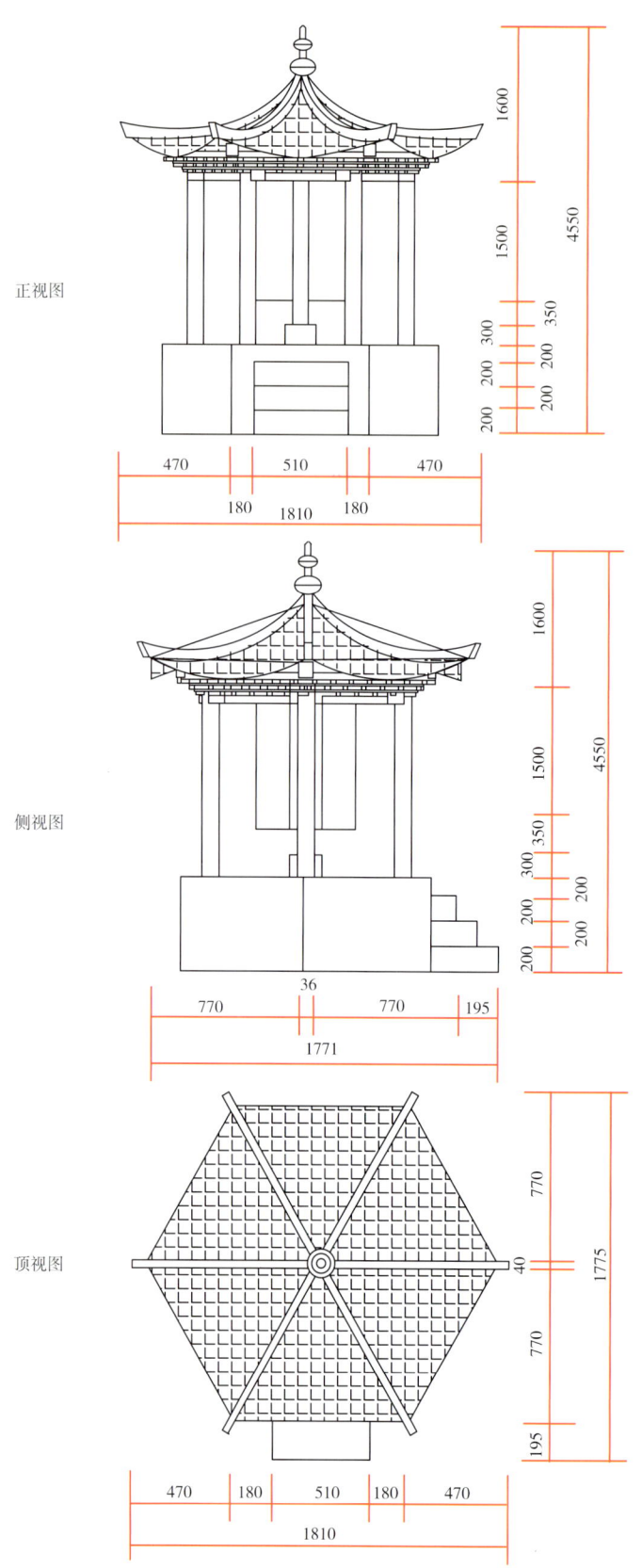

图六 怒族普化寺转经亭三视、尺寸图（单位：mm 比例尺：1∶100）

正视图

侧视图

顶视图

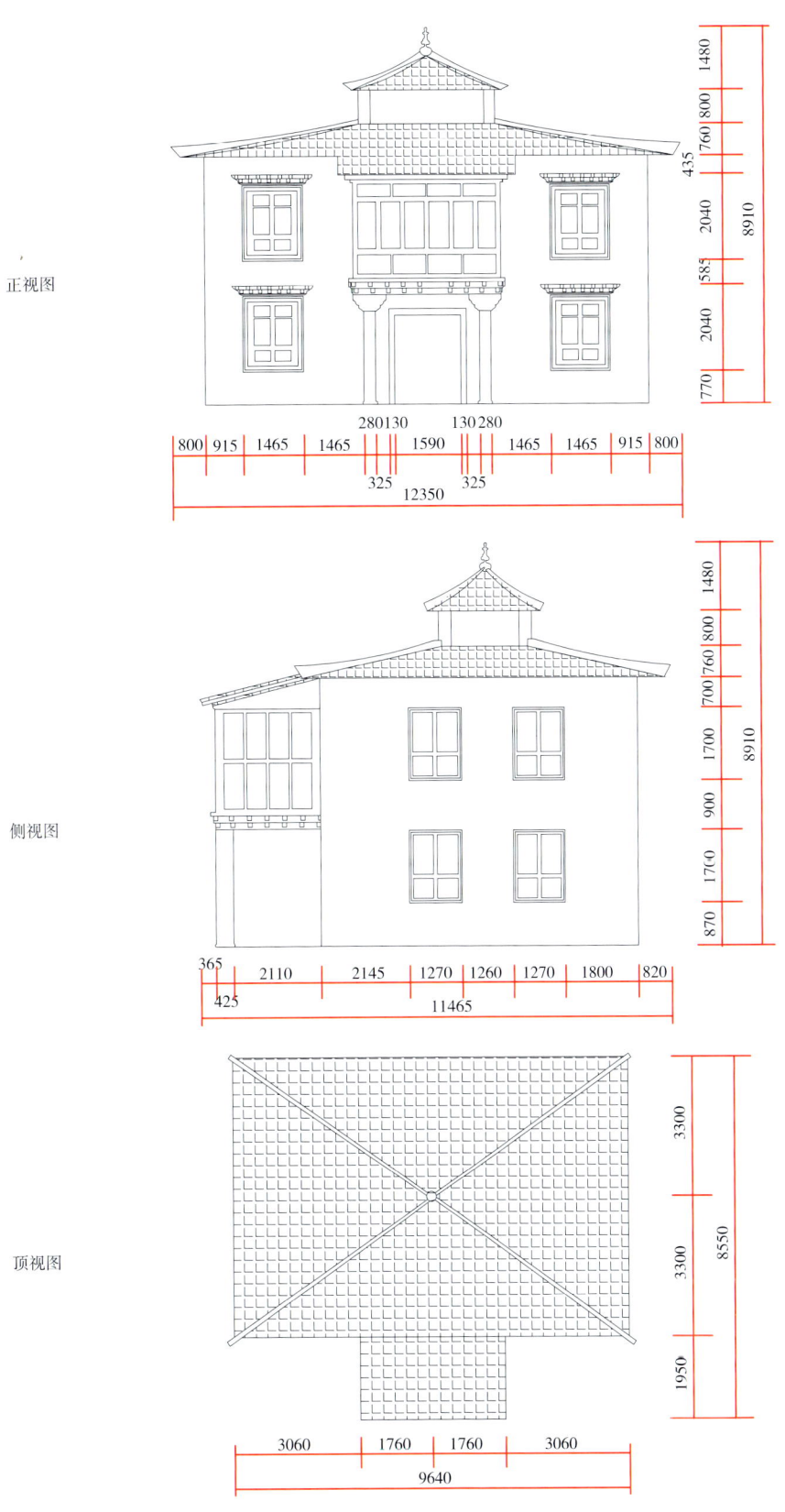

图七 怒族普化寺厢房三视、尺寸图（单位：mm 比例尺：1∶100）

图八　怒族普化寺厢房效果图

怒族石磨房

图一　怒族石磨房主图

　　石磨房是怒族的另一种功能建筑类型。其房屋结构相对于怒族的其他类型的建筑显得简单。

　　石磨房的构造特点比较明显，整体建筑构造形式类似于千脚落地房，底层架空便于通风防潮，用木材作为立柱，如木楞房一样，用斧、刀将木料的一边砍削成榫，直对榫的另一边刨剜成一细槽，两端的两边直对榫、槽，分别砍凿一镶嵌口，在凹凸不平的坡地上构建成一个水平面。在此平台上用单层木板铺地，厚约50毫米左右，再用木柱构建出房屋的整体框架。墙面只有三面围合，一面敞开，三面以类似木板房的形式，用8～9块木板方料垒砌而成，木板宽约120毫米，长约3000毫米。屋顶则先用长条木板铺设，顶上再覆以青岩石片或茅草。石磨房为

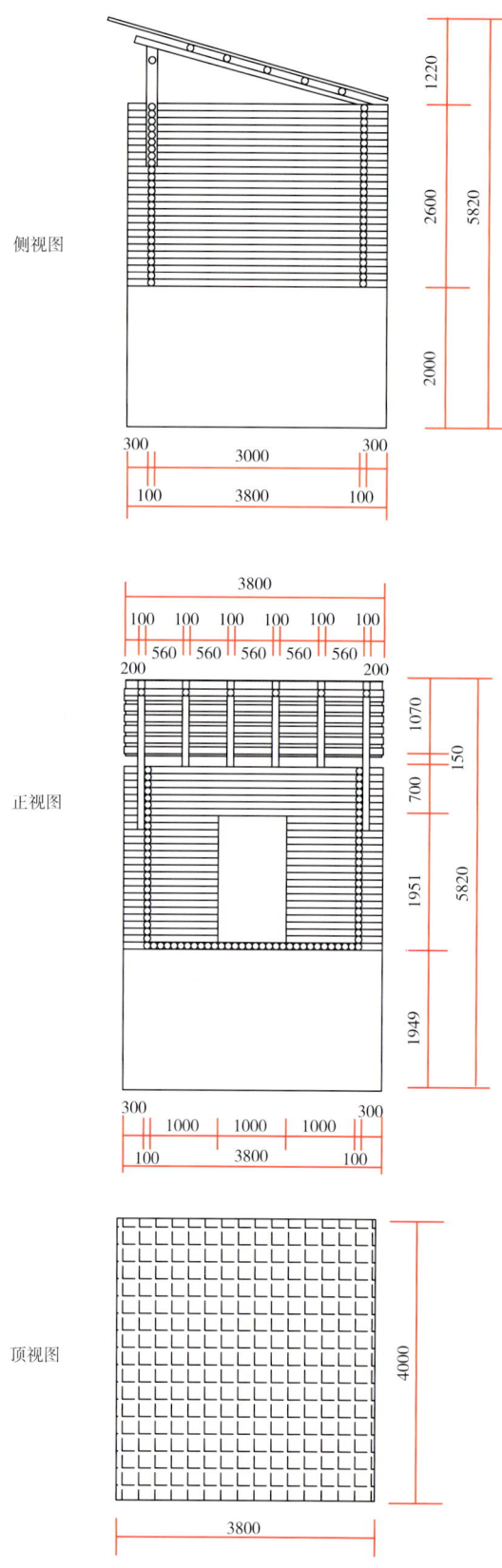

图二　怒族石磨房三视、尺寸图（单位：mm）

图三　怒族石磨房建筑构造分析图

了节约材料，并没有设置楼梯，仅仅是用一根长木板一端搭靠在房子上作为楼梯使用。室内设置一青石磨，用于粮食加工。

石磨房的优点在于其房体结构稳定轻巧，能应对多变的自然灾害，便于快速拆建。墙体结构仅仅是用木板垒砌，不做承力作用。架空的底层用作存放农具等。石磨房建筑是滇西怒族、傈僳族、普米族等民族适应自然、利用自然的一大创造。怒族同胞充分利用木材的轻便及易加工性，建造出成本低廉，且实用的石磨房来加工粮食。这样的石磨房在怒族村落随处可见，是怒族人民建筑智慧的又一体现。

图片来源

图一　朱华　摄影

图二至图四　林凯文、姜东　制图

图四　怒族石磨房效果图

怒族水磨房

图一 怒族水磨房主图

　　水磨房亦称水磨坊，是怒族人民加工粮食的功能性建筑，它与怒族石磨房的区别在于，它是靠水流获得动力，带动磨盘转动来进行粮食加工。

　　怒族的水磨房建造的地方，并不像其他民族一样，建在江河之畔，而是建在山谷涧流之间。因为，怒族人民所居的峡谷地带，高山林立，植被繁茂，山谷溪涧纵横，且水流湍急，终年不断。勤劳聪明的怒族人，充分利用居住的地理位置，在山谷溪涧之间建造了许多水磨房，运用自然的动力为他们生产生活提供服务。

　　水磨房整体的建筑形式分为上下两部分，因其都是建造在坡地山谷溪涧之中，地面高低不平,所以依然是采用怒族一贯的井干式的建筑形式。建造水磨房时,为了房屋能够处在水平面上,便用岩石与土在磨房两侧夯筑一段土墙,通过石块高低垒砌,形成一个水平平台,然后在平台上用单层木板铺地,厚约50毫米左右,以便可以继续在其上垛木建屋。

水磨房上部为磨室,磨室的建造如同石磨房一样,也是将木板一块一块堆砌上去,围合形成一个加工室。下部空间两侧有土石墙围合,水流从中穿过,冲击叶轮,带动传动装置。水磨房的加工室与石磨房不同是,它是采用四面围合的形式,开设一小门进出。磨室的屋顶是半坡型,顶上覆以青岩石片。室内的高度最高处为2660毫米,最低处为1650毫米左右,磨室面积在12平方米左右,长宽比接近正方形。磨盘位于室内空间的中间位置,磨盘的磨轴与水磨房下部的水流传动装置相连接。传动装置由引水道、水轮、传动杆等部分组成,通过湍急的水流使它日夜旋转,磨食千斤。

水磨房建造得稳定轻巧、结构合理,且并不复杂,便于在山谷溪涧间建造。水磨利用自然水力加工粮食的方式,不但节省劳动力,而且又是节约能源、无污染的一种生产工具,这是怒族人民生产生活智慧的又一体现。

图片来源

图一　朱华　摄影
图二、图四至图六　黎文勤　制图
图三　侯亚超　制图
图七　黎文勤、侯亚超　制图

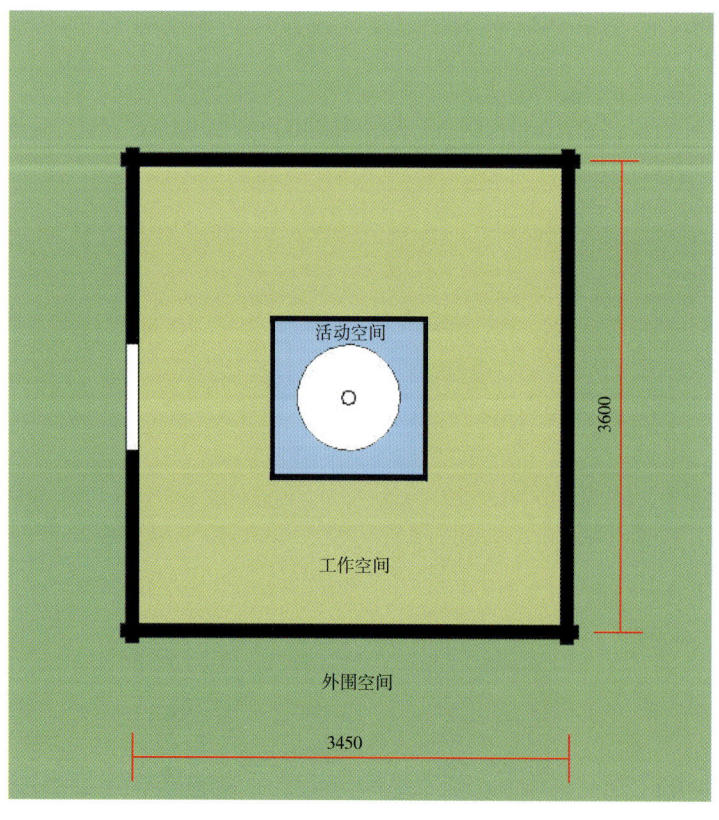

图二　怒族水磨房空间分析图(单位:mm)

正视图

侧视图

顶视图

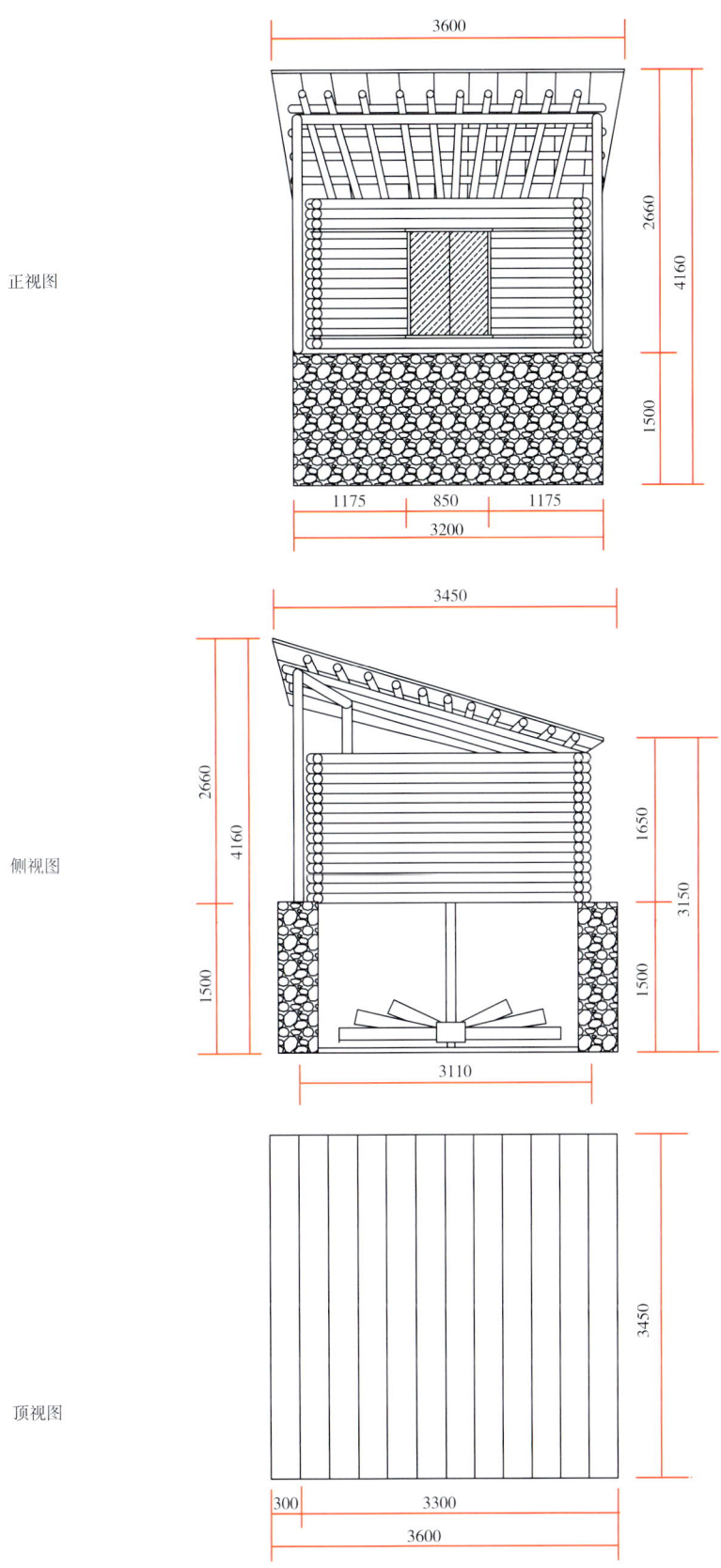

图三 怒族水磨房三视、尺寸图（单位：mm）

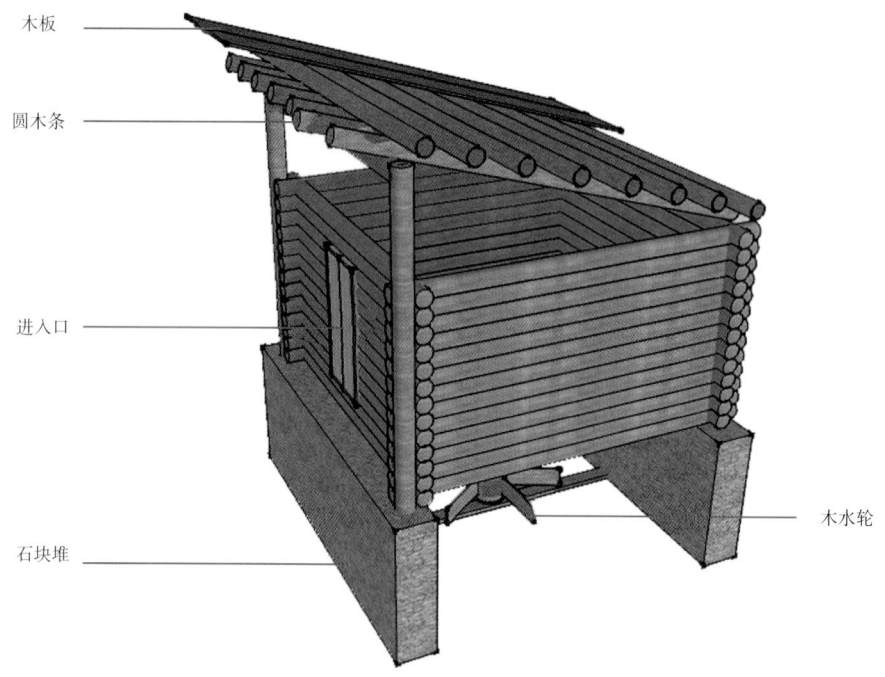

图四 怒族水磨房建筑材料分析图

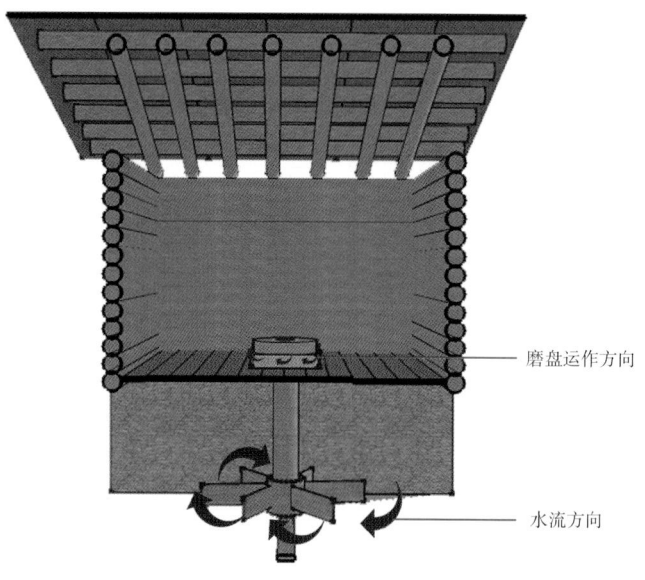

图五 怒族水磨房运作图

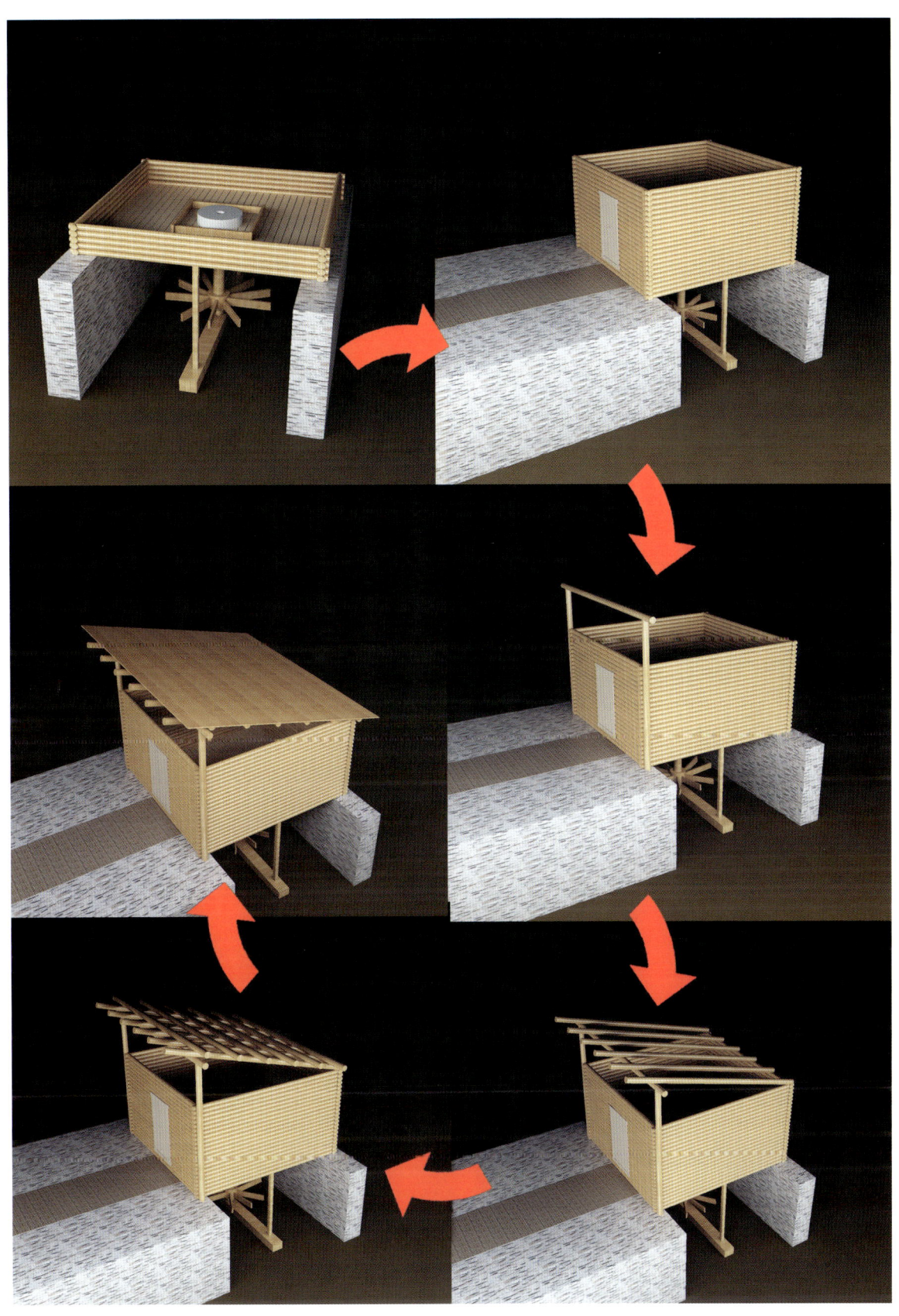

图六 怒族水磨房建筑构造分析图

图七　怒族水磨房效果图

怒族柴房

图一　怒族柴房主图

怒族柴房是用于堆放木柴的功能建筑。柴房的建筑体量较小，构造也十分简单。

柴房的建筑构造形式也采用怒族建筑的一贯模式，底层用木立柱架空，便于通风防潮。木柱构建的平台上再用单层木板铺地，厚约50毫米左右。柴房为了达到节约材料和方便建造的目的，没有用木板或原木垒砌成墙，仅仅是用加工好的圆木构建出整体建筑的框架。圆木和圆木之间的紧固方式不像木楞房一样，在墙体的4个角交叉处用刀砍出槽或用凿子凿成榫，将其穿牢固，而是将圆木与圆木间用麻绳捆绑固定在一起。建筑的一面敞开，其余三面分别用两根圆木捆绑构成屋架。屋顶在木料构造的框架上用长条木板铺设，再覆以青岩石片或茅草用于防雨。

柴房的优点在于其房体结构稳定轻巧，能应对多变的自然灾害，便于快速拆建。墙体结构简单，建造成本低廉，四面没有墙体

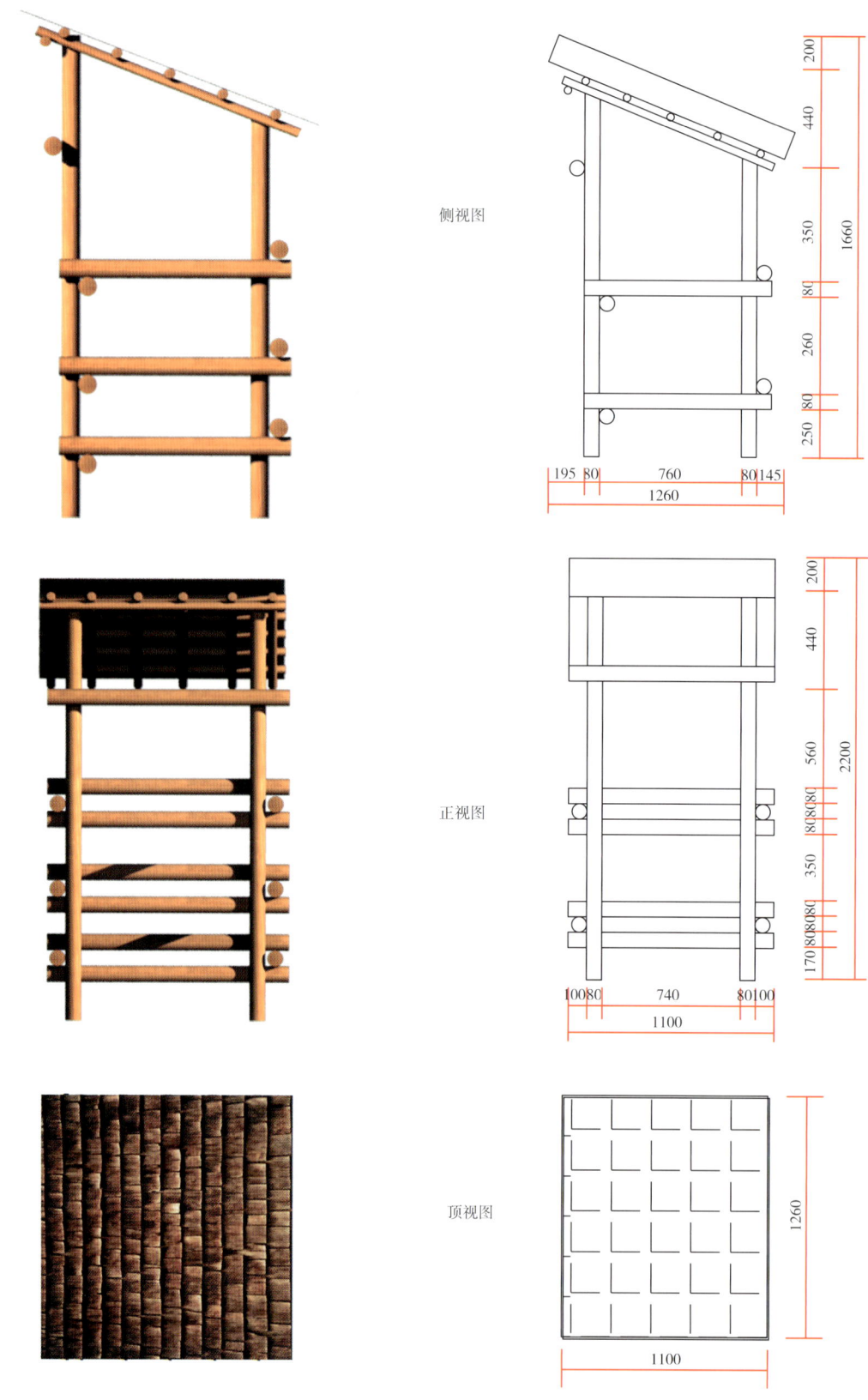

图二 怒族柴房三视、尺寸图（单位：mm）

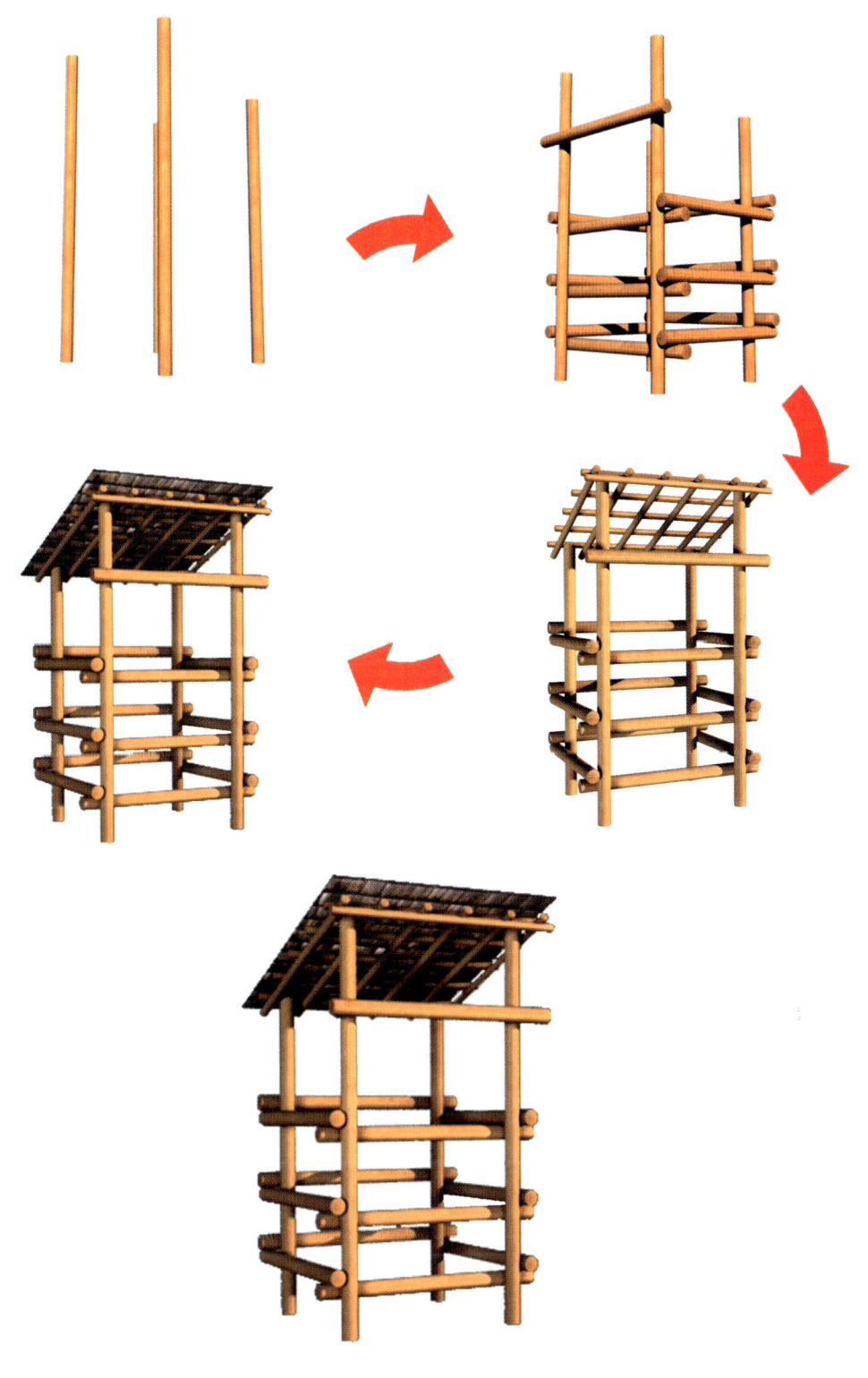

图三　怒族柴房构造分析图

围合，便于通风防火、防潮，适合堆放木柴的功能需求。柴房的高度相对于怒族其他类型的建筑较矮，高度比较适合背柴的人不用蹲下，即可将柴草放置于柴房的平台之上。从这一细节便可看出，柴房的建造虽然简单，但也是经过深思熟虑的设计，是怒族人民建筑智慧的体现。

图片来源

图一　朱华　摄影

图二至图四　姜东　制图

图四　怒族柴房效果图

怒族晾仓

图一　怒族晾仓主图

怒族种植粮食多在山谷坡地之上，引水灌溉比较困难，所以种植的粮食作物以耐旱作物为主，包括玉米、荞麦、高粱等。这些粮食收成之后，除了食用、酿酒之外，其余需要储藏起来，以备过冬之用。

怒族人家储藏粮食的方式有多种，像他们日常居住的垛木房、木板房、竹篾房等，经常在地面之上、房间之下留有一定的夹层空间，这里即可遮风挡雨，又阴凉通风，是怒族人储存粮食的主要地方。但随着现代怒族人生活观念的改变，原有的居住方式也有一些变化，比如，早先怒族房屋是集厨房、储物、饲养牲口于一体的，居住的卫生环境不是很好。现在许多怒族人家，将原有住宅的一些功能分离出去，在主屋的旁边单独建造诸如厨房、猪圈等功能建筑，并和主屋一起围合形成一定的院落。其中，晾仓的建造就是专门用来储藏和晾干粮食的。

　　晾仓也是建造在斜坡之上，相对于主屋建筑结构来说比较简单。建筑形式类似怒族的基本住房建筑"千脚落地房"一样，由二十多根木柱竖立起来，木柱之间用硬粗短木相连，形成稳定的框架，再用篾条紧固捆绑，以防坍塌。晾仓底层为架空层，可以隔潮。晾仓以木板铺设在横梁上形成地板，四周用竹篾编织作为围挡，这样既可以通风，方便晾干，又可以围挡住粮食。屋顶一般用青石板或茅草覆盖。

　　怒族晾仓设计合理，结构牢固，建造起来非常快捷。房屋木材多选用当地盛产的红杉木为原料，木材纹理直、结构细，材质较轻软、耐水湿，不易生虫。以竹篾作为外墙材料，轻便坚固，且利于空气流通，防潮避湿，适应怒族地区的山地气候特点，便于粮食良好的晾干贮存。晾仓的建造设计再一次体现了怒族人民的建筑智慧，用最为便捷的建造方式，采用简单的建筑结构，就地取材，达到了最佳的实用目的。

图片来源
图一至图五　蔡轩　制图

图二　怒族晾仓细部图

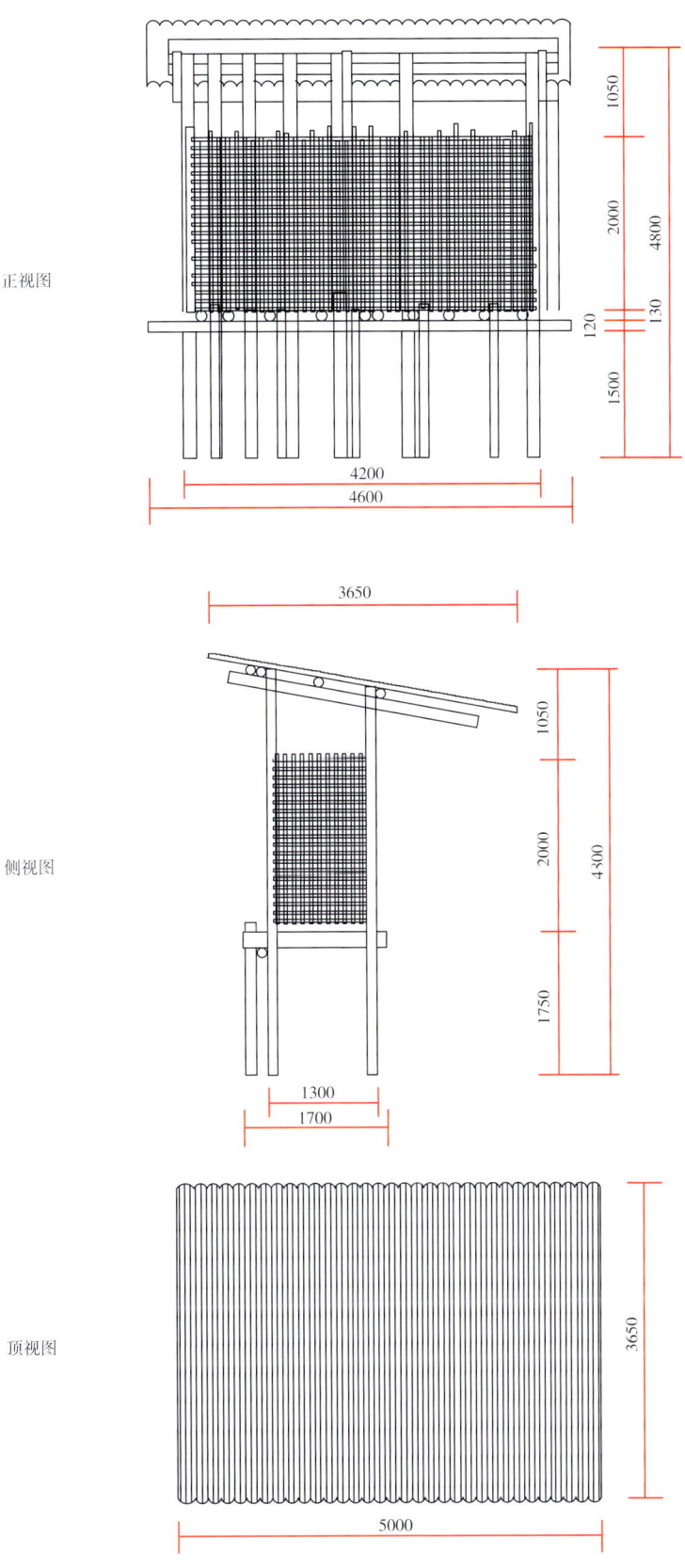

图三 怒族晾仓三视、尺寸图（单位：mm 比例尺：1∶100）

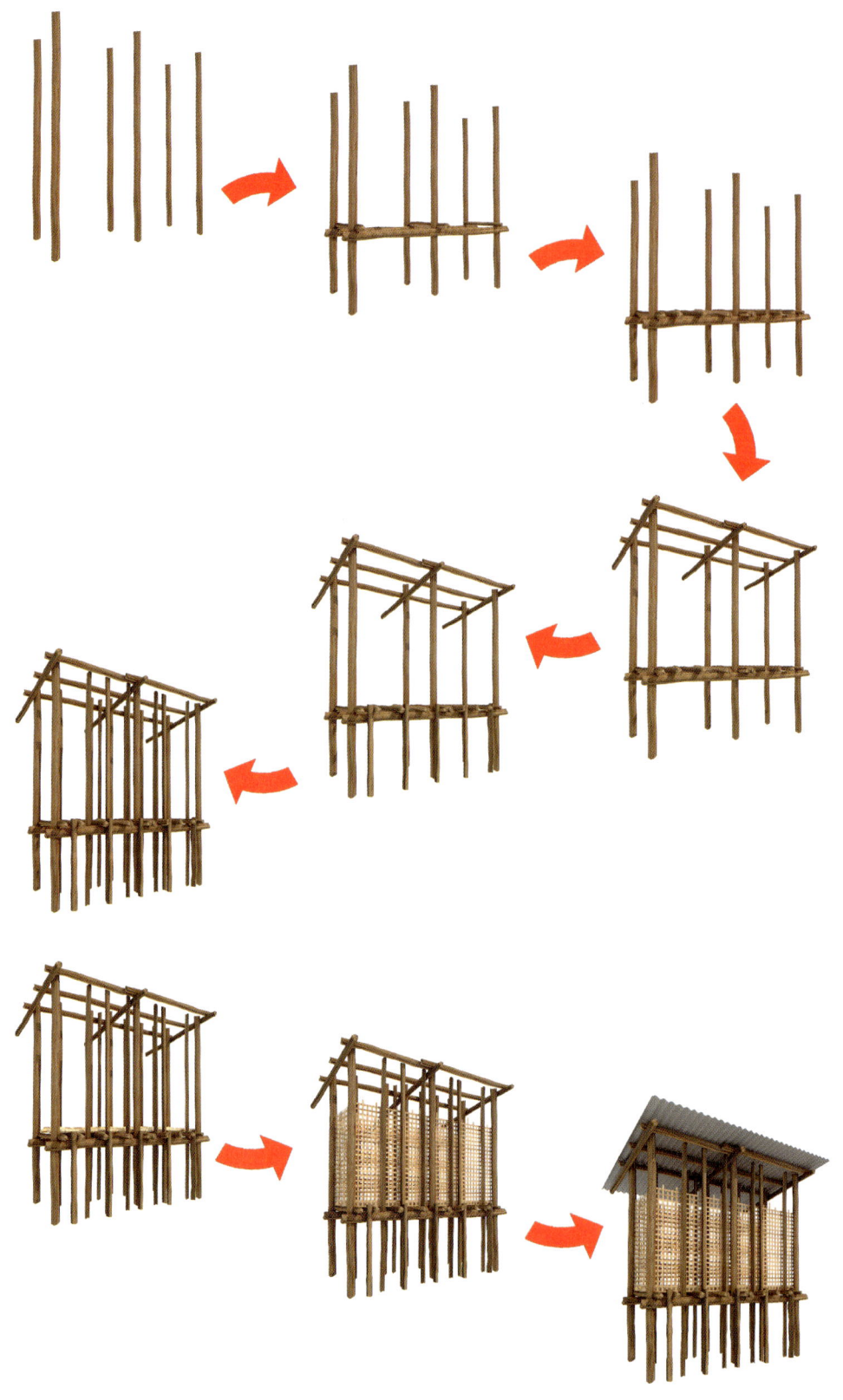

图四 怒族晾仓结构分析图

图五　怒族晾仓效果图

怒族火塘

图一　怒族火塘主图

　　怒族人的住房布局一般为左、中、右三个开间，左、右开间分别为卧室和储藏室，中间的房间面积最大，是整个房屋最为核心的空间区域。这个房间的功能是集客厅、厨房和老人的卧室于一体，房间内必定设置有一个火塘，火塘是整个房屋中最重要的一个部分。火塘文化也是怒族住房文化中一个显著的特点。

　　怒族人的火塘，形状类似于火坑一般，是在主屋内用青石块垒砌围合成一个方形的区域，这个区域面积大约在2平方米左右。火塘区域内用石块垒砌成高和低的两个石台，以备烧火做饭之用，石台边往往会放置一个铁制的三脚锅架。怒族人家的火塘终年不熄，白天烧水煮饭，晚上烤火取暖，燃料都为木柴。在火塘之上往往要安置搁物架，搁物架用竹子制作而成，一般为上下两层，间隔30厘米左右，搁物架由粗麻绳捆绑悬挂在房屋屋顶上面。搁物架上一般放置需要烟熏的食物，如火腿、琵琶肉、包谷等，这些食物常年在火塘的烧柴烟熏中，发出油亮的颜色，像怒族地区的特产老火腿，就是常年挂在火塘之上熏制而成的。

对于怒族人来说，火塘是他们生活中非常重要的一个部分，是怒族人民祖祖辈辈屋内生活的中心地方。它不仅仅具有取暖、照明、做饭等生活的功能作用，而且成为怒族人在家中乃至进行人际交往、聚会议事、传播民族文化等的重要场所，是具有家庭文化的象征。另外，火塘还具有宗教的功能和色彩，是怒族祭祀神灵的地方。怒族人认为火塘里有神灵，故火塘往往要由有经验的男性长者设计和安置，一旦设置好就不能再移动。怒族人十分尊重火塘神，认为火塘的神灵能左右人们的生活与生殖，因此火塘在怒族人的心目中是具有驱凶招吉、神灵护佑的象征意义。怒族人每年都要祭祀火塘或在火塘边举行祭祀活动，祈求家庭安泰、人丁兴旺，这些都是对火塘神灵的敬奉。

有的学者甚至认为，火塘有家庭、家族关系、生计和性别的象征。一个家庭需要有一个火塘作为取暖及煮饭的工具，但在一座新房建成或一个小家庭从父母的大家庭中分离出来举行隆重的置火塘及点火礼时，火塘的意义就已超越了作为工具的范畴，而具有一种特殊的含义和象征。分家另立火塘，标志着家庭的分化，由一个家庭中分化出的血缘关系的家庭便渐渐形成了一个家族。

图片来源

图一至图三　蔡轩　制图
图四　徐晶　摄影

图二　怒族火塘效果图

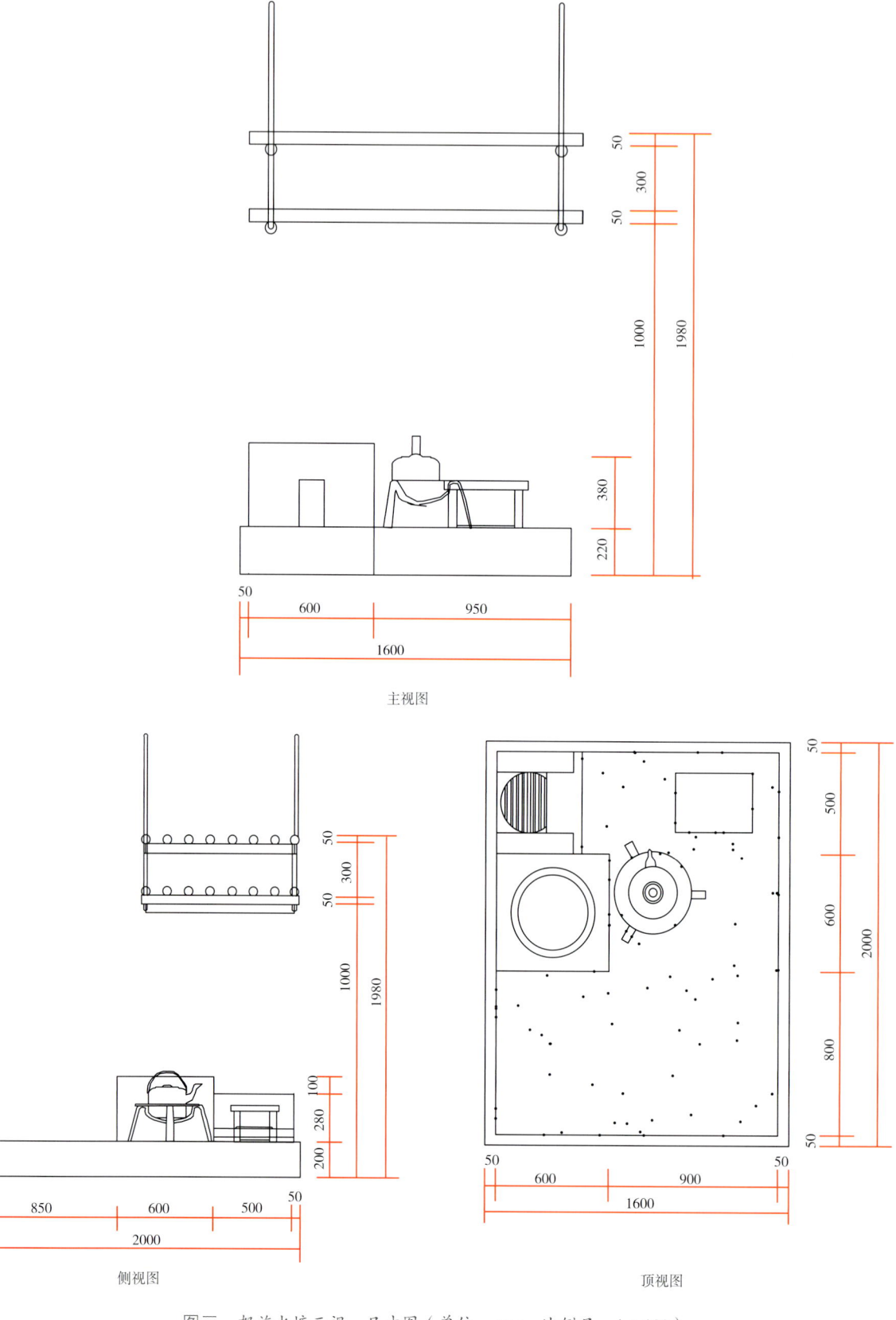

图三　怒族火塘三视、尺寸图（单位：mm　比例尺：1∶100）

图四 怒族火塘实景图

第二章 怒族传统服饰

怒族阿怒及怒苏系女服

图一　怒族阿怒及怒苏系女服主图

怒族人由于其支系不同，居住地域有别，且受居住地邻近不同民族的影响，所接触的文化也不同，使怒族的服饰呈现出异彩纷呈、各具特色的局面。怒族男女服饰目前大致可以归为若柔、阿龙、阿怒及怒苏三种支系类型。一般以最后一种——阿怒及怒苏支系作为本族的代表服饰。

阿怒支系居住在福贡县，是当地土著

居民，与独龙族有亲属关系。怒苏支系居住于碧江县一带，怒族为本族自称，"怒"的语义为"黑"，即崇尚黑色，以黑为贵的意思。这两个支系的服饰基本相同。阿怒及怒苏系的妇女装束有着鲜明独特的风格，她们的穿戴打扮与当地傈僳族女子较近似，一般是披长发或编辫子，头上罩用红白料珠做成的帽形头饰，头饰上端缀贝壳若干，下端缀饰微型小铜铃数十个。料珠在头上随头发来回轻微晃动，一闪一闪的，十分漂亮。根据清代《丽江府志》记载，早期的怒族男女皆披发，并用红藤勒在额前束发。一直到清朝末期，怒族男女的着装才有了更多的款式，开始接受棉布制衣，饰物也渐渐多起来，女子勒在额前的红藤被红色料珠、珊瑚、玛瑙、小铜铃、贝壳等饰物串成的头戴所取代，怒语称"卢批靠"。现在，这美丽的"珍珠帽"已经成为这两个支系怒族妇女的一个标志了。

阿怒及怒苏系的妇女上身一般着白色或浅色颜色的右衽麻布质地的大襟窄袖短衣，外套为一件深红色、黑色或深蓝色的右衽镶花边坎肩，上衣袖口饰以黑色或蓝布饰边，与深色坎肩色彩呼应。胸前佩戴数串彩色珠链，或斜挂于身上，怒苏语称这种胸饰为"夏委"，还有用海贝制作的一块5厘米左右的圆形装饰品"勒呗"。传统上，这个大贝壳应是男友所赠，除此，女子佩挂的珠链和贝壳也往往象征佩戴者的身份和经济状况。

阿怒及怒苏系的妇女下身穿一条深色或白底蓝细条纹的大摆长裙，长裙上绣有花边，腰上无腰饰。外出时随身携带的挎包用彩色布拼成横条，包的下半部的中间又绣有竖条，包的两侧佩饰红色布条与流苏。这种挎包美观大方，也是少女赠送情人的信物。

图二　怒族阿怒及怒苏系女服穿着效果线稿

图片来源
图一　丁岩　绘制
图二至图四、图七、图八　齐瑞文　制图
图五、图六、图九、图十　刘训槟　制图

图三　怒族阿怒及怒苏系女服上衣平展效果线稿

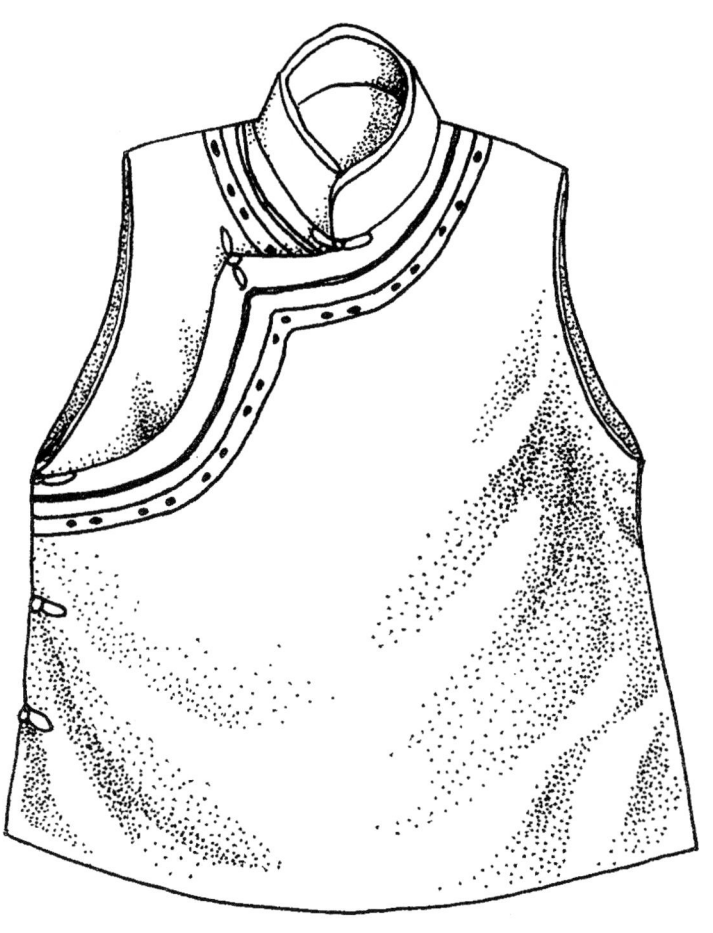

图四　怒族阿怒及怒苏系女服坎肩平展效果线稿

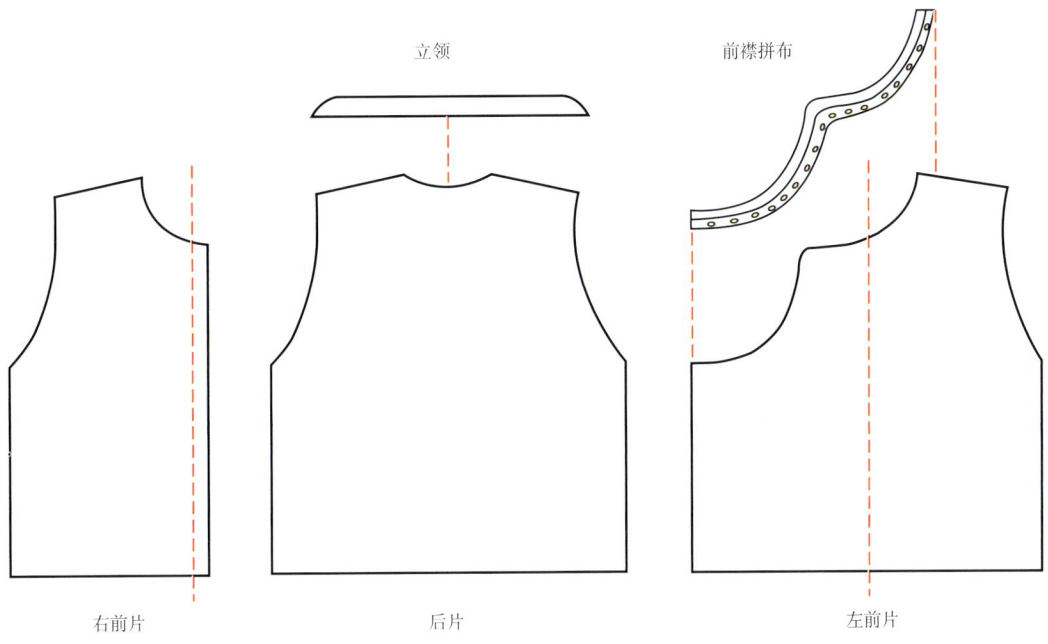

图五 怒族阿怒及怒苏系女服坎肩分片裁剪图

图六 怒族阿怒及怒苏系女服整体平展尺寸图（单位：cm）

图七　怒族阿怒及怒苏系女服福贡县传统女装穿着效果线稿

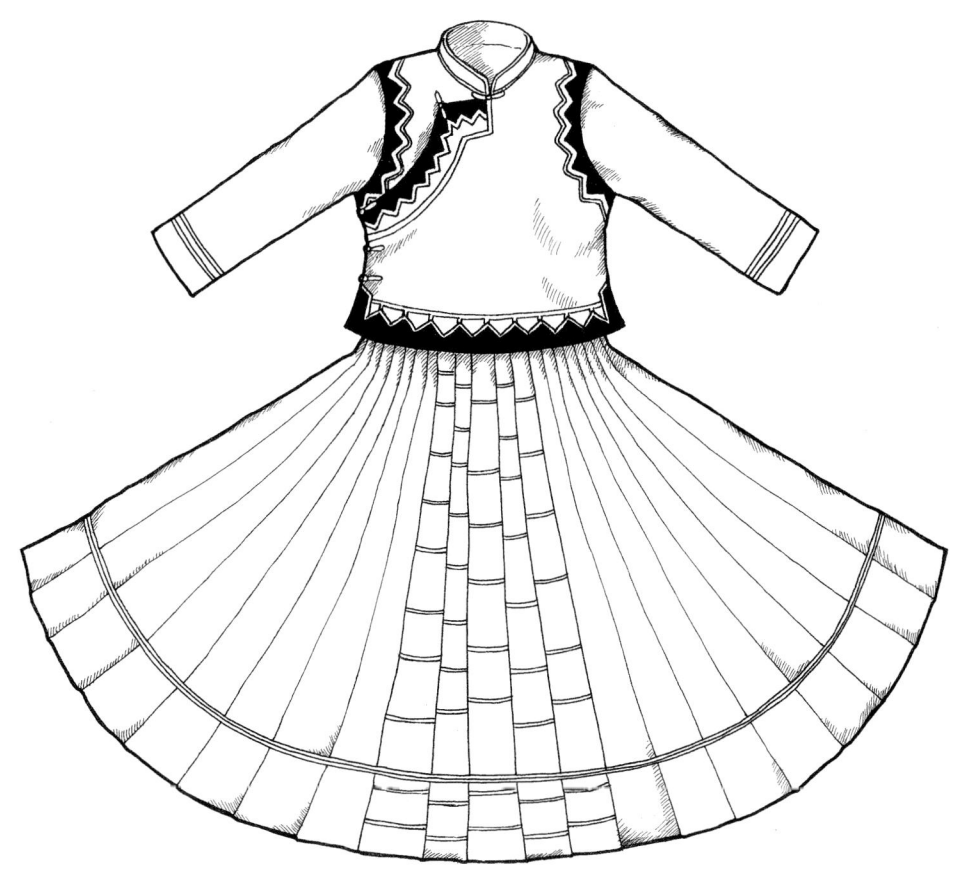

图八 怒族阿怒及怒苏系女服福贡县传统女装整体平展效果线稿

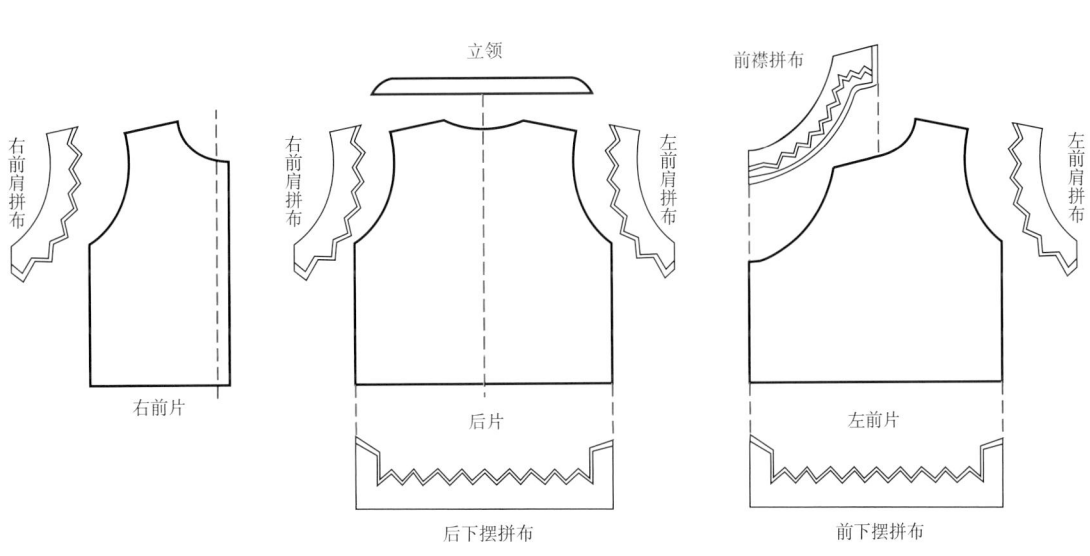

图九 怒族阿怒及怒苏系女服福贡县传统女装坎肩分片裁剪图

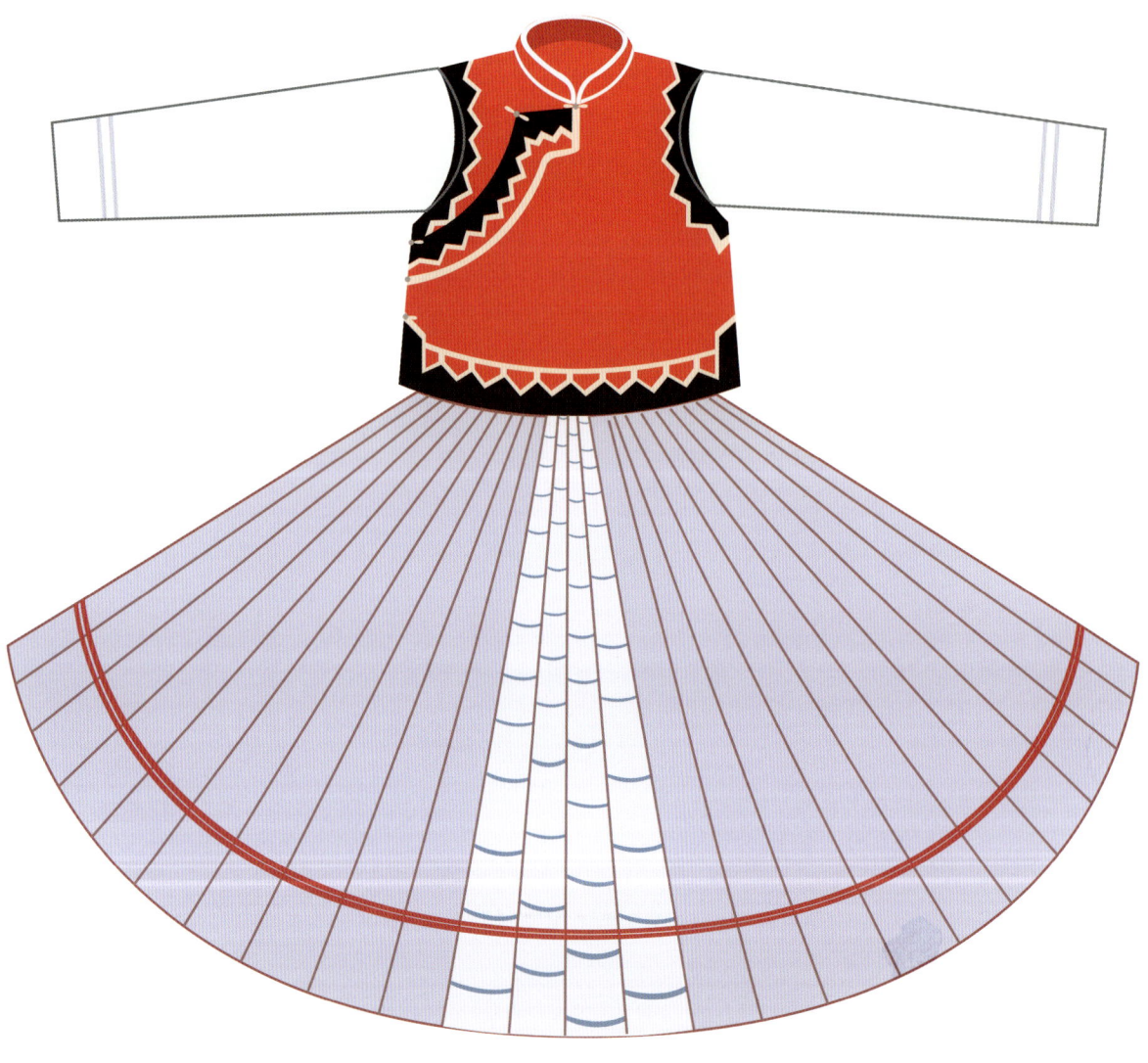

图十　怒族阿怒及怒苏系女服福贡县传统女装整体平展色彩分析图

怒族阿龙系女服

图一　怒族阿龙系女服主图

阿龙支系主要聚居在贡山一带，受藏族文化和藏传佛教影响较深，其服饰与藏族服饰有相似之处，也受到了纳西族一定的影响。阿龙系妇女没有像阿怒及怒苏系妇女那样，以红色料珠做成帽子为头戴，而是佩戴头巾为饰，系头巾的带子要留长一些，用若干种彩色毛线编成缨穗，并结成发圈套在头上，显得相对朴素一些。贡山怒族女子一般留发编长辫，将发辫盘绕于头顶，辫下压一块条纹手帕，然后在发辫与头帕之间插一对用银丝绕竹管做成的银棒，银棒一端缀饰长长的大红色线穗，像两条华丽的小马鞭垂在右耳边，非常鲜艳夺目。

阿龙系的妇女上身内穿白色或浅色长及小腿的麻布长衫，其前后摆在接缝处缀一块红色的方形镶边布，外套右衽大红坎肩，坎肩襟边用黑布和花边镶饰。胸前一般佩挂珊瑚珠、玛瑙、料珠等做成的项链佩饰，装饰品的多少贵贱象征佩戴者的身份和经济状况。她们还喜欢用精致的竹管穿耳，喜戴垂肩铜耳环，喜挎自己缝制刺绣的怒包装饰并盛物。

阿龙系妇女不穿裙，这一点也是与阿怒及怒苏系的妇女不一样。她们下身着长裤，再自腰处围上一块长齐脚踝的怒毯，这怒毯颇似藏族的氆氇，不过花格是竖条形的。有的妇女则喜欢在裤外围自织的两块彩条麻布，腰系氆氇带（形如藏族氆氇"牛勒巴"），宽约三寸的腰带为彩色竖条花纹。青年妇女还喜欢在腰前围上一块彩色氆氇围裙。但阿龙的氆氇与藏族的也不完全相同，阿龙的花格为直条形的，藏族的为横条形的。

怒族制作衣裙使用的主要布料是清代就已经有名并且受到周围民族喜爱的"红文麻布"。这种麻布是用山地上好的麻细心加工织成的，是怒族妇女勤劳双手的杰作。怒族妇女除参加田间劳作和上山采集、放牧等生产劳动外，还要解决全家老少的衣着问题，织麻布和缝纫成了她们繁重的家务活，也是她们显示聪明才智和审美情趣的一种方式。

上文述及的"怒毯"就是红文麻布，它以红、蓝、黑、黄等色作经线，白色作纬线，织出色彩对比度较强但又能够和谐统一的直条花纹。在妇女们的想象中，麻布上的条纹像大江，像路，像彩虹，代表着怒族人民热爱大自然、热爱家乡的感情。妇女们对手工织造的传统异常珍视，在新的生产条件下，她们还不断提高和发展自己的技艺。现在她们除织传统的条纹麻布外，还利用大量工业品进入怒江的有利条件，用棉线、腈纶、开司米、马海毛等现代纺织材料，按传统纺织工艺，织出新型的怒毯，使怒族服饰更加丰富多彩。

图片来源
图一　高梦竹　制图
图二至图四、图八　齐瑞文　制图
图五至图七、图九　刘训槟　制图

图二　怒族阿龙系女服穿着效果线稿

图三 怒族阿龙系女服整体平展效果线稿

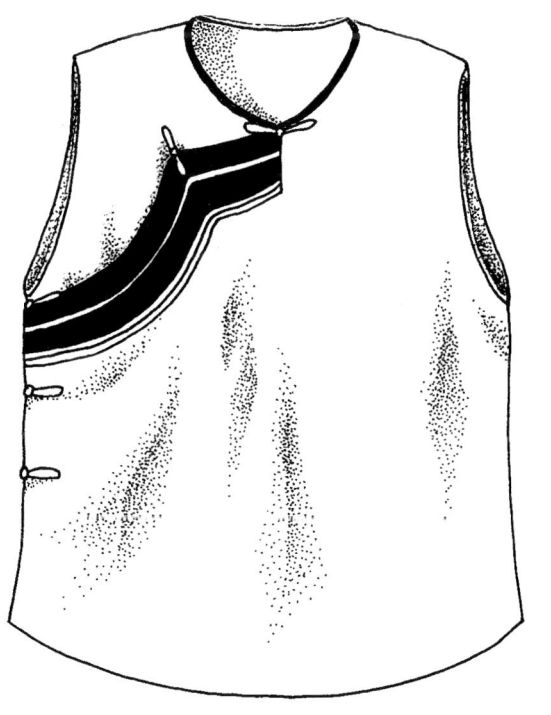

图四 怒族阿龙系女服坎肩平展效果线稿

图五 怒族阿龙系女服整体平展尺寸与色彩分析图（单位：cm）

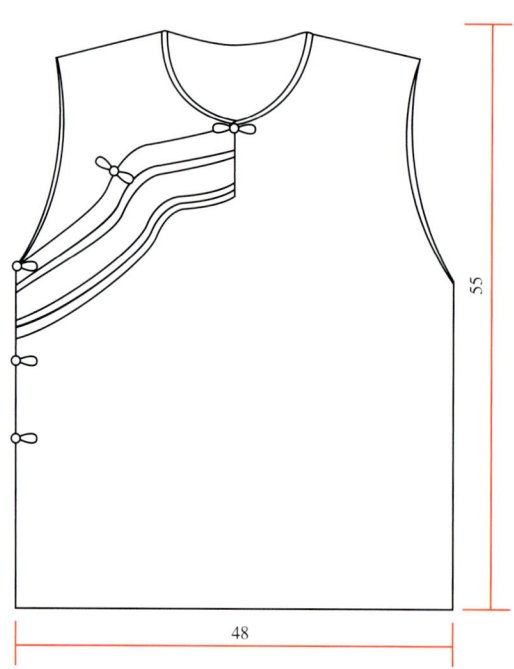

图六 怒族阿龙系女服坎肩平展尺寸图（单位：cm）

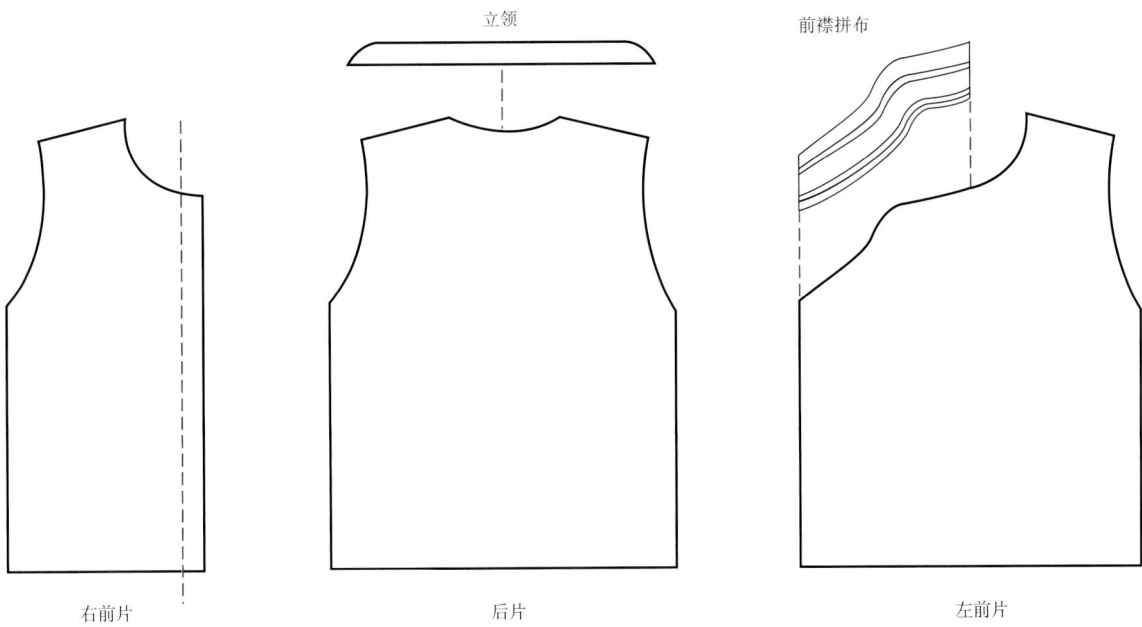

图七　怒族阿龙系女服坎肩分片裁剪图

图八　怒族阿龙系中年妇女服装整体平展效果线稿

图九　怒族阿龙系中年妇女服装整体平展色彩分析图

怒族若柔系女服

图一 怒族若柔系女服主图

怒族的服饰因居住区域的不同而略有差异，但是都富有地区的民族特点。由于纺织技术传入怒族地区较早，因此怒族妇女擅长用麻线纺织麻布，故怒族男女服装多用麻布制成。

若柔支系位于兰坪白族、普米族自治县境内，由于长期与白族杂居，所以若柔支系的妇女服饰接近于白族、普米族以及汉族的装束，相较于阿怒及怒苏、阿龙支系的服饰外观而言，若柔支系的服饰显得比较素雅。

若柔系的女子也打包头，先以素雅的白布包头，再将头发编双辫缠绕于白色头巾之上，辫梢饰银管和长长的红色流苏，垂于右肩，少女则以彩色毛线编成辫子状缠于头上作装饰。若柔支系的女子白色包头上的头饰较少，不如阿怒及怒苏支系的头饰那样显得光彩夺目。

若柔支系的女子一般上身内穿青色或浅鸭蛋青右衽土布短上衣，外面套前襟短后襟长的深蓝或黑色坎肩，下身穿深色宽裤。与阿龙支系一样，若柔支系的服饰也有腰饰，腰饰为浅色绣带围腰，整体显得清淡素雅，也能体现女性身材的曲线美。富裕人家女子也常佩戴耳环、手镯等饰品，胸前多佩戴彩色串珠和银饰品。外出时常佩编制精美的藤包以盛杂物。

虽然，若柔支系人口只有2200人，其服饰的特征也未能像阿怒及怒苏支系那样可以代表本民族服饰特征。但是，若柔支系的服饰也具有鲜明的特征，由于其处于几个民族杂居的地域，所以，若柔支系服饰是融合怒族、白族、普米族等几个民族服饰的特点发展起来的。

图片来源
图一　沈开婧　制图
图二至图七　齐瑞文　制图

图二　怒族若柔系女服穿着效果线稿

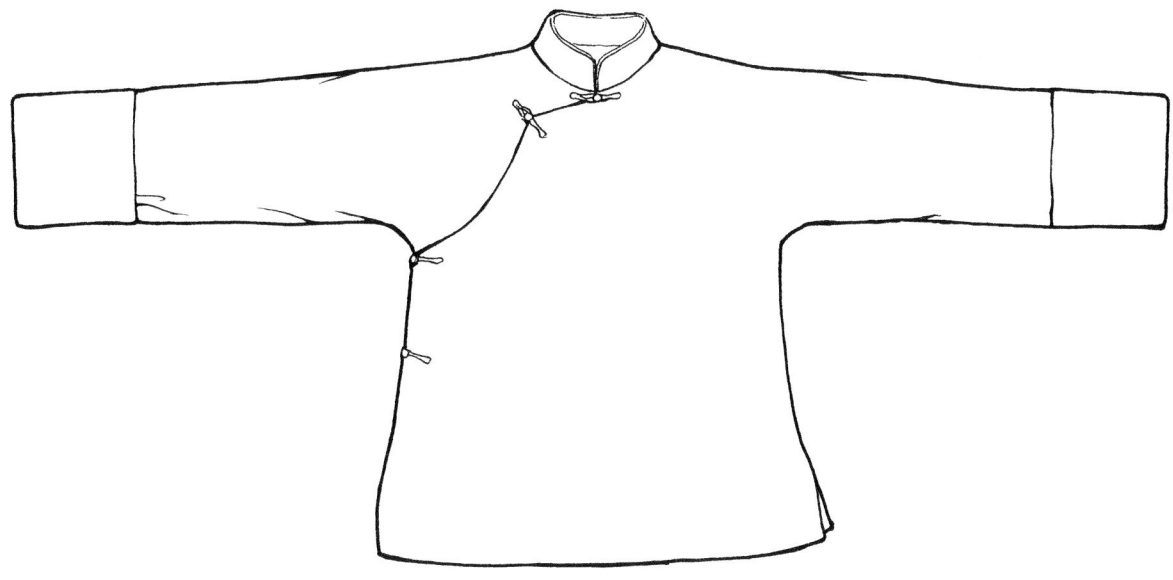

图三　怒族若柔系女服上衣平展效果线稿

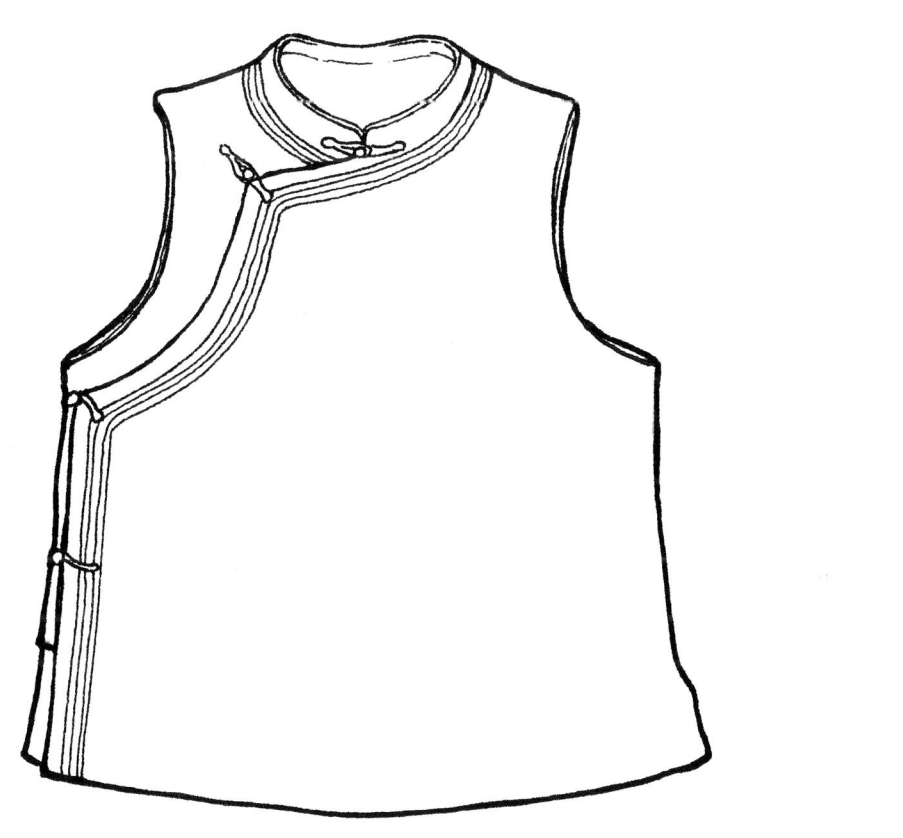

图四　怒族若柔系女服坎肩平展效果线稿

图五　怒族若柔系女服整体平展线稿

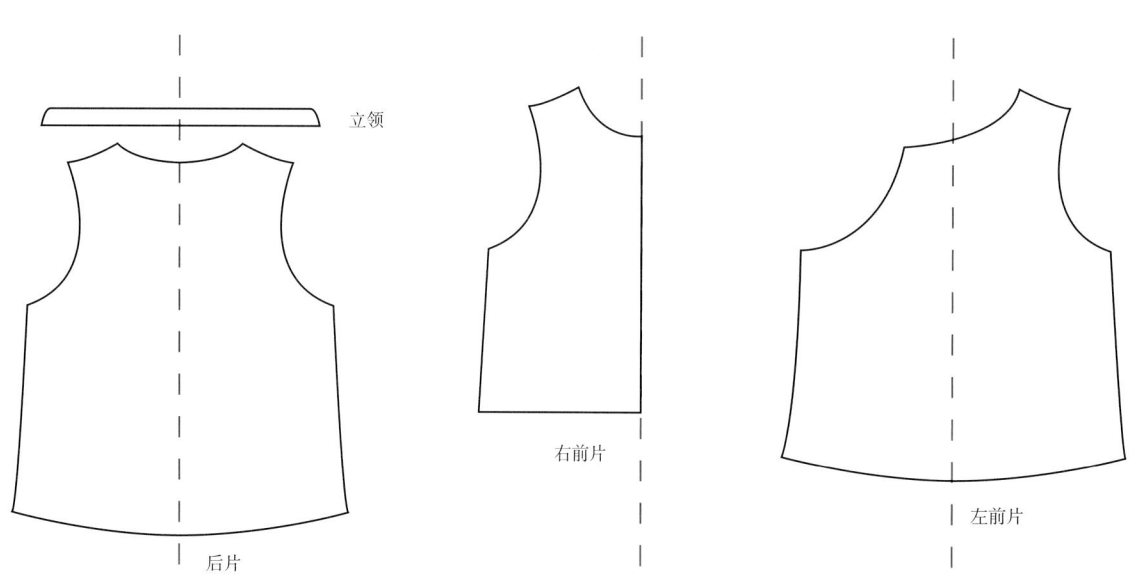

图六　怒族若柔系女服坎肩分片裁剪图

图七　怒族若柔系女服整体平展尺寸与色彩分析图（单位：cm）

怒族阿怒及怒苏系男服

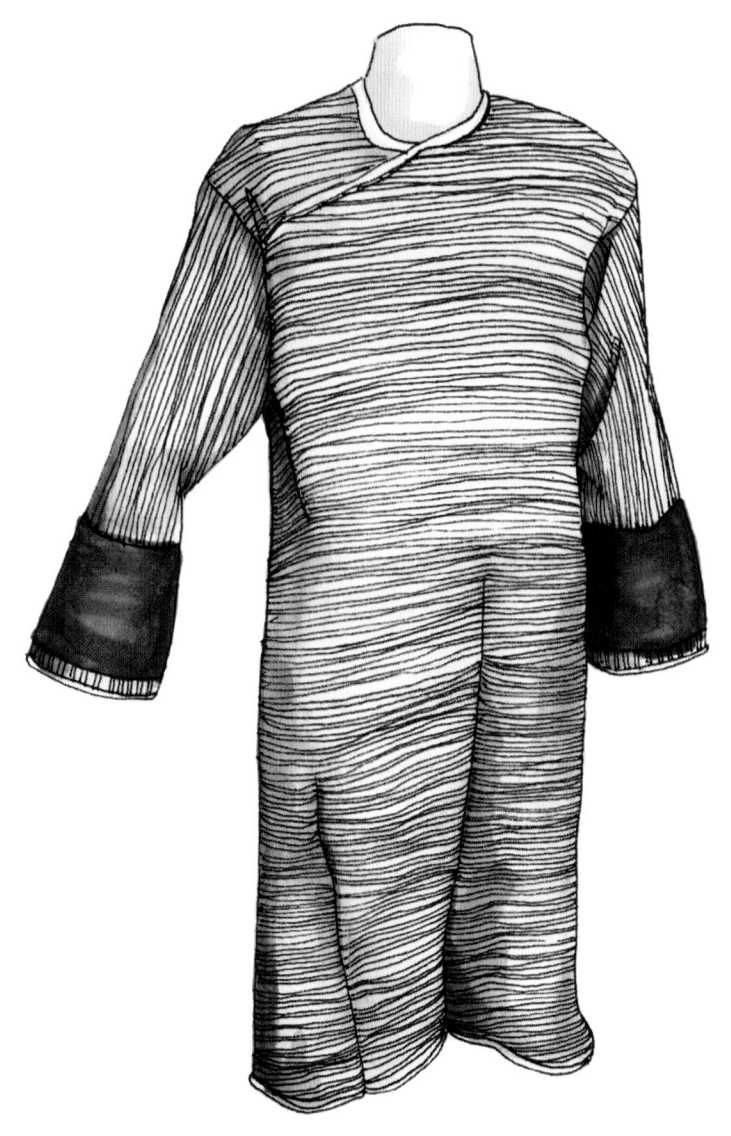

图一　怒族阿怒及怒苏系男服主图

翻阅历史记载，可以粗略发现早期怒族服饰的状态。据《天启滇志》载："（怒人）男子发用绳束，高七八寸；妇人结布于发。其俗大抵……与么些（纳西族）同。"《续云南通志稿》道："怒人……男子……红藤勒首，披发，麻布短衣，红帛为裤，跣足，妇亦如之。"又有《维西见闻录》说"怒子居怒江内……男女披发……首勒红藤，麻布短衣，男着裤，女以裙，俱跣。"这些文献对怒族的服饰记载是很简单的，但

图二　怒族阿怒及怒苏系男服长褂穿着效果线稿

是也可从中归纳出怒族早期男子服饰的大致轮廓。

早期怒族男女皆披发，并用红藤勒在额前束发，上身穿麻布短衣，下身则男子穿裤、女子着裙，无论男女老少都打赤脚。清末民国时期，怒族的传统服饰样貌已基本形成。据民国初期的史料记载："怒傈衣服，男子则穿衣裤，间有戴布小帽，穿一耳坠者；颈上常挂料珠，坠于胸前；手上多带铜镯一二支，用董棕树叶之筋圆圈数十，饰于腿上。长短不一，无领无扣，上下宽阔均等，腰间常以带束之。……汉商往来，中等人家，衣服有用棉布为之者；亦有购自汉商由内地缝来者。"进入民国中期后，又有史料载："男子……出外常佩带大刀，挟持弓弩。"从历史记载看出，随着社会的发展和怒族人民经济生活的不断改善，怒族服饰发生了巨大变化。

怒族男子的服饰基本可以分为阿怒、怒苏、阿龙三个支系，这三个支系男子服饰的特点比较相似，各地差别不大。总体来说，怒族男性的服饰较女性服饰显得朴素，整体的服饰风格古朴素雅。

阿怒及怒苏男子与傈僳族相似，一般都蓄有长发，披发齐耳，用青布或白布包头。一般内穿对襟麻布衣裤，外套麻布长褂。长褂无领无扣，肩头缝合处有坎肩式活接头，接头处有两个装物的大暗袋，一左一右，腰系藤条或麻绳。这种长褂穿在身上，走起路来下摆招风，再加上男子必备的长刀、挎包、硬弩和熊皮箭囊，显得十分英武潇洒。长褂名叫"约多"，是怒族妇女编织的，工艺水平很高。长褂白天可以当衣穿，挡风避雨；晚上则可以当被盖，露宿时可垫可盖，深受怒族人民喜爱。

阿怒及怒苏男服下身裤长只到膝下，小

腿上穿一副用细篾片编成的脚笼，以防山林行走、田间劳作时被草木虫蛇伤害，如今大多数人用更舒适的麻布绑腿取代了脚笼。有时，怒族男子也脚穿羊毛袜子，袜子是心爱姑娘送给自己的礼物。怒族女子从小就要学习捻羊毛线、织羊毛袜子，姑娘长大后，要把自己织的羊毛袜子送给心上人，小伙子若收下羊毛袜子，就表示接受了姑娘的爱情。

图片来源

图一　常沙娜主编. 刘正、杨源本卷主编.《中国织绣服饰全集·6 少数民族服饰卷　下》. 2005年，第366页

图二、图三、图八　齐瑞文　制图

图四、图五、图七　刘训槟　制图

图六　崔月垚　制图

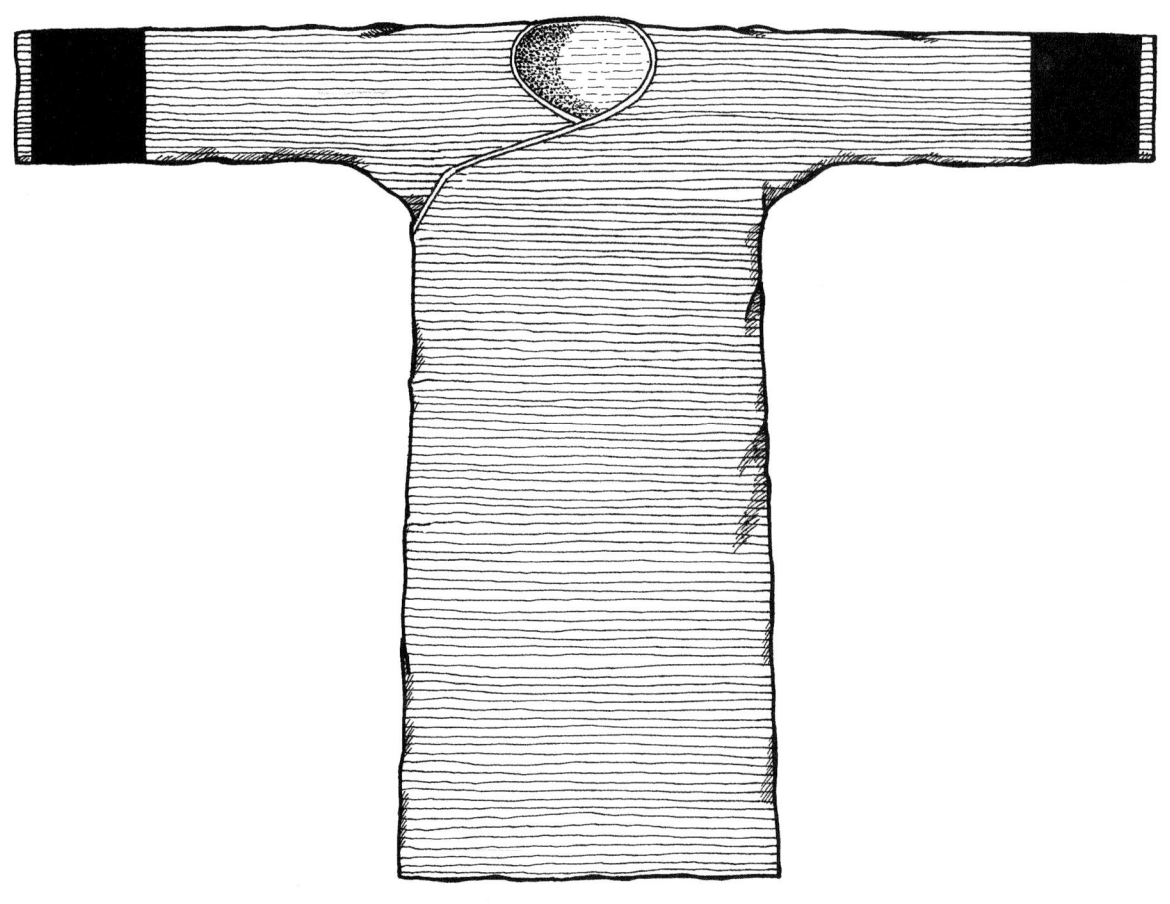

图三　怒族阿怒及怒苏系男服长褂整体平展效果线稿

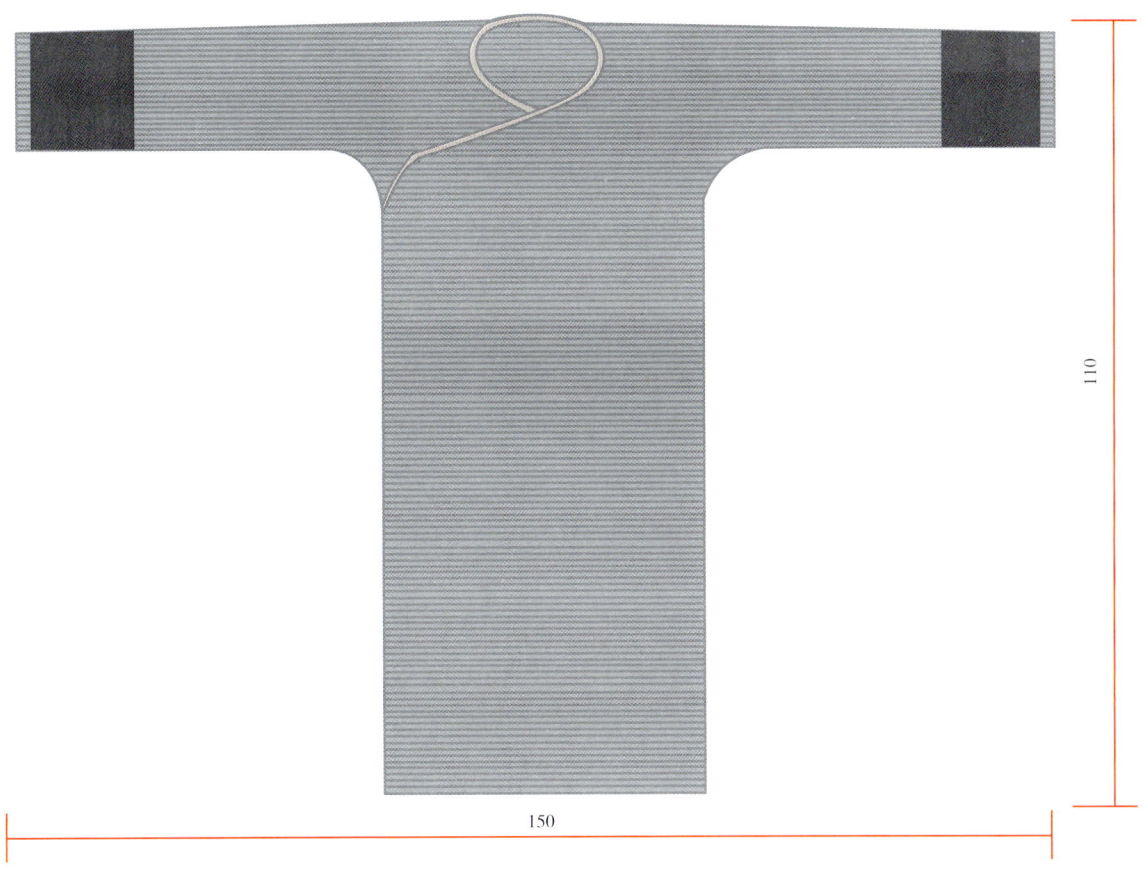

图四 怒族阿怒及怒苏系男服长褂整体平展尺寸与色彩分析图（单位：cm）

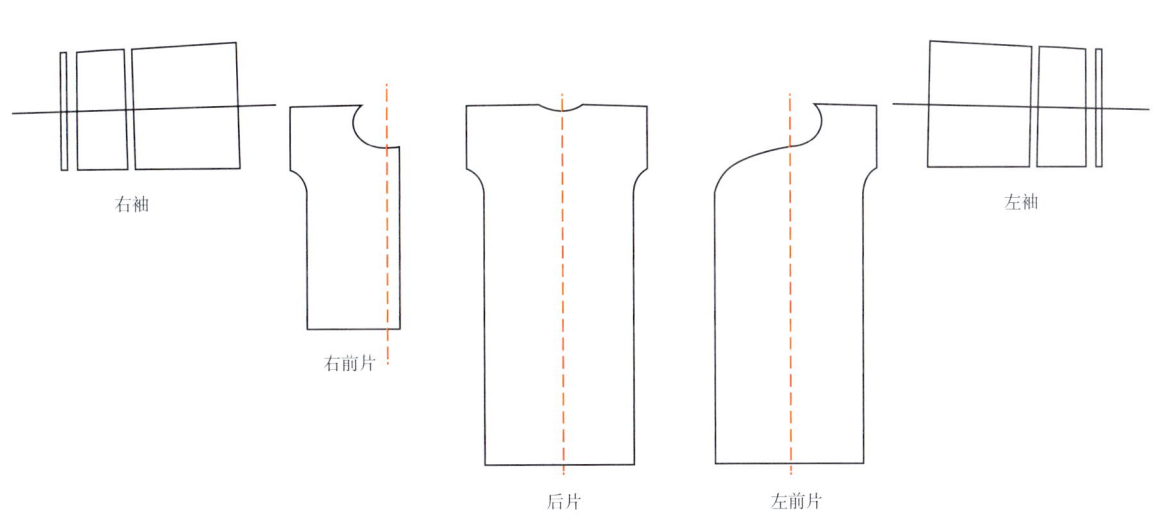

图五 怒族阿怒及怒苏系男服长褂分片裁剪图

图六 怒族阿怒及怒苏系男服对襟长褂

图七 怒族阿怒及怒苏系男服对襟长褂平展色彩分析图

图八　怒族阿怒及怒苏系男服对襟长褂穿着效果线稿

怒族阿龙系男服

图一 怒族阿龙系男服主图

阿龙支系的男子服饰风格也是古朴素雅，与其他怒族支系的男子服饰相似，男子也是多蓄长发，披发齐耳，用白布包头，戴坠红飘带。阿龙支系位于怒族居住地域的北部贡山地区，由于受到藏文化的影响比较大，其服饰也打上了藏族文化的烙印，因此，阿龙支系的怒族男子也多爱戴藏式毡帽。

阿龙支系男子的传统服饰为内穿对襟紧身汗衫，外穿对襟短衫，穿着时以扣系之。

图二　怒族阿龙系男服对襟短衫穿着效果线稿

及膝长裤，穿时前襟上提，系宽大腰带，扎成袋状，以便装物。服装的色彩以白色为基调，间着黑色线条，下着短裤，大部分男人左耳佩带一串珊瑚。

怒族人民的居住地山高谷深，气候为寒带、温带、热带并存的垂直气候，自然环境独特。这里原始森林密布，生息着珍禽异兽，蕴藏着丰富的矿产、木材、药材等资源。历史上怒族人们常以狩猎和采集为生，现在则以农业为主，但传统的生活习惯作为文化符号依然反映在现代怒族人的服饰装扮上，至今怒族的成年男子仍喜欢在腰间佩挂怒刀，肩挎弩弓及兽皮箭包，脚打竹篾制作的绑腿，防止在山林行走时被草木虫蛇伤害，整体服饰装扮显得英武剽悍。由于受周边藏族的影响，有些阿龙人在节庆日子或出远门时干脆就着藏族服饰。

阿龙支系的服饰也像其他怒族支系一样，基本采用麻布来制作，而且服饰制作精美，反映了怒族人民高超的纺织技艺。到目前为止，所发现贡山的唯一旧志（稿）《菖蒲桶志》第十二章"工业"栏目中，就有关于怒族人的纺织染渍，纺具、织具及服饰制作等内容的记载："菖属夷人男女尽穿麻布，概系妇女自行纺织，除自用外，尚供给男子衣服。每户均种有火麻，收取后煮洗洁净，纺而为线，织之成布。其法甚简，各户门前均立二木桩，用竹竿二根排列于上，以绳系扣，将麻排为经线，置于竿下，无梭子，概用纬线结团抛织而成，至宽不过六寸。古宗、怒子杂以棉线。织成后，缝合成幅，名为因布，质最细密。将来改用机织，亦最良工艺品。但无用颜色加染者，尽皆原质白色。"

在怒族传统的手工业中，男人制作猎具、农具，编织竹器，烧制器皿；而女性则

图三　怒族阿龙系男服对襟短衫上衣平展效果线稿

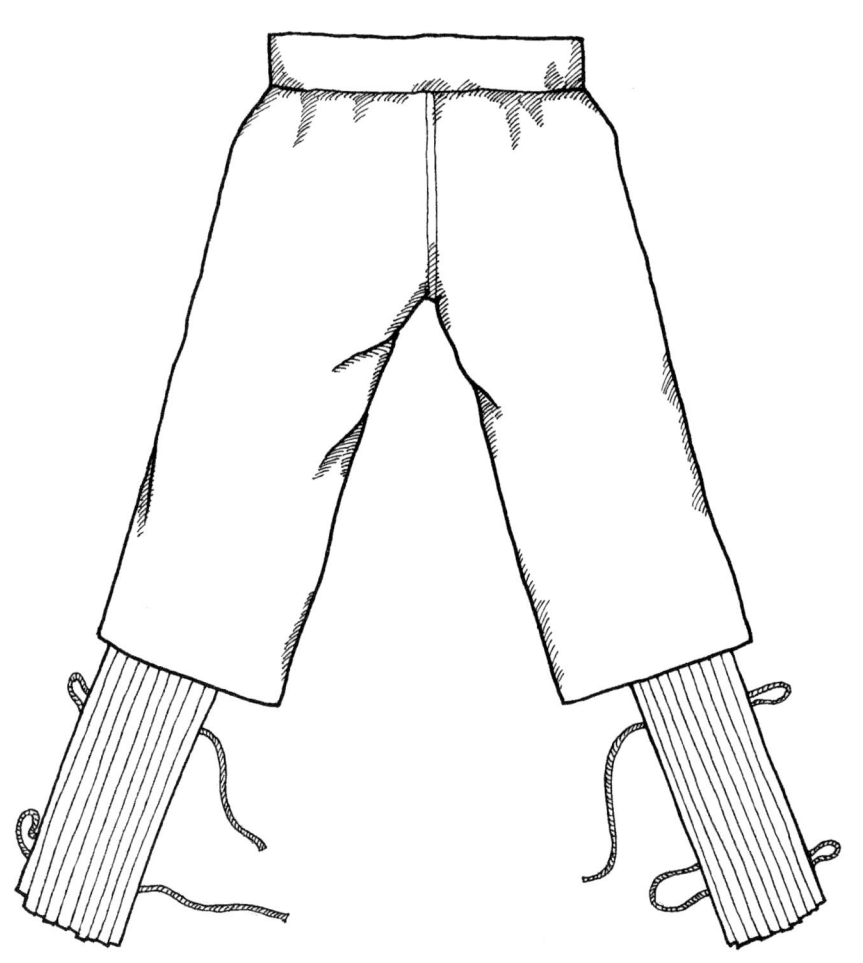

图四　怒族阿龙系男服及膝裤平展效果线稿

从事种麻、剥麻、纺麻、织布等工作。阿龙妇女织的麻布,均以白色为纬线,以红色、蓝色、黑色、黄色为经线,从而形成对比度较强但又统一和谐的色彩纹路。阿龙妇女每天大约能织20厘米宽、300厘米长的麻布。如今,阿龙妇女在传统的麻纺工艺基础上,大量掺入棉线、毛线及腈纶、开司米、马海毛等现代的化纤织物,织出的布料效果更为绚丽多姿。

图片来源

图一　高梦竹　制图
图二至图四　齐瑞文　制图
图五至图九　刘训槟　制图

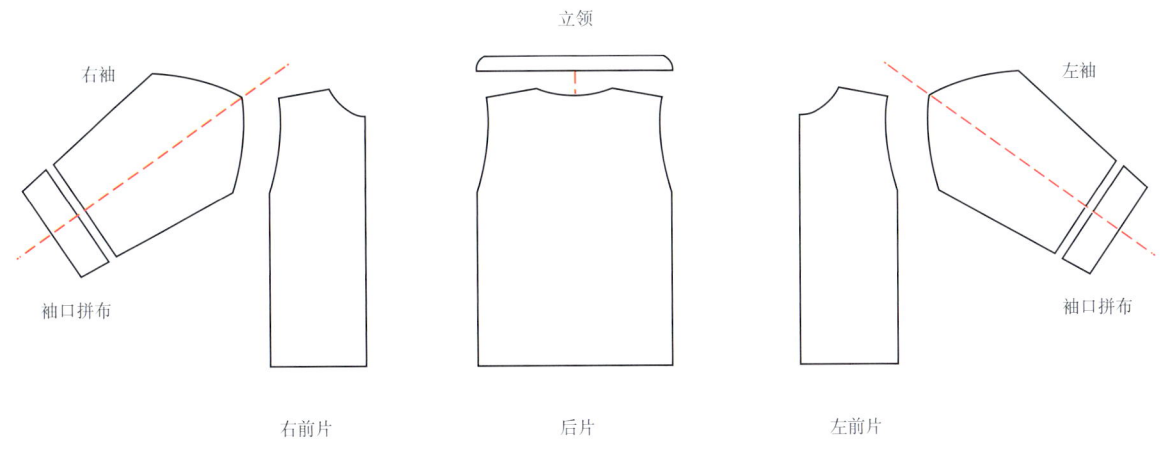

图五　怒族阿龙系男服上衣分片裁剪图

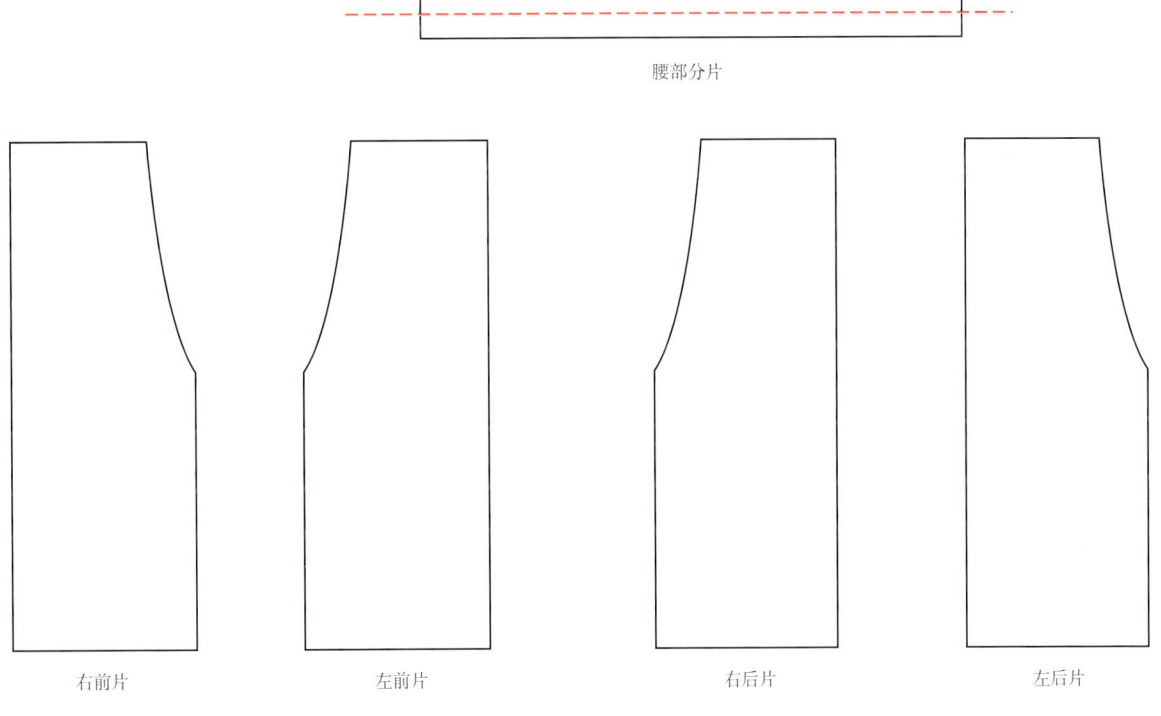

图六　怒族阿龙系男服及膝裤分片裁剪图

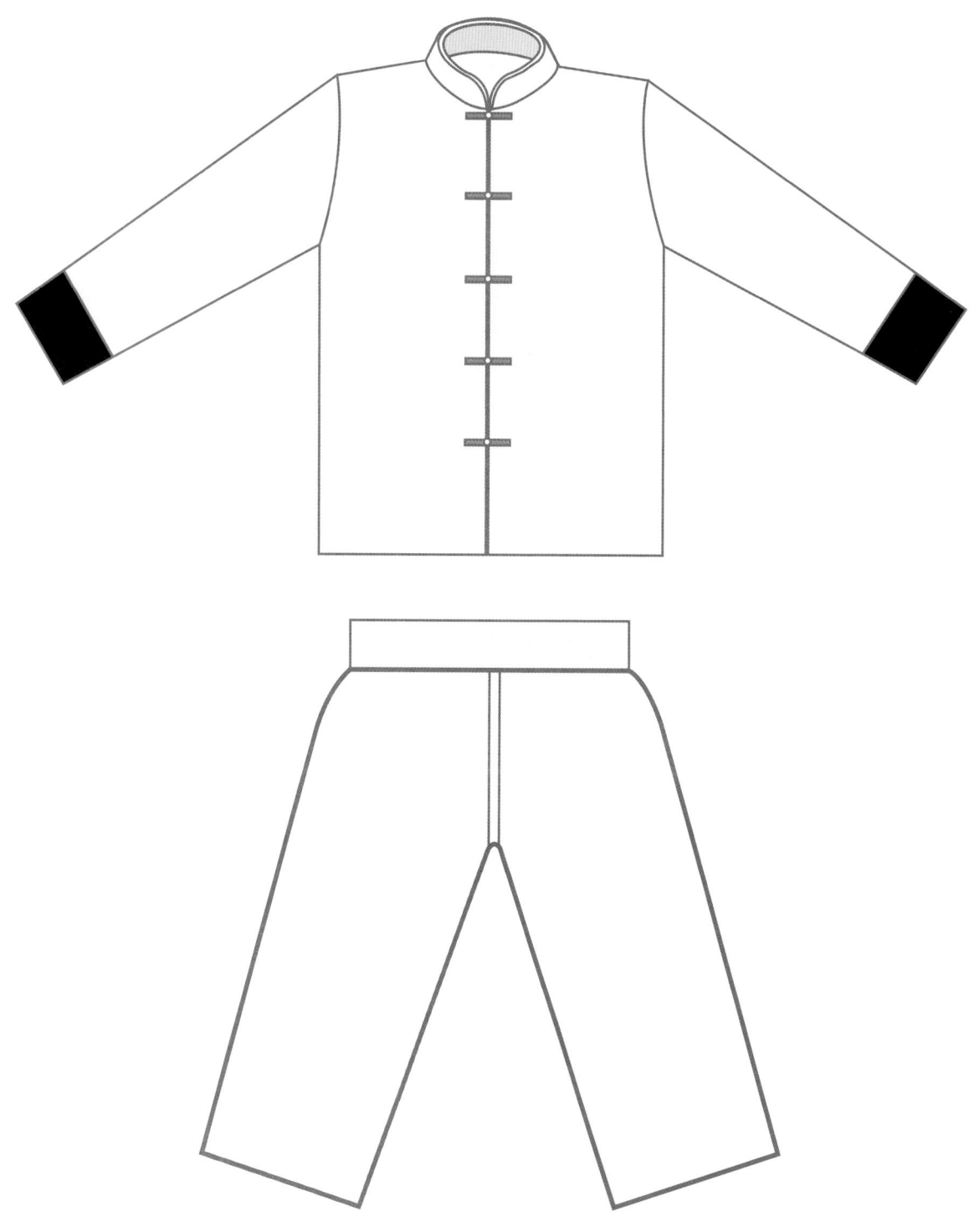

图七　怒族阿龙系男服整体平展色彩分析

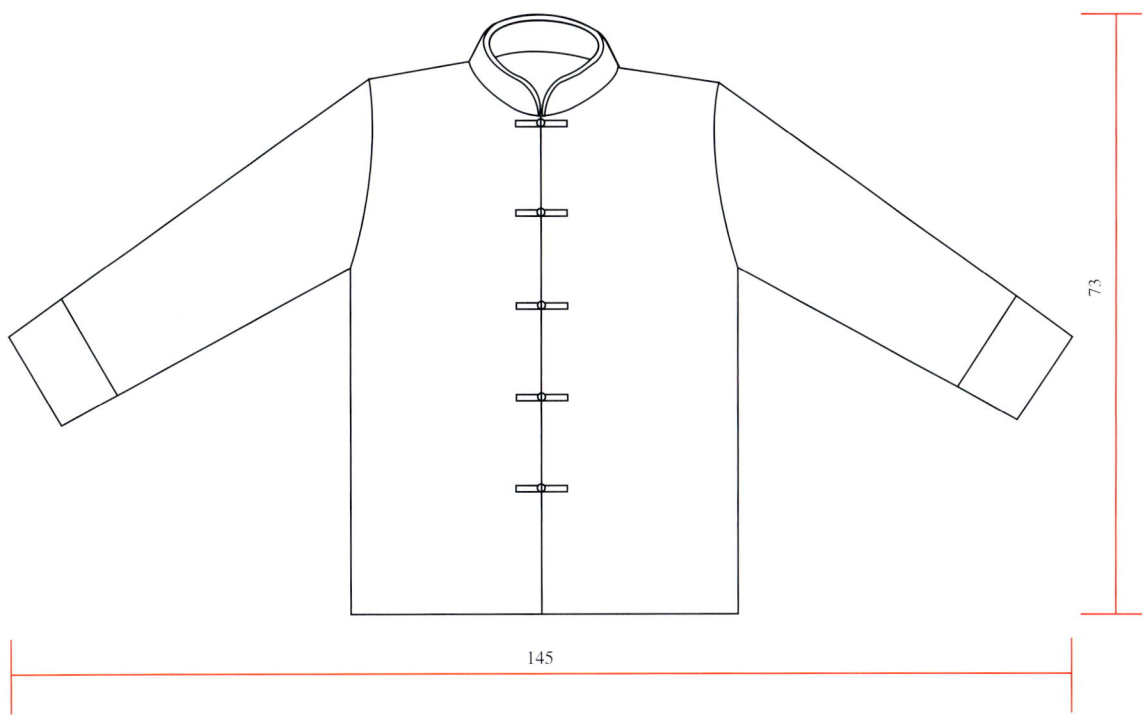

图八　怒族阿龙系男服上衣平展尺寸分析图（单位：cm）

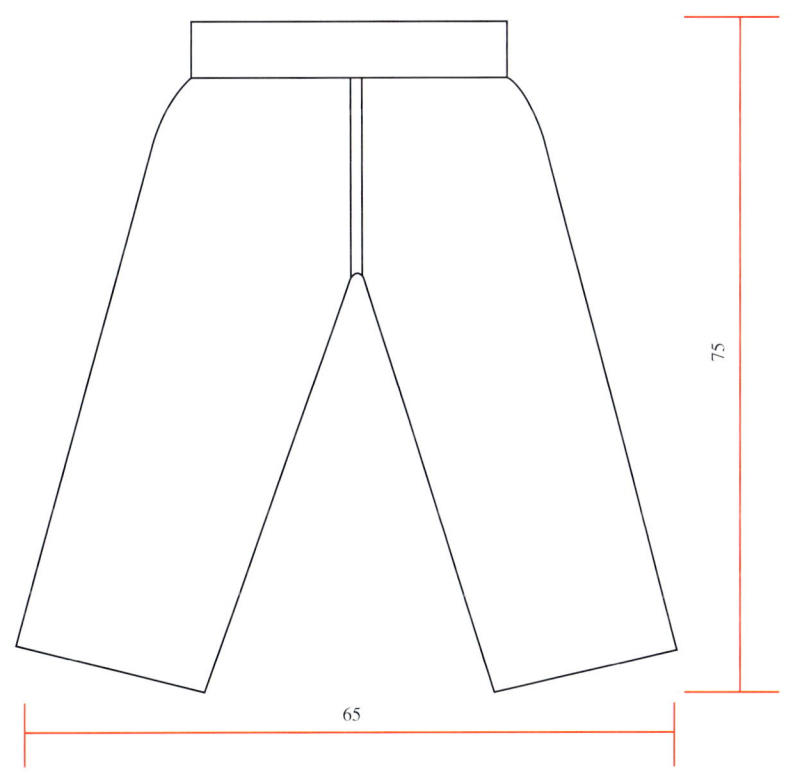

图九　怒族阿龙系男服及膝裤平展尺寸分析图（单位：cm）

怒族头饰

图一 怒族阿怒及怒苏支系女子头饰主图

怒族头饰在怒族人的服饰装扮中显得十分重要，男女头饰根据居住的地域不同，所受到的其他民族文化影响的不同，头饰各具特色。

阿怒及怒苏系居住区域是与傈僳族人交错杂居或小聚居，由于与傈僳族长期相处，互相影响，阿怒及怒苏系男女的穿戴打扮与当地傈僳族较相似，当然，头饰也和傈僳族有相近之处。阿怒及怒苏系的妇女一般是披长发或编辫子，头上最鲜明的特征就是用红白料珠做成的帽形头饰，头饰上端还缀贝壳若干，且用贝壳制成头箍。红白料珠的末端缀饰微型小铜铃数十个。料珠在头上随头发来回轻微颤动，一闪一闪的，十分漂亮。根据清代丽江府志载，早期的怒族男女皆披发，并用红藤勒在额前束发。一直到清朝末

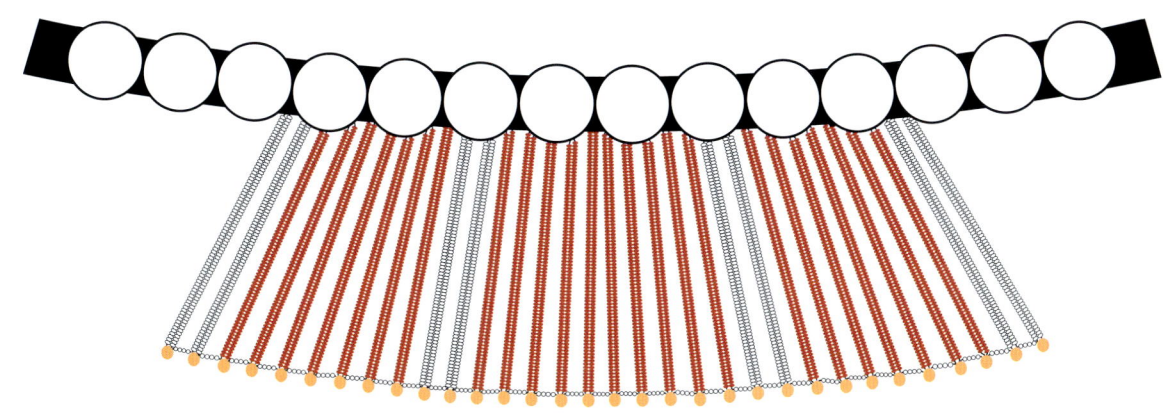

图二　怒族阿怒及怒苏系女子头饰展开图

期，怒族男女的着装才有了更多的款式，开始接受棉布制衣，饰物渐渐多了起来，女子勒在额前的红藤也被红色料珠、珊瑚、玛瑙、小铜铃、贝壳等饰物串成的头戴所取代，怒语称"卢批靠"。阿怒及怒苏系头饰的制作方法是将一粒粒黄豆大小的料珠用线穿好成串，每串的料珠在13～14粒左右，红珠和白珠要分开穿，白珠的数量约为红珠的1/7左右。然后再将这30多串红白料珠的两端分别拴在两根横线上，上端的横线要短，上穿磨制的十多个贝壳，下端的横线要长些，下拴30多个如包谷籽大小的铜铃。估计一副头饰大约有1斤多重。现在，这美丽的"珍珠帽"已经成为这两个支系怒族妇女的一个标志了。

阿怒及怒苏男子的头饰也与傈僳族相似，但比较起女子的头饰，显得简单且朴实了许多。阿怒及怒苏男子一般都蓄有长发，披发齐耳，仅仅用青布或白布打包头，与其服饰搭配起来显得素雅大方。

而阿龙系主要位于怒族居住地域的北部贡山地区，所以受藏族文化和藏传佛教影响较深，其服饰与藏族服饰有相似之处，也受

图三　怒族阿龙系女子头饰

到纳西族一定的影响。阿龙系妇女的头饰没有像阿怒及怒苏系妇女那样,而是佩戴头巾为饰,系头巾的带子要留长一些,用若干种彩色毛线编成缨穗,并结成发圈套在头上,显得相对朴素一些。贡山怒族女子一般留发编长辫,将发辫盘绕于头顶,辫下压一块条纹手帕,然后在发辫与头帕之间插一对用银丝绕竹管做成的银棒,银棒一端缀饰长长的大红色线穗,像两条华丽的小马鞭垂在右耳边,非常鲜艳夺目。

阿龙系的男子也是多蓄长发,披发齐耳,用白布包头,戴坠红飘带。阿龙系受到藏文化的影响比较大,其服饰也打上了藏族文化的烙印,因此,阿龙系的怒族男子也多爱戴藏式毡帽。

图片来源

图一、图四、图五、图七　齐瑞文　制图

图二　刘训槟　制图

图三　沈开婧　绘制

图六　常沙娜主编,刘正,杨源本卷主编;《中国织绣服饰全集·6 少数民族服饰卷 下》,第366页

图四　怒族阿龙系女子头饰线描

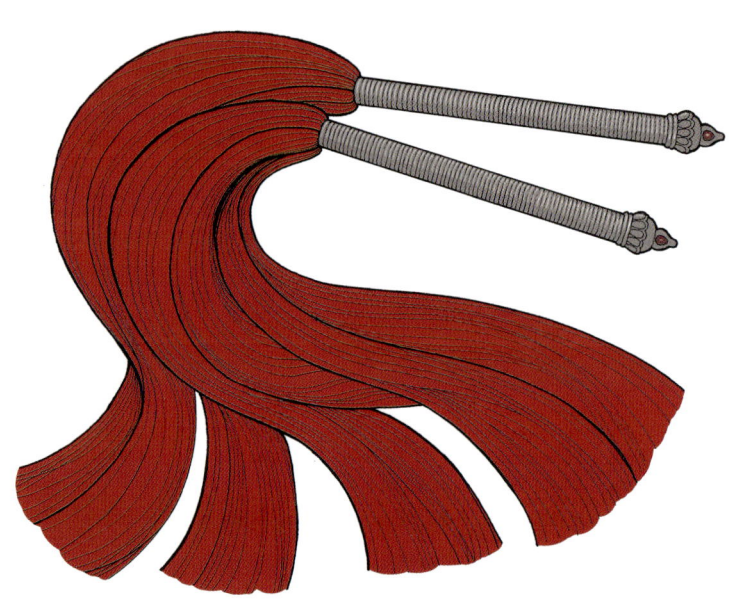

图五　怒族阿龙系女子发饰细节线描

图六　怒族阿怒及怒苏系男子麻布头巾

图七　怒族阿怒及怒苏系男子头巾线描图

怒族怒毯

图一　怒族怒毯主图

怒族服饰原料多以手工织品为主。怒族人用所谓的"红纹麻布"为材料，制成"怒毯"，阿怒称其为"约多"。早期用麻和天然植物染料经古老的纺织工艺织出来的怒毯，是怒族手工技艺最具代表性的用品，也是如今畅销的民族民间工艺品。

怒毯的外观基本是典型的直线型条纹，在视觉上突出了距离和色彩的搭配，形成对称中的变化。同时色彩中的对比又具有和谐美，整体上白色和彩色相对比，艳丽的红色、蓝色、黄色、绿色、紫色等可按自己的喜好相邻搭配，又不乏局部彩色条纹之间的视觉差异效果，从而呈现了调和与对比的特殊色彩美感，配合整体上统一有序的条纹装饰风格让人感觉简约而不呆板。评价一款怒毯织得好不好，就是看女人织出来的线条纹路直不直，宽度对不对称，颜色好不好看。可以说，怒毯上这些色彩鲜明的条纹就是怒族简单朴实的审美标准，继承了传统样式的怒毯体现出简中有繁，色彩鲜明的特点。怒毯表面的这种以线形彩色条纹为饰的审美情趣是怒族所崇尚的。

据怒族人介绍，这种装饰形式来自对彩虹的模仿，当祖先在大自然中看见美丽的彩虹，就想把如此直接、多彩的天赐美物穿戴于身，于是代代相传的织布技艺都延续了这样的"彩虹模式"。而今又深化了纹样的内涵，即中间是四条等宽的白色直纹，象征着奔流不息的怒江，延续着怒族的子子孙孙；左右对称的彩色直纹分别同序地分布在白纹两侧，彩纹相对白纹而言要更细更密，象征着在怒江边上生活的怒族儿女有着让大自然垂青、顾念的渊源，日子如彩虹般吉祥如意、多姿多彩。

早期的怒毯是用麻的本色，用天然的有颜色的树籽"色木幸"（怒语）染红色、"日布西"（怒语）染蓝色，用某种植物的根部染黄色，用锅底灰染黑色，因而早期色彩搭配为麻的本色或白色为主，两边有红、黄、蓝、黑的彩条。后来大家对美的探求受到彩虹的启示，颜色的多样性和变化性都更为丰富。随着时代变迁以及经济的发展，怒毯的色彩和质地已产生了相应的变化，但人们一直遵循传统织毯模式，即仅用粗细不等的条纹配合有喜好显个性的色彩，织出色彩斑斓、对比艳丽的"约多"。这种以纯手工工艺纺织出的毯子，记载着历史、民族的印迹，其代代相传的技艺是对我国少数民族非物质文化遗产中本族文化的传承与保护。

图片来源

图一　丁岩　制图

图二　张德文，段金录主编《云南人文影像》，云南民族出版社，2004年，第12页

图三至图七　齐瑞文　制图

图八　刘训槟　制图

图二　怒族妇女编织怒毯

图三 大麻植物线描　　图四 晾晒大麻

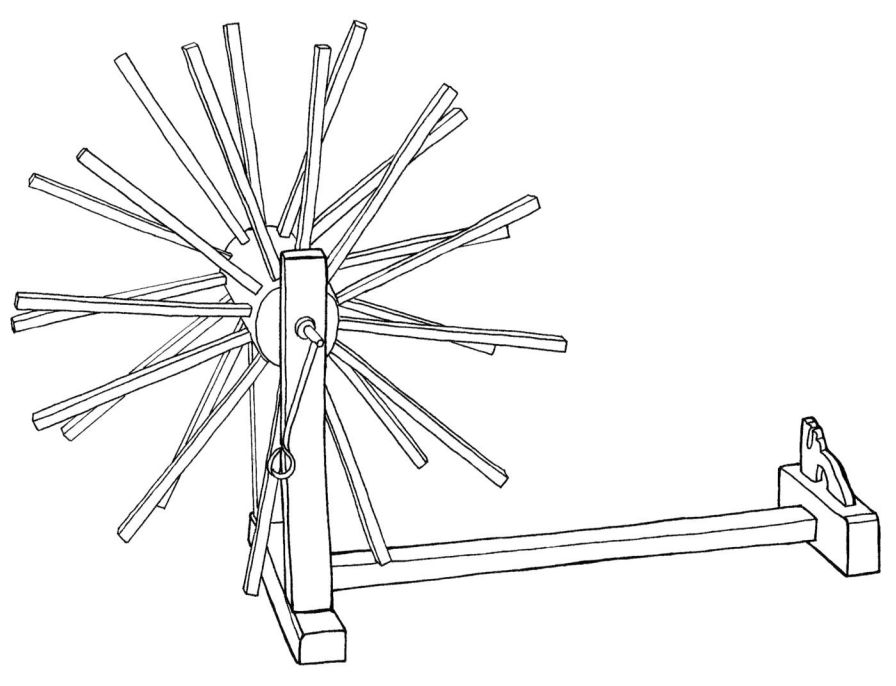

图五 绕纱机

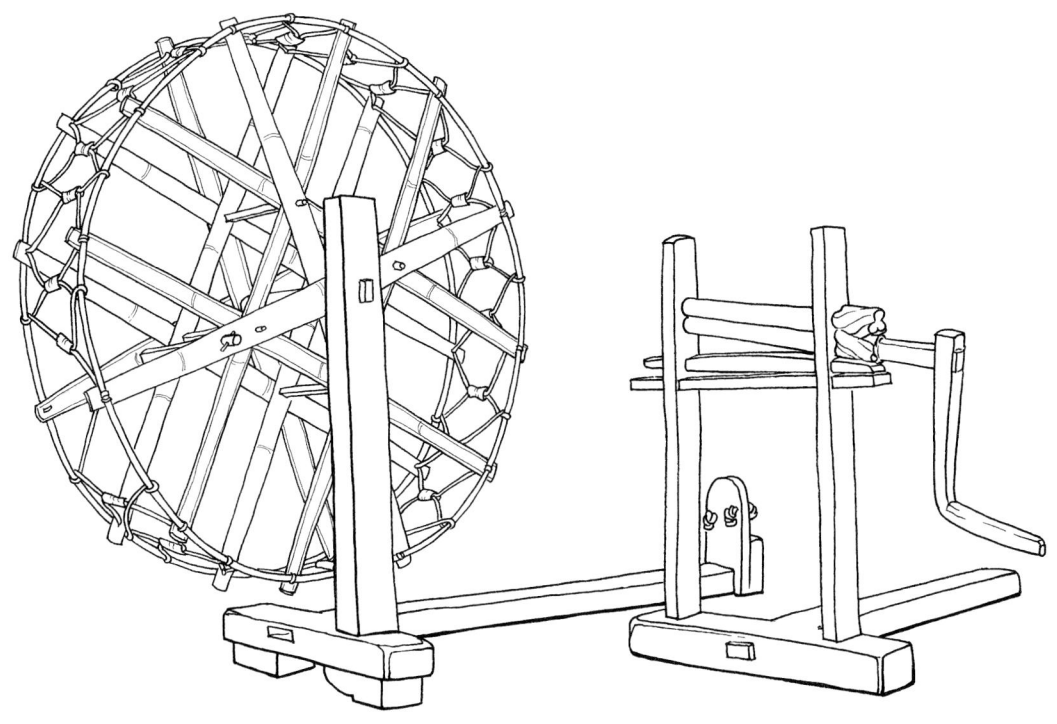

图六　纺车

图七　纺锤

图八　怒族怒毯色彩分析图

怒族怒包

图一 怒族怒包主图

怒族妇女在穿着盛装之后，都喜欢配挎自己缝制刺绣的怒包。一是用来装扮自己，二是可随身放置物品，也可向别人展示自己的织绣才能。因此，怒包在怒族妇女的服饰装扮中地位十分重要，怒族妇女的怒包样式虽然较多，但基本上可以归纳出相同的特征。

怒包像怒族人的服饰一样，过去多用麻

一定的规格及距离，平行地缝在长方形白布口袋的上半部及两边，并在中间留出的白布上用对比强烈的色线绣上3条对称均匀的条纹，底部两头则配上两块红布条缝制而成，没有缨须。花挎包色彩对比强烈、鲜艳夺目、式样大方、美观实用，既是怒族少女赠送情人的重要信物之一，同时也是好客的怒族妇女惠赠贵客及知己的珍贵礼品。所以她们自小就开始学习编织挎包，经过一定时间的反复制作后，才能织绣出令人满意的花挎包来，而绝非一日之功。

另外怒族的花挎包还包含着一定的文

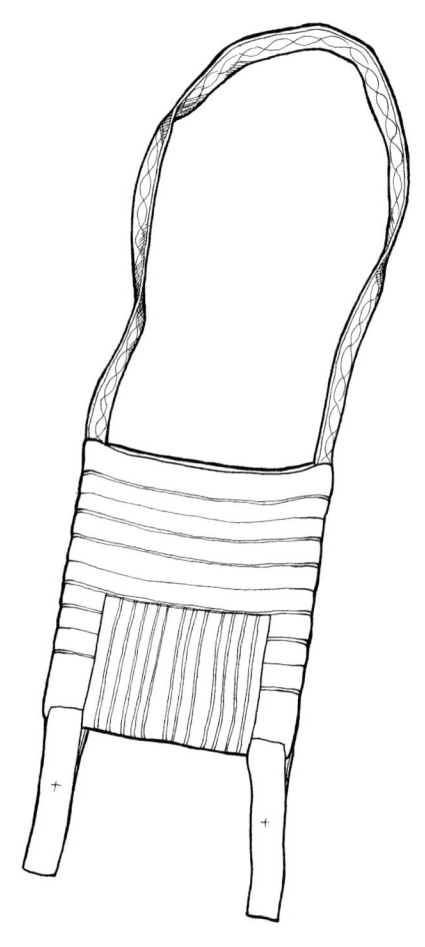

图二　怒族怒包平展效果线稿

编织而成，现在则有的改用棉布制作。制包的布料一般都是怒族妇女自己纺织而成，通常选用多种艳丽颜色的彩线，如红色、蓝色、黄色等按自己的喜好相邻搭配。怒包以白色为底色，彩色的间隔条纹进行装饰，整体上白色和竖向或横向的彩色条纹相对比，在视觉上形成和谐统一，又不乏局部彩色条纹之间的视觉差异效果，从而呈现了调和与对比的特殊色彩美感，配合整体上统一有序的条纹装饰风格让人感觉简约而不呆板。

怒包采用长宽一致的各色布条按照

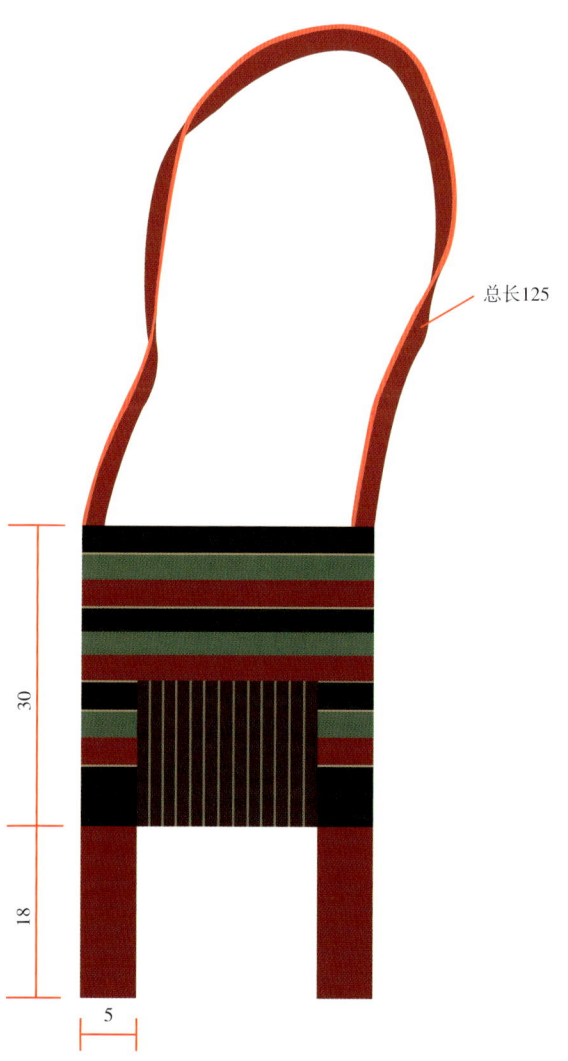

图三　怒族怒包平展尺寸与色彩分析图（单位：cm）

化内涵。一般来说，男人背的包其横幅为9条，妇女的多为7条，这7条不同色彩的横幅分别代表着担当力卡山、独龙江、高黎贡山、怒江、碧罗雪山、澜沧江及云岭山系，展现出当今怒族的活动范围为"四山三江"一带。9条则又是在此基础上增加了金沙江及玉龙雪山，由此也可隐约地推测出当年怒族先民最早的活动范围是在"五山四江"的区域之内。而与之垂直的3条纹样则分别代表了高山和江河，一条代表江的纹样绣在象征着山的两条中间。至于"包不留缨"是表示怒族人办事果断、彻底，从不留下尾巴。

图片来源

图一　苏敏　拍摄

图二、图四、图六、图七、图十　齐瑞文　制图

图三、图五、图八、图九　刘训檩　制图

图四　怒族贡山横条纹麻布包平展效果线稿

图五　怒族贡山横条纹麻布包平展尺寸与色彩分析图（单位：cm）

图六 怒族竖条纹黑白麻布包平展效果线稿

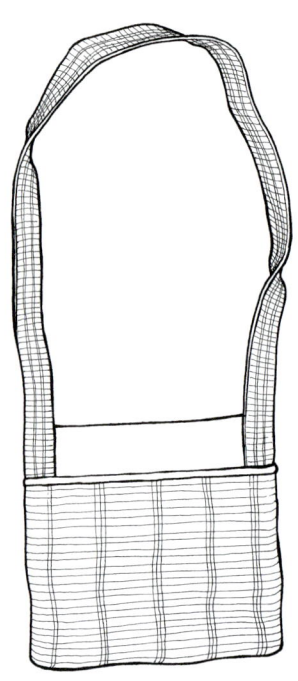

图七 怒族彩条麻布包平展效果线稿

图八 怒族竖条纹黑白麻布包平展尺寸与色彩分析图（单位：cm）

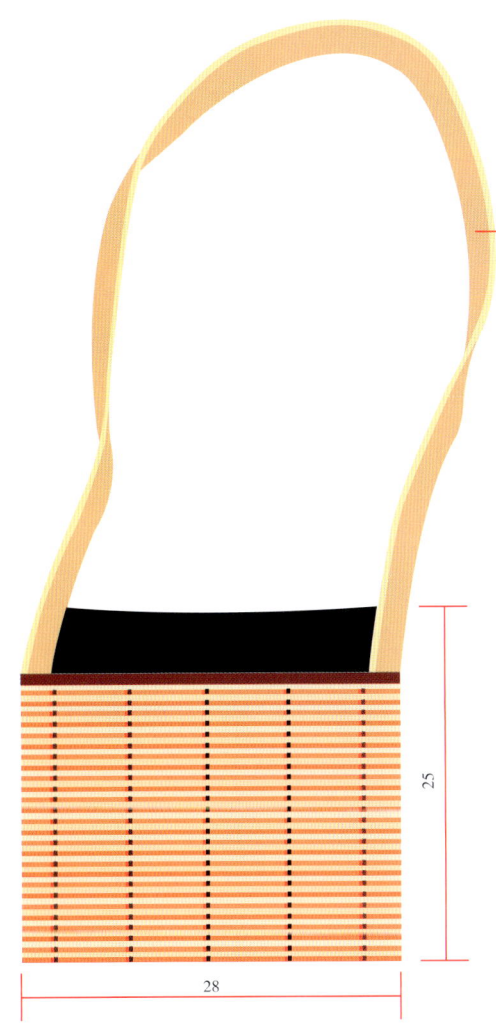

图九 怒族彩条麻布包平展尺寸与色彩分析图（单位：cm）

图十 怒族彩条麻布包使用效果线稿

第二章 怒族传统服饰

123

怒族竹篾绑腿

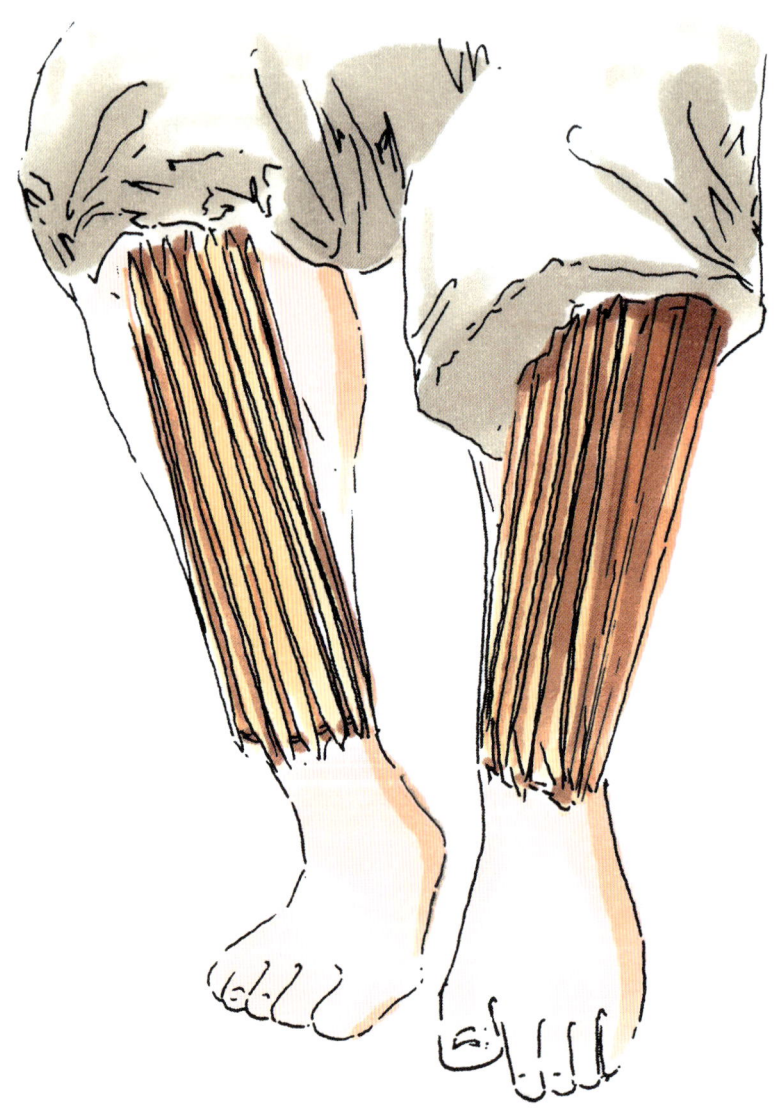

图一　怒族竹篾绑腿主图

竹篾绑腿是怒族服饰装扮中较为有特色的物品。竹篾绑腿的产生是源于怒族人民的生产生活方式，怒族人深居于高山峡谷之中，为寒带、温带、热带气候并存的垂直气候，自然环境独特。这里原始森林密布，生息着各类珍禽异兽，蕴藏着丰富的矿产、木材、药材等资源。所以，历史上怒族人一般以狩猎、采集、耕作为主，由于生产劳作的环境特殊，竹篾绑腿是其必不可少的服饰装备。

据民国初期的史料记载："怒僳衣服，男子则穿衣裤，间有戴布小帽，穿一耳坠者；颈上常挂料珠，坠于胸前；手上多带铜镯一二支，用董棕树叶之筋圆圈数十，饰于腿上。"至今怒族的成年男子仍然喜欢在腰间佩挂怒刀，肩挎弩弓及兽皮箭包，脚打竹篾制作的绑腿，传统的生活习惯作为文化符号依然反映在现代怒族人的服饰装扮上。

怒族的竹篾绑腿无论男女皆可使用，成年男子及中老年妇女均在小腿上穿一副长尺余用筷子粗细的篾片编成的脚笼。怒族人之所以要穿脚笼或打麻布绑腿，一来是因为怒族人常常要在坡度很大的耕地里劳动，一般来说，不论是挖地、点种、薅草等均要从坡下往坡上行进劳动，而怒江的土地多是还没有风化完毕的砂石，只要一触动它便会往下滚，小石头很自然地会撞在劳动者的腿上，而脚笼及绑腿恰好就起到了保护小腿的作用；二来也可以防止在山间密林行走、田间劳作之时被草木虫蛇伤害，对腿部起到一定的保护作用。不过如今大多数的怒族人用更舒适的麻布绑腿取代了竹篾脚笼。

竹篾绑腿的材料是以当地产的竹子加工而成，制作过程是先将砍伐好的竹子制作成条状，每根竹篾长度大约在26厘米，宽度为0.9厘米，以12根竹篾为一套，上下穿孔用麻线连串而成。由此可见，怒族人较为精通竹制物品的加工。早在清朝乾隆时期的《维西见闻录》中就有记载："人精为竹器，织红纹麻布，么些不远千里往购之。"从这段史料中，我们可以清楚地看到怒族人对竹的利用在清乾隆前就已达到了相当精湛的技艺。他们不但用竹来制作绑腿，还用竹来建房盖屋，用竹做筏制溜过江，制梯越岭，制弩、箭、扣子、竹签以捕猎。同时，他们还以竹为原料编制出了许多精致而实用的器物。正因为怒族的竹器很好，使得当时比怒族先进的纳西族也不惧千里之苦，前来贩卖。

图片来源

图一　丁岩　制图
图二、图三　齐瑞文　制图
图四　刘训槟　制图
图五　中国植物图像库
图六　苏敏　摄影
图七　徐江华　制图

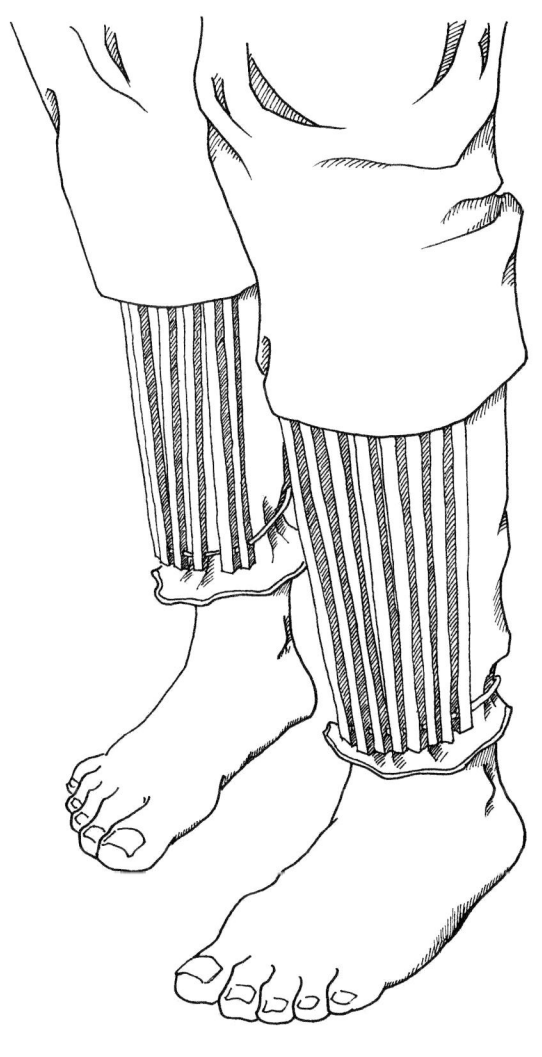

图二　怒族竹篾绑腿穿着使用效果线稿

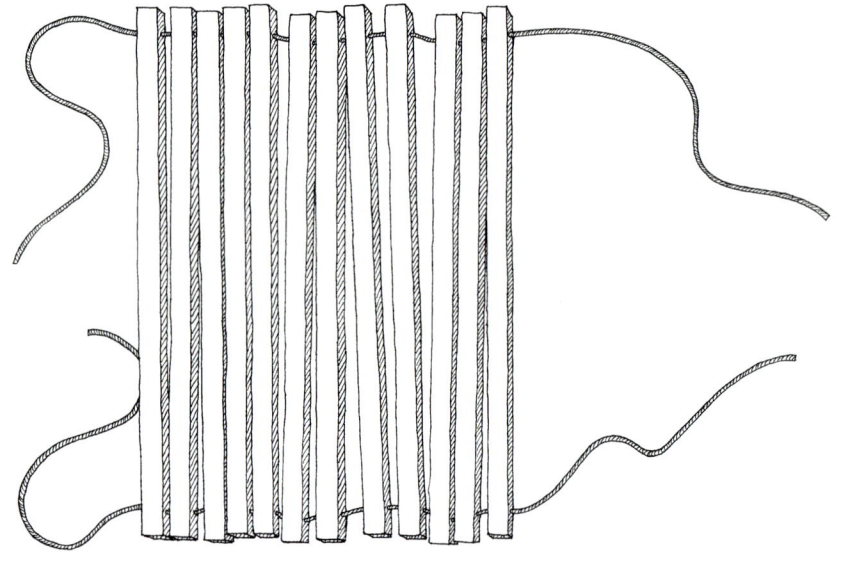

图三 怒族竹篾绑腿平展效果线稿

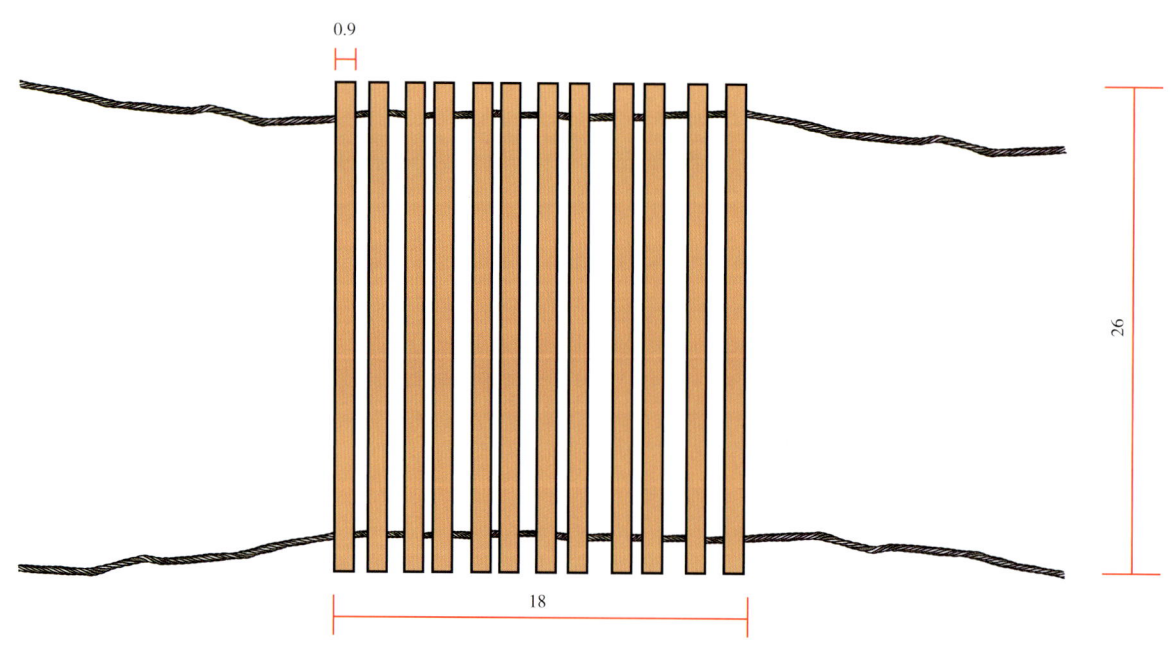

图四 怒族竹篾绑腿整体平展尺寸与色彩分析图（单位：cm）

图五　怒族竹篾绑腿制作材料——龙竹

图六　怒族竹篾绑腿制作材料——粗麻

图七　怒族竹篾绑腿加工工具——砍刀

第二章　怒族传统服饰

怒族兽皮箭包

图一　怒族兽皮箭包主图

怒族兽皮箭包是怒族成年男子在狩猎时必须佩带的一种装备，用来盛装打猎用的箭。怒族人民世代生活在碧罗雪山和高黎贡山的山谷两岸，怒江贯穿其中，周围有茂密的森林覆盖，各类野兽出没，古老的怒族人民就是靠着传统的渔猎技术为生。

兽皮箭包一般是用狩猎而来的野兽皮毛制作而成，一般多见有野牛皮、黑熊皮、狼皮等。怒族人民的狩猎工具主要用的是弩弓，有大弩（也叫弦弩）、中弩、小弩之分，大号的弩弓一般长约80厘米，所用的弩箭在30~40厘米左右。所以，怒族的兽皮箭包设计的高度是参照弩箭高度而来的，箭包一般高约46厘米，宽约22厘米，比较合适用来装下弩箭。兽皮箭包的制作工艺并不复杂，结构也相对简单，一般分为内外两层。箭包的外表是用整块兽皮缝制而成，缝制用的线则是选用了竹篾细条，坚固而耐用，箭包的包口挡片用一根竹片贯穿，竹片上钻有小孔，或用篾条缝制，或用麻线捆绑，起到包口固定的作用；箭包内部则是设置了一个竹制的箭筒，便于弩箭的放置。箭包还配有皮质的背带，可以方便怒族男子佩挂于身上，穿行于山林之中。

怒族人民常年生活在高山密林之中，凡是怒族成年的男子都是狩猎的好手，他们攀登悬岩，步履如飞地穿行于怒江两岸的山林之中，捕猎竹鼠、麂子、獐子、野牛、黑熊等各类飞禽走兽，以此佐食。怒江两岸的大山造就了怒族人民强悍的体魄、坚忍的意志、聪明的才智，他们发明制作的弩弓和箭包都是在艰险生存环境下智慧的体现。

如今，现代怒族人民的生存已经不再依赖原始狩猎的方式，但在怒族成年男子的传统服饰装束中依然会在腰间佩挂砍刀，肩背弓弩及兽皮箭包，这是怒族人民在长期的生产和生活实践中，创造的绚丽多彩的服饰艺术。

图片来源

图一、图六　徐晶　摄影

图二至图五　齐瑞文　制图

图二　怒族兽皮箭包线描尺寸图（单位：cm）

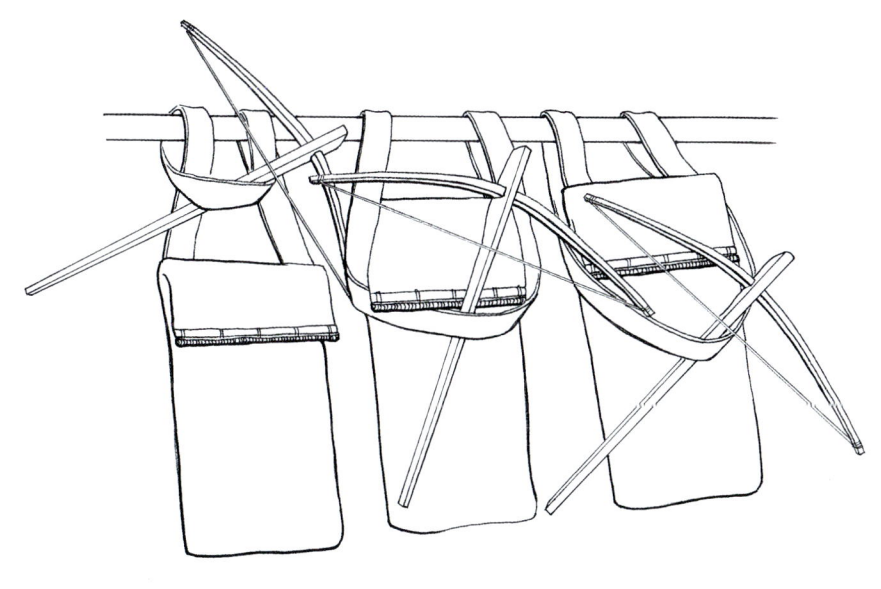

图三　怒族兽皮箭包背着示意图

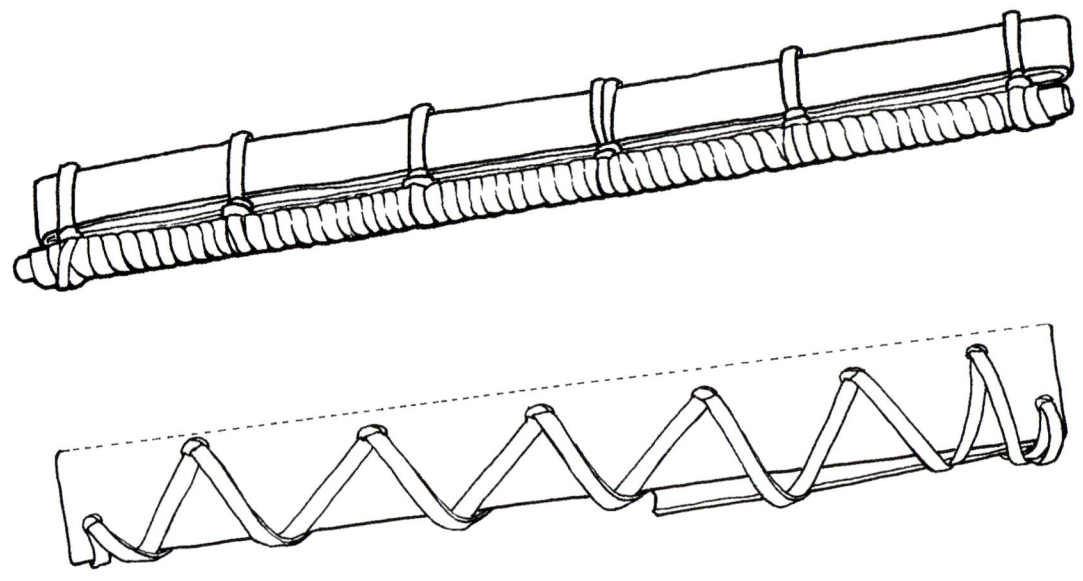

图四　怒族兽皮箭包袋口竹编图

图五　怒族兽皮箭包实际使用图

图六　怒族兽皮箭包实物图

第三章 怒族传统餐饮

怒族琵琶肉

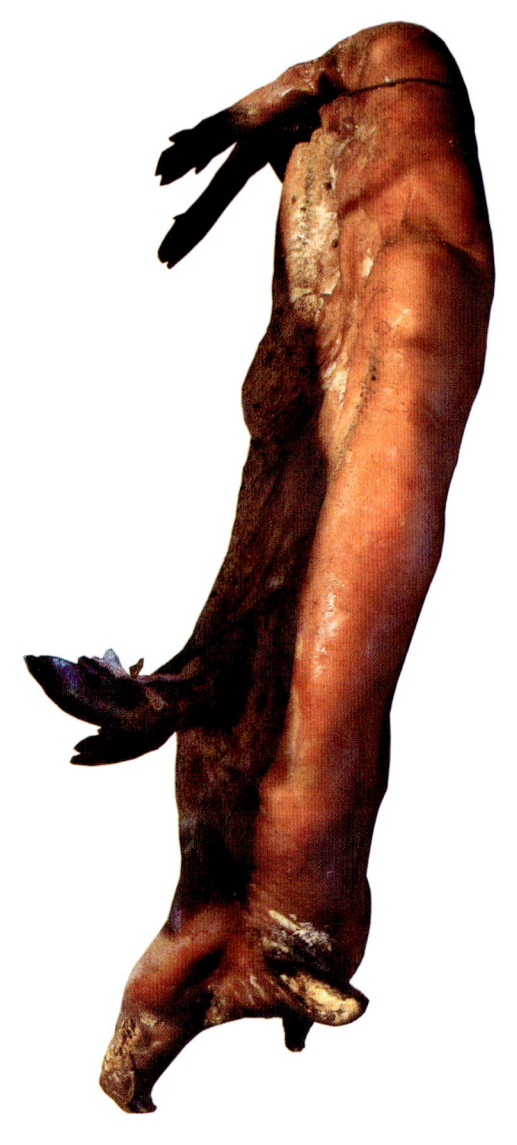

图一　怒族琵琶肉主图

琵琶肉是怒族人家一种传统腌制方法制作而成的肉品，每当怒族人家逢年过节，或是家有尊贵的客人来访，主人都会在餐桌上给来上一道肉色油亮、香味浓烈的琵琶肉，这是怒族人家待客及家用的上等佳肴。琵琶肉的制作过程是十分讲究和复杂的，每年进入11月份，正是怒族人制作琵琶肉的好时间，因为气候步入冬季，气温日渐寒冷，猪肉可以更易保存而不会生虫腐坏。

制作琵琶肉的原料多采用当地饲养的黑

猪为主,具体方法是先将一头活猪宰杀,在热水中稍微浸泡,便于猪毛的清理,猪毛刮干净以后,用清水洗净肉体,开膛取出内脏和剔去骨头,然后在猪的身体腹内填充调配好的佐料。佐料里面有山上采集来的多种香草,如香樟树的果实等,还有花椒面、胡椒面,甚至拌上烧酒,最后还要撒上盐巴。最好的盐巴是来自西藏地区的藏红盐,是一种西藏地区特有的红色矿盐。填充完佐料以后,关键的一步是要用线将猪体上的刀口、嘴巴等所有有孔隙的地方缝合,线口的缝合处还要用核桃榨完油后的渣渣糊住密封,然后在猪的耳朵、鼻孔各塞一个核桃,猪鼻孔里面各塞一根粗细相当的木棍,所有的一切都是为了防止昆虫从缝隙钻入猪的体内繁殖,猪肉才不会腐化。在放置几天后,取出木棍再灌些盐水进去,再把木棍塞严密,之后,将琵琶肉悬挂在火塘之上和晾在屋头进行晾干。完全风干的琵琶肉表皮十分坚硬,形状类似琵琶,外皮泛着油亮的油脂,要吃的时候,切下一些,或蒸或炒,琵琶肉肉色透明,色鲜味香,风味独特。

琵琶肉的制作历史悠久,保存时间长,若不切开,三四年不变味。关于怒族人家琵琶肉的腌制方法有很多动人的传说,有的地方传说,是一位美丽善良的仙女来到人间,她十分喜欢怒族人民的善良和忠厚,便在教会人们耕地养畜之后,把一手腌制肉食的绝活也传给了他们。而另一些地方传说,从前有一位老猎手,经验丰富又射得一手好箭,因此只要上山,就绝不会空手而归。他觉得自己的好运气都是神仙给的,所以总忘不了祭献山神、猎神。老猎人常常遇到这样的难题,一次打到的猎物太多,吃不完,放几天就坏了。一天晚上,他在睡梦中得到神仙的指点,醒来后依法腌制,就做成了可存放很长时间的琵琶肉。

这些都是美丽的传说,实际上是因为怒族人家大都处在偏远山区,较为贫穷,一般情况只有在年尾才宰猪,一头猪一家人吃不完,就必须想办法将其保存,于是这种将猪肉腌制、延长保存时间的办法便流传下来。

图片来源

图一　徐晶　拍摄
图二　齐瑞文　制图
图三　刘训槟　制图
图四　童翌　制图
图五　江晖　制图

猪肉　　　食盐　　　烧酒　　　花椒　　　胡椒

图二　怒族琵琶肉制作原料图

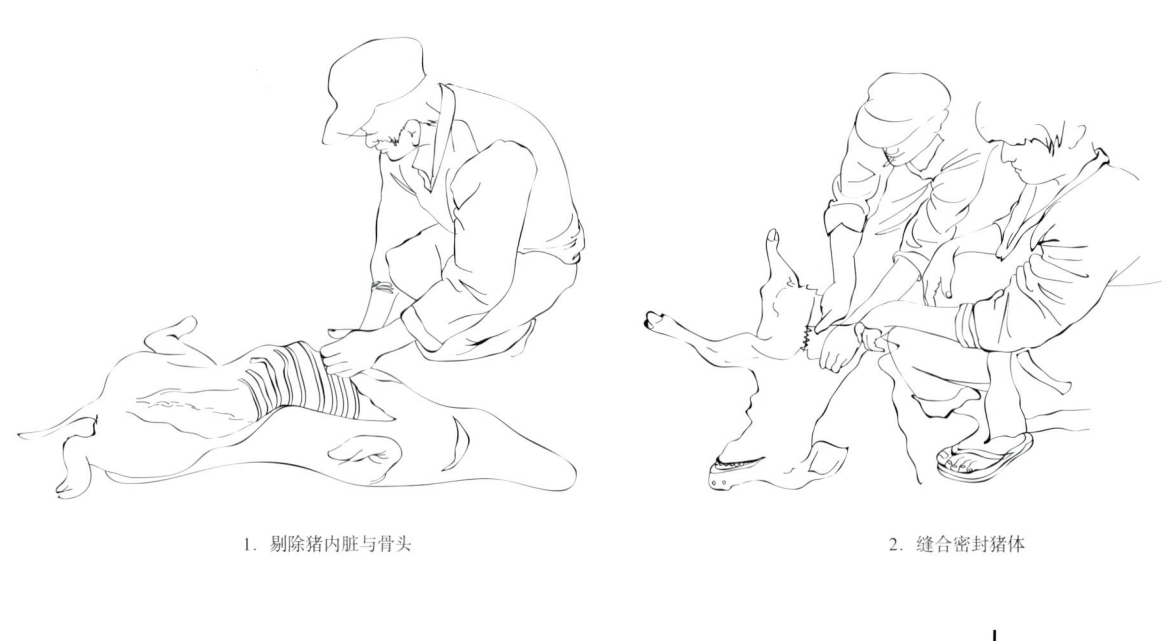

1. 剔除猪内脏与骨头　　2. 缝合密封猪体

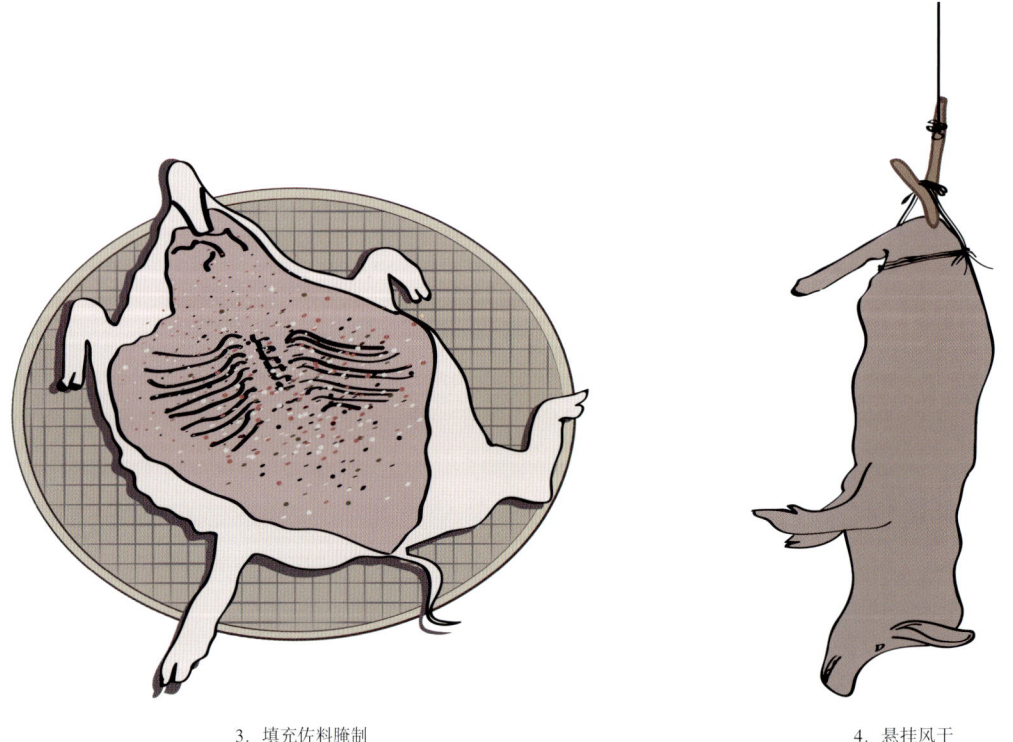

3. 填充佐料腌制　　4. 悬挂风干

图三　怒族琵琶肉制作工序图

1. 琵琶肉剁块　　　　2. 清洗肉块　　　　3. 火塘上清蒸

图四　怒族清蒸琵琶肉加工工序图

图五　怒族清蒸琵琶肉成品手绘图

怒族漆油炖鸡

图一　怒族漆油炖鸡成品主图

怒族人家中有一道比较著名的菜叫漆油炖鸡，是怒族人家中滋补的膳食之一。漆油炖鸡，顾名思义离不开两大做菜的原料，一种是漆油，另一种是鸡。

漆油是怒族地区独特的一种植物油，是山上漆树结出来的果子榨出来的油。当遍山生长的漆树结籽成熟后，怒族人把这些籽采集回家，从中榨出油来食用，这种油刚榨出来或加热后为半透明状，冷却之后便凝结成块，冷却后的漆油呈棕黄色，气味独特。漆油是怒族人家的传统食品，常常被人们作为相互馈赠的礼品。漆油具有活血化瘀之功效，所以是在怒族妇女生产完坐月子时必食的一种滋补食品。

鸡当然是漆油炖鸡的主要原料，鸡必须是山养的土鸡。做漆油炖鸡时，切记鸡去毛时不能用开水烫，而是用火烧，所以亦有火烧漆油鸡之说。鸡去毛之后将鸡肉斩成小块备用,将百余克的漆油投入锅中熔化烧至七八成熟,放入鸡块在漆油中炒黄,洒入适量烧酒,再将姜、草果、八角、盐等佐料放入,盖好锅盖,用温火炖二至三小时,将锅中的水分焖干,再进行翻炒即可。漆油炖出来的鸡,肉质香嫩、酥甜可口。

怒族人家逢年过节或宴请远方的朋友,都会做上这道佳肴来款待贵宾。怒江傈僳族自治州盛产漆油树,漆油不但可以食用,还可以药用,用漆油混合蜂蜜、贝母蒸服,可以治疗肺结核和气管炎。漆油中所包含的许多营养成分是其他种类的植物油所无法相比的,用漆油烹制而成的菜肴,味道与其他油烹制的食品不完全相同,因为它有一种独特的香味,吃惯的人觉得其味道特别鲜美。

图片来源
图一、图三、图四　齐瑞文　制图
图二　刘训槟　摄影
图五　徐晶　摄影

图二　怒族漆油炖鸡制作原料图

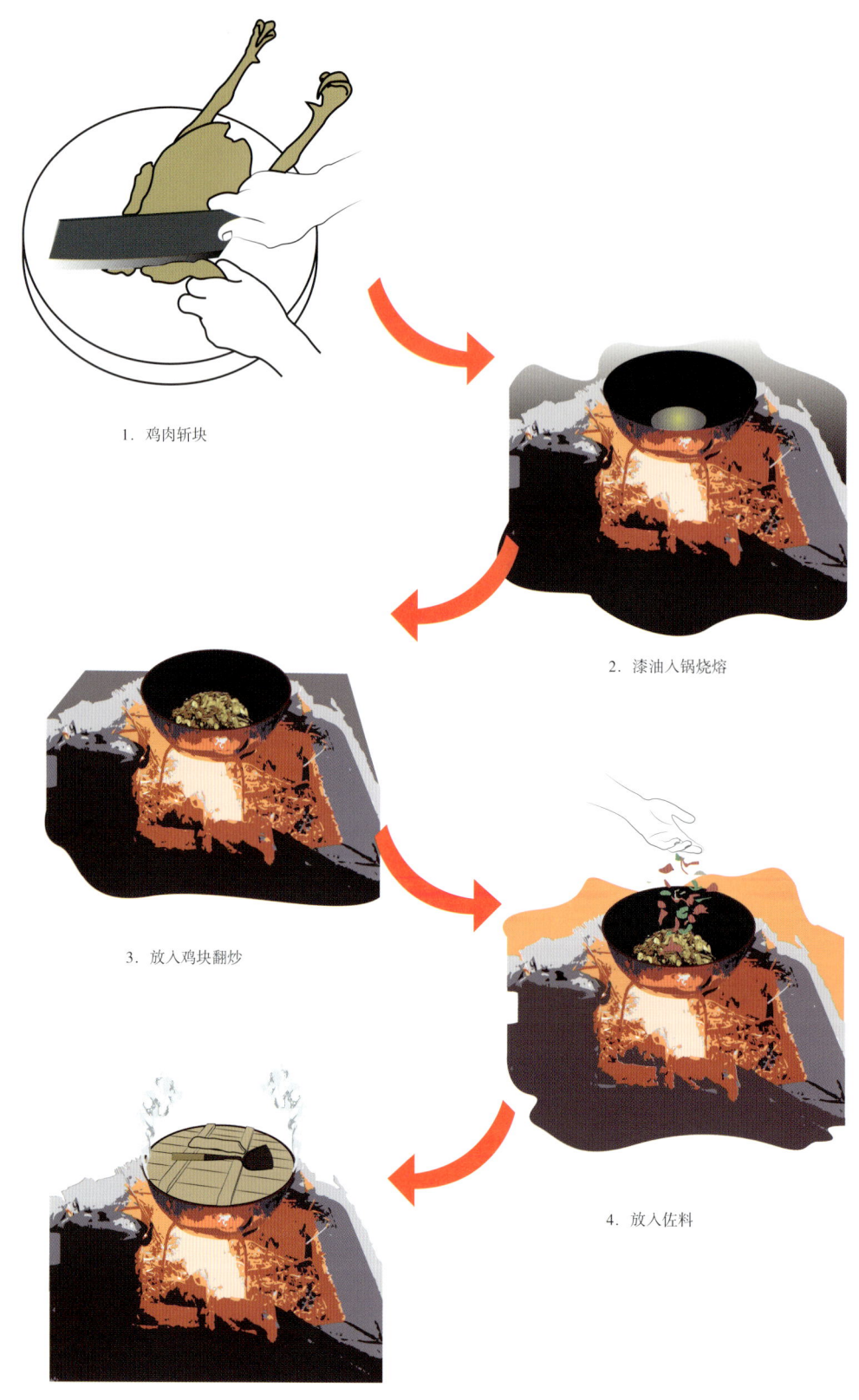

图三　怒族漆油炖鸡制作工序图

图四 漆树及漆树籽

图五 漆油

怒族石板粑粑

图一　怒族石板粑粑主图

怒语"龙布拉快",意为石板烤粑粑,是贡山怒族的特色食品。居住在贡山县境内的怒族用水磨或手磨把玉米、小麦、荞麦等粮食磨成细面后,用筛子去皮,然后做成粑粑食用。石板粑粑是怒族独有的食物,其他民族都没有。"龙布拉"这种石头产于贡山县的秋那桶。该石呈浅黑色,具有传热快、柔韧性能好、保温性能好的特点,可用刀砍斧削而且不会伤及刀斧,因此,加工起来很方便。怒族家中使用"龙布拉"的直径一般在60厘米左右,厚2～3厘米,椭圆形。由于"龙布拉"易于加工,故怒族人常将其按需要加工成大小不等的圆板。

石板粑粑的制作步骤是:首先将石板架于铁三角上用火烧烤,并在石板上撒一些炭粉,之后将多余的炭粉扫掉,留很少量的炭粉在石板上,目的是烙饼时,饼不会与石板相粘。其次,将荞面玉米面等与适量的盐及花椒粉混在一起倒入盛有温水的碗中搅拌成糊状。第三步是将这些糊倒在"龙布拉"上,用筷子将其扒平成圆形,当饼烙到表面上有气泡并变色后用一竹夹将饼翻过来再烤二三分钟即可。一般来说只需五六分钟就可将一个饼烤好。烤饼时,如条件允许,在饼未干前放些葱花及鸡蛋,烤出的饼味道更美。如要烤千层饼则在烤好的一面再倒上一层糊,烤上一段时间后再翻过去烤,再在另一面倒上一层糊,如此反复,便可烙成千层饼。由于制作"龙布拉快"的方法很简单,贡山阿怒人常用此法来加工午饭。

图片来源

图一　江晖　制图
图二、图五　齐瑞文　制图
图三、图四　刘训槟　制图

玉米　　　　　小麦　　　　　荞麦　　　　　食盐　　　　　花椒

图二　怒族石板粑粑制作原料图

1. 调面糊

2. 摊面糊

3. 翻烤

图三　怒族石板粑粑制作工序图

1. 开采原石

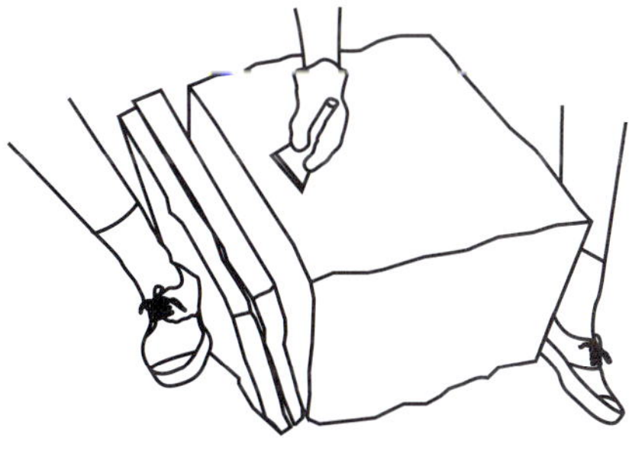

2. 劈成薄块

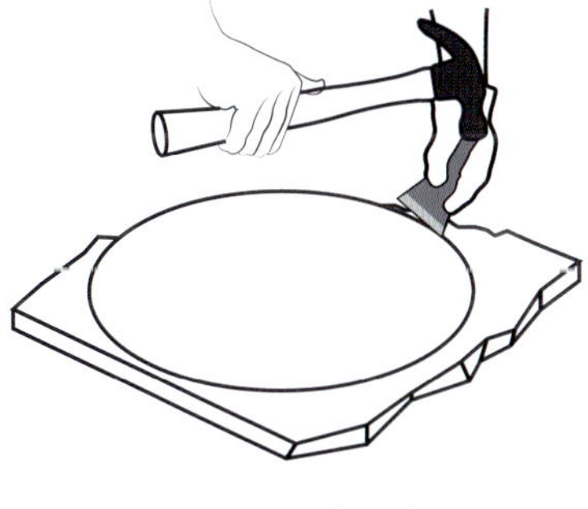

3. 修成圆形

图四　怒族石板制作过程图

第三章　怒族传统餐饮

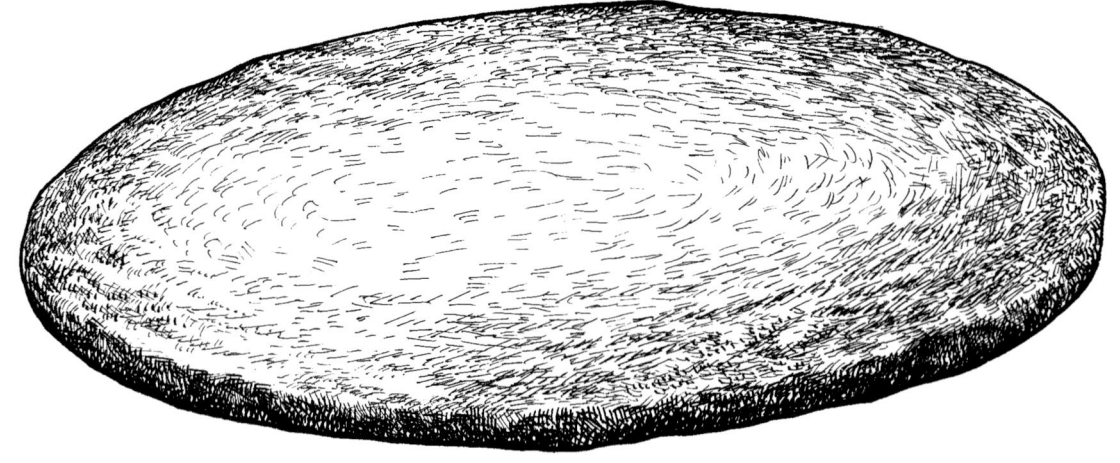

图五　石板成品

怒族树花菜

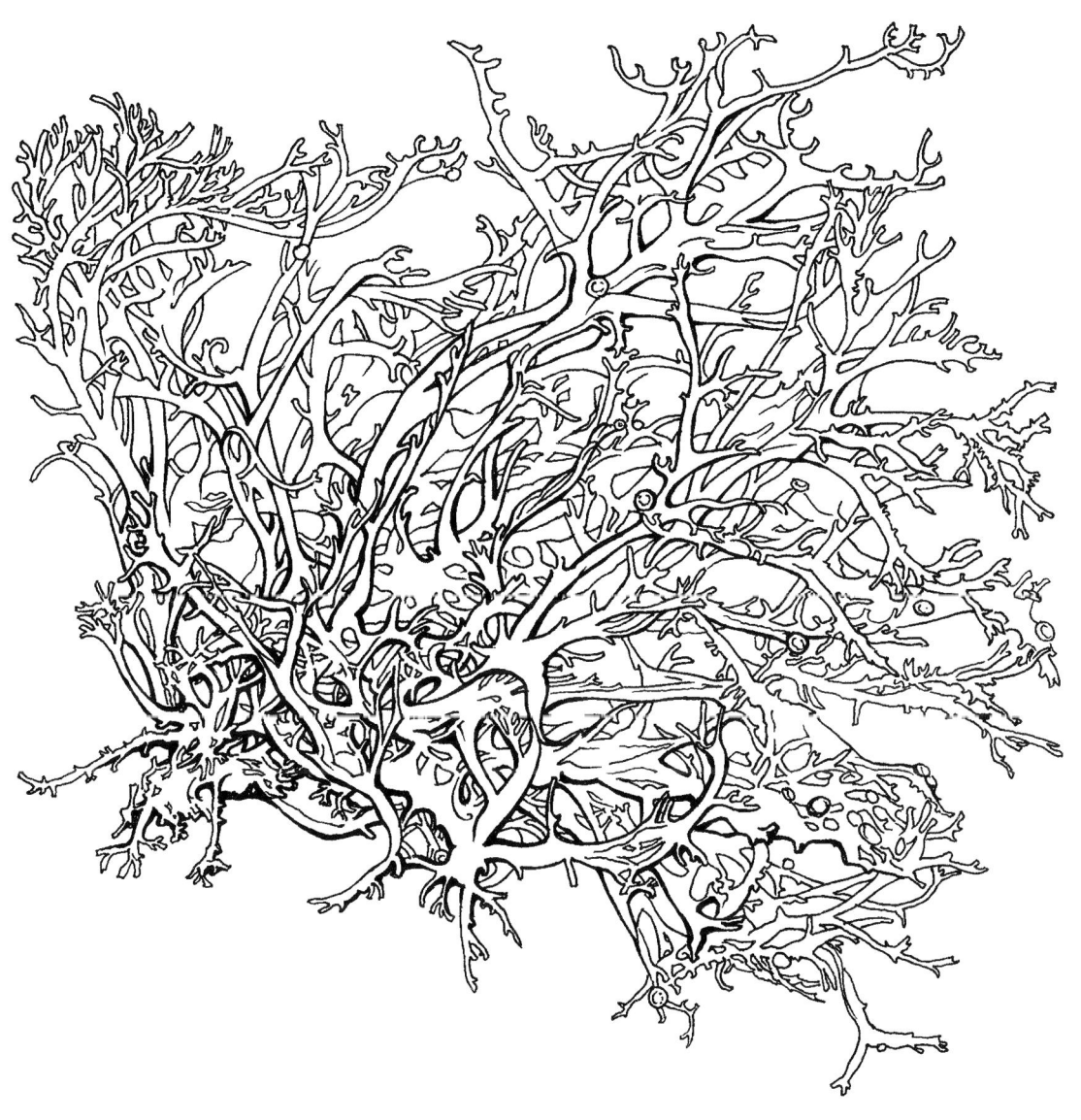

图一　怒族树花菜主图

怒族人民生活的怒江大峡谷是物产十分富饶的地方，盛产着各种动植物，所以在怒族人民的餐桌上常常会采用本地产出的原料制作成美味的佳肴。树花就是怒族人家餐桌上一道比较独特的菜品。

树花其实是一种真菌类的野生植物，多产于云南省滇西一带的高山林海里。

树花是寄生在老栎树枝干上的地衣植

图二　怒族凉拌树花菜制作原料图

图三　怒族凉拌树花菜制作工序图

物，直径一般有10~15厘米，由许多瓣片组成，薄而富有弹性，因其形状像盛开的花而得名。树花与我们日常所见的其他菌类植物有较大的不同，它质地柔软，采摘晾干后呈褐绿色，状若干枯的珊瑚，形色又似棕黄色胡须，故又名"树胡子"。

怒族人民世代生活的地方，多高山茂林，古木苍苍，这些原始森林、次生林里都是树花生长的天堂。春夏之季，一阵风过，这些古树下就会落满风吹下的带树皮枯枝的树花，人们只用选一个春意盎然的日子去寻拾就行。凉拌树花便是怒族人家一道美味的菜肴，每逢家中有客人到访，怒族人为客人准备的家宴上必有一道凉拌树花菜。

凉拌树花菜的制作过程并不复杂，先将上好的干树花洗净，用冷水或温水泡发，再放出入滚水锅里煮5~10分钟，沥干水放凉便可凉拌。凉拌树花需要加柠檬汁，酸味浓重却不是醋酸，而是植物本身带来的酸味，这样的酸才来得地道，再加上新鲜的姜丝、蒜片，填上一点点辣椒，放入适量的盐，搅拌均匀即可。这时，一盘清凉、酸辣可口的凉拌树花菜本味尽现。树花菜不仅美味，而且其营养价值和医药价值甚高，早在李时珍的《本草纲目》中就有过描述。树花富含铁、铜、维生素C等多种微量元素，还可抑制人体脂肪细胞的堆积，降低血压，增强人体免疫力。在治疗疾病方面，树花能有效地预防贫血、坏血病、白癜风、动脉硬化和脑血栓的发生，甚至可以抵抗癌症和艾滋病病毒，所以现代医学常将树花的萃取物来制作各类保健品和药品。因此，怒族人民无论老少，平日中都经常食用树花菜，所以身体健康，少见疾病。

图片来源

图一、图二　齐瑞文　制图
图三　童翌　制图
图四　徐晶　摄影
图五　江晖　制图

图四　怒族树花晾晒图

图五　怒族凉拌树花菜成品手绘图

怒族包谷酒

图一 怒族包谷酒主图

包谷，亦称玉米，所以包谷酒就是玉米酒，是怒族人家平常生活必备的酒类，逢年过节或是朋友来访，无论男人女人都能喝上几杯，怒族人讲究"无酒不成礼仪"。包谷酒香味沁人心脾，味道醇冽，酒体呈无色澄清透明状，倘若走进有酿酒人家的村落，时不时空气中弥漫着阵阵醉人的酒香，让人的脚步不免跟随酒香，寻觅过去。

怒江两岸山清水秀，酒的原料取自当地盛产的优质玉米，水取于内含多种矿物质的山泉水，因此酿制出来的酒醇香味正，好山好水才能酿造出如此质地优良的包谷酒。

包谷酒的酿造工艺历经百年，有着一套复杂而古朴的程序，其酿造过程十分讲究，要经过淘洗—蒸煮—拌曲—发酵—蒸馏等程序酿制而成。酿造包谷酒，首先是要精选籽粒饱满、无霉、无蛀的当年新鲜玉米，把上好玉米在水中浸泡半天，控干水之后放在笼上用大火进行汽蒸，蒸至熟透无夹生时，出笼将其打松，摊开晾干。第二步便是将玉米拌上酒曲，酒曲是用山上采集而来的草药磨成粉末制作而成的，待玉米晾干后掺入一定比例的酒曲，充分搅拌均匀装入陶质大缸，密封缸口，放置在比较阴凉通风的地方进行发酵。发酵周期一般为一个多月，然后适时取出，上锅便可蒸馏出酒了。

包谷酒的度数一般都在五十多度，所以包谷酒又叫包谷老烧，意思就是说酒的度数高，有着烧喉咙烧肠胃的感觉。事实上，在中国酒文化版图上，喝包谷酒的主要集中在西南地区。这些地方的主粮就是包谷，包谷酒成为这块土地上主要的酒类就不足为奇了。

图片来源
图一　江晖　制图
图二　齐瑞文　摄影
图三、图五　张晴　制图
图四　徐晶　摄影

玉米　　　　　山泉水　　　　　酒曲

图二　怒族包谷酒制作原料图

图三　怒族包谷酒制作工序图

图四　怒族竹制酒具实物图

图五　怒族人品尝包谷酒情境图

第三章　怒族传统餐饮

149

怒族杵酒

图一　怒族杵酒主图

怒江各民族大多喜好饮酒，其中最受欢迎的是杵酒。杵酒也叫水酒，傈僳族叫"楞知""碟知"，风味别具一格，是酒中上品，怒族人有时把它当饮料喝。杵酒润滑甘甜爽口，即便是不胜酒力的女人们饮用也可畅饮。

酿造杵酒时，用玉米、青稞、高粱米和小麦、大麦混合加工成颗粒分别蒸熟，冷却之后加进适量自制甜酒曲，搅拌均匀，放入大罐子内用布密封，置于火塘边促其发酵，到半个月或一个月打开后就酿熟了。数月后可取出适量置于盆中，放入开水并用小木杵捣搅，使酒汁充分分解，用竹篾或藤条编制的漏斗捞去酒渣，再盛到竹筒杯或碗中饮用。杵酒在有些地方也叫"捏酒"，是怒族地区最受欢迎、最流行的饮品。

杵酒的酒精度不高，为17%左右，酒的味道醇正，既解渴又解乏，还能增进食欲，喝过之后会留下淡淡的甜味，而且营养丰富。所以怒族人民都十分喜欢喝，因此杵酒有"峡谷啤酒"之称。杵酒是怒族人民在传统佳节中必不可少的饮品，怒族人在订婚、结婚、生子的庆典中，都少不了送杵酒为礼，饮杵酒助兴。

图片来源

图一　江晖　制图

图二　齐瑞文　摄影

图三、图四　刘训槟　制图

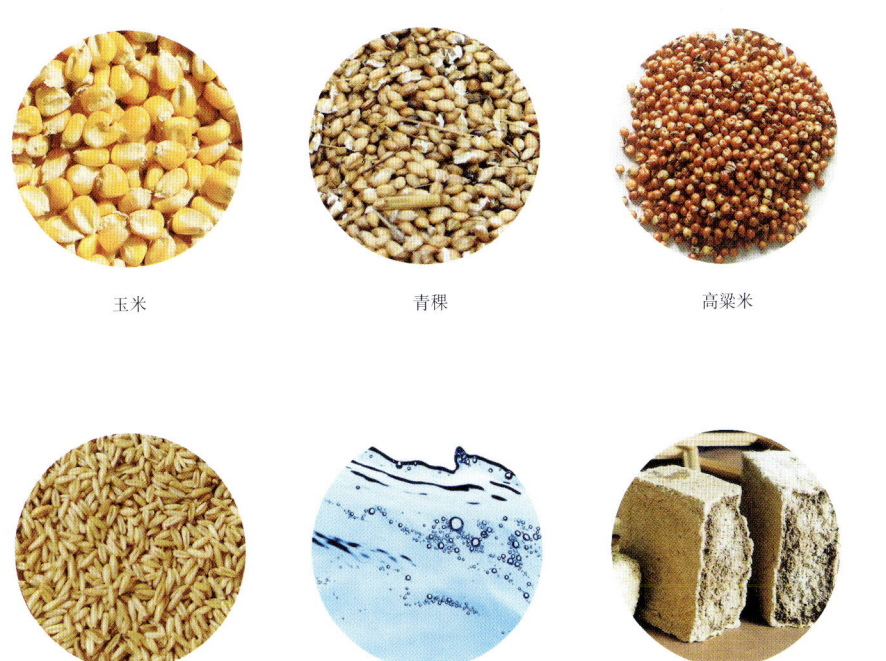

图二　怒族杵酒制作原料图

图三　怒族人品尝杵酒情境图

第三章　怒族传统餐饮

图四 怒族杵酒制作工序图

怒族羊油酒

图一　怒族羊油酒主图

怒族是滇西北高原上古老的土著民族，怒族男女皆喜欢豪饮。这与怒族人民生活的怒江地区雨水充足，湿度大，喝酒能祛风祛湿有很大关系。他们最常制作的酒是水酒、米酒、白酒和烤酒。每年秋收后，怒族人家都用大量的粮食来酿酒，酒在怒族人生活中占据着相当重要的分量。怒江两岸的人民在清苦的生活中创造了其他民族所没有的调制酒习俗，其中最具有特色的有羊油酒，"侠拉"（肉酒）和巩拉。

怒族羊油酒是一种调制酒，其调制方法是先把煎炼过的羊油放在口缸里，盖上盖，用微火加热，等羊油融化后，油温合适时把白酒倒入油中。白酒是怒族人自酿的，一般也在春节期间制作。方法是酿酒前把包谷煮熟，放在簸箕内，拌好酒曲，冷却后，用稻草、蕨菜叶等盖在包谷上发酵三至五天，再放入蒸馏器内蒸馏，制得白酒。自酿白酒是怒族人民很喜欢的酒，能舒筋活血，喝多了也不头晕，不伤胃。在加入自酿白酒后，等油与酒融化，再用微火煮至酒沸时就可以倒出饮用。羊油酒酒味醇厚，芬芳浓郁，既有酒之醇，又有油之香，多喝也不会醉。怒族一家人常围坐在火塘边，煨着羊油酒，边喝边听老人用古老悠扬的调子唱起本民族的歌曲。怒族的传统文化在芬芳的酒香中得以传承，起到了民族文化教育与传承作用，同时，家人之间的亲情纽带也更加紧密。

可见，酒与怒族人民的生产生活、人情往来、人生礼仪、祭祀庆典、纠纷调解等紧密地结合在一起，酒在怒族人民的生活中起着很重要的作用，它渗透于怒族人民物质生活和精神生活的方方面面，体现了怒族深厚独特的酒文化。其酒文化也体现了该民族在生产生活中形成的物质文化与精神文化甚至是制度文化与行为文化。每逢春耕或收割时节都要拿一些酒敬给谷神，以请求保佑五谷丰登、风调雨顺、六畜兴旺。到山上狩猎也得先向山神和猎神奉酒；住新房也必须向神灵献酒，以保佑全家平安无事。怒族信奉的鬼有13种之多，在祭祀这些鬼时酒是不可或缺的祭品。在节日、举行婚礼或朋友聚会的场合中，人们总是以酒助兴，然后吟古歌、唱"哦得得"、跳"达比亚"舞，从不同层面体现怒族绚丽迷人的酒文化。

图片来源

图一　江晖　制图
图二　齐瑞文　摄影
图三、图五　张晴　制图
图四　徐晶　摄影

  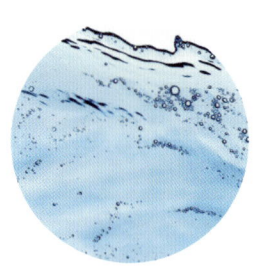 

羊油　　　　　　玉米　　　　　　山泉水　　　　　　酒曲

图二　怒族羊油酒制作原料图

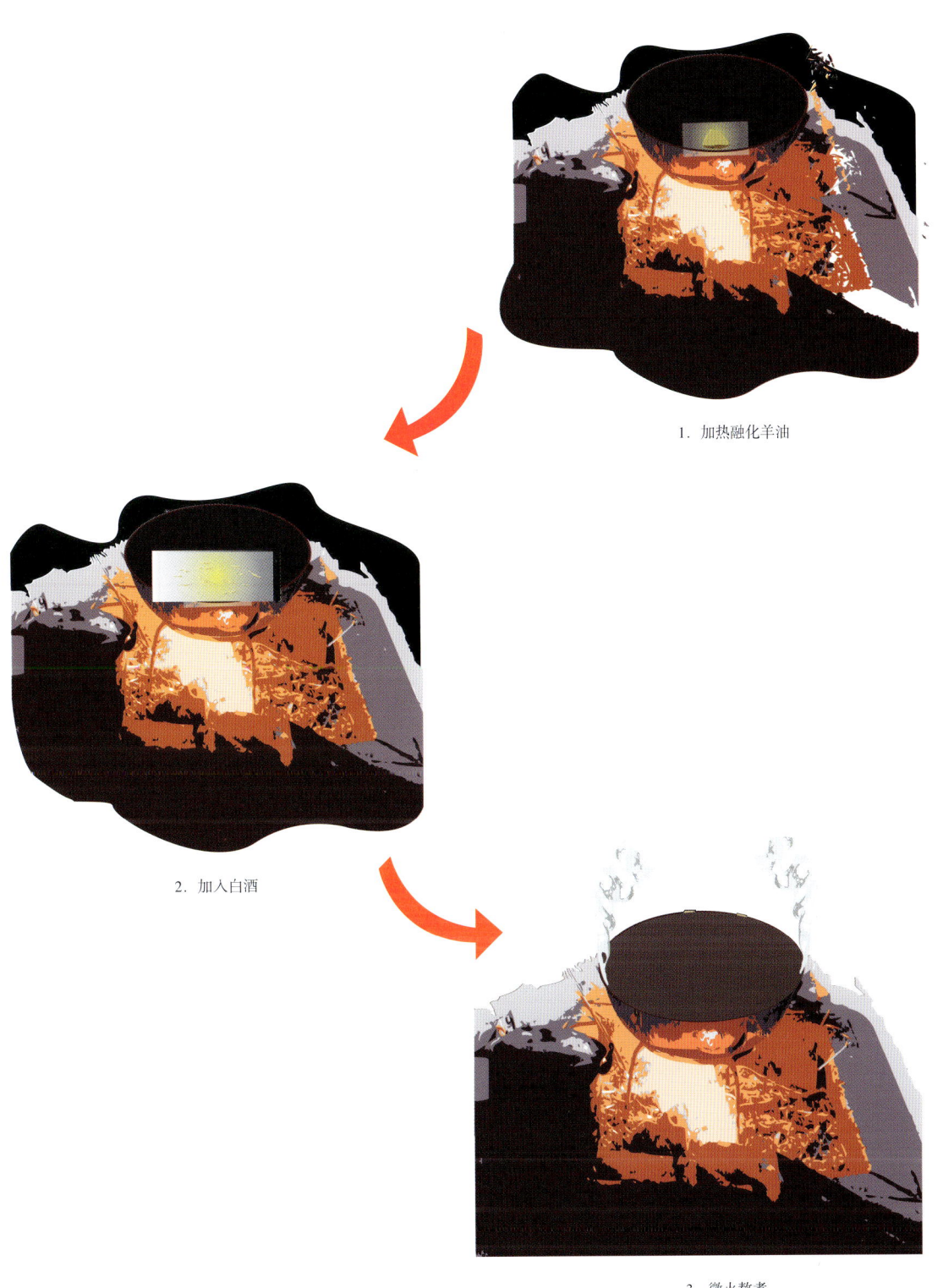

1. 加热融化羊油

2. 加入白酒

3. 微火熬煮

图三　怒族羊油酒调制工序图

图四 怒族竹制双耳酒具实物图

图五 怒族人品尝羊油酒情境图

怒族同心酒

图一　怒族同心酒主图

同心酒是怒族人家待客的最高礼仪。当你走访怒族人家时，往往会受到他们热情的邀请和款待。当你看到摆在面前丰盛的食物时，顿时感受到怒族人民浓浓的情谊。

丰盛的食物中，必不可少的是酒，这是怒族人家待客的必需品，也是他们日常生活中常喝的饮品。饮酒的方式一般是边聊边饮，在热闹的场合，不论年少年老的男女，如果将对方视为知己时，还要喝"同心酒"。如果在酒席宴会之中，怒族同胞邀请你喝同心酒，那也就意味着你赢得了怒族人的信任，他们把你当作了最好的朋友。

饮同心酒时两人同捧起一碗酒，搂紧腰，握紧手，腮贴腮，嘴贴嘴，仰面同饮，一饮而尽。喝同心酒，一般都可以听到怒族人民唱的极富感染力的祝酒歌。不论是满面风霜的老人，还是花季少男少女，一旦唱起酒歌来，就像碧罗雪山的清泉，会让人感慨万分、热血沸腾。听着这样的歌声，置身如此美妙的环境之中，即使你平时滴酒不沾，但怒族人民的这般情，这般谊，也会使你难以推脱送到面前的酒碗。几碗酒下去，能让人喝得云里雾里飘飘欲仙，欣然忘怀如痴如醉，听着主人的话语在热火塘边越说越热乎。

同心酒可以两人喝，可以三人喝，也可以多人一起喝，多人一起喝同心酒需要特殊的饮酒器。饮酒器为一根长长的竹管，竹管每隔一段就开有一口，口上再套一个竹制的酒嘴，多人喝起来时候，大家一起手捧着长长的竹管，同饮同心酒。同心酒所用的酒一般就是怒族人民自己酿造的杵酒。杵酒，怒族人也称之为"嫩汁"，它属于非蒸馏的发酵酒。"嫩汁"的做法与汉族的甜白酒做法大同小异。"嫩汁"的原料是包谷、高粱、稗子。酒酿发酵好之后，舀出放在瓦盆里，冲入山泉水，用竹篾子滗出酒浆即可饮用。"嫩汁"颜色微白，度数不高，绵软回甜，浓郁芬芳，是节庆待客时的佳酿。

图片来源

图一、图二　尹晖　制图

图三　蔡轩　制图

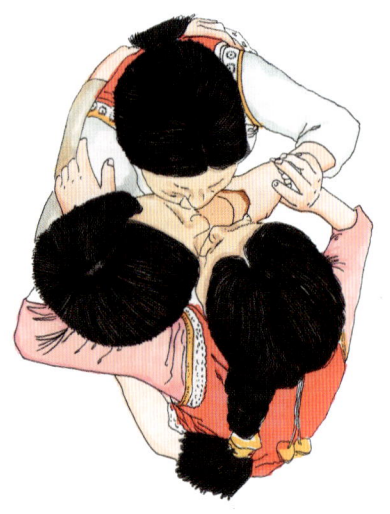

图二　怒族人共饮同心酒

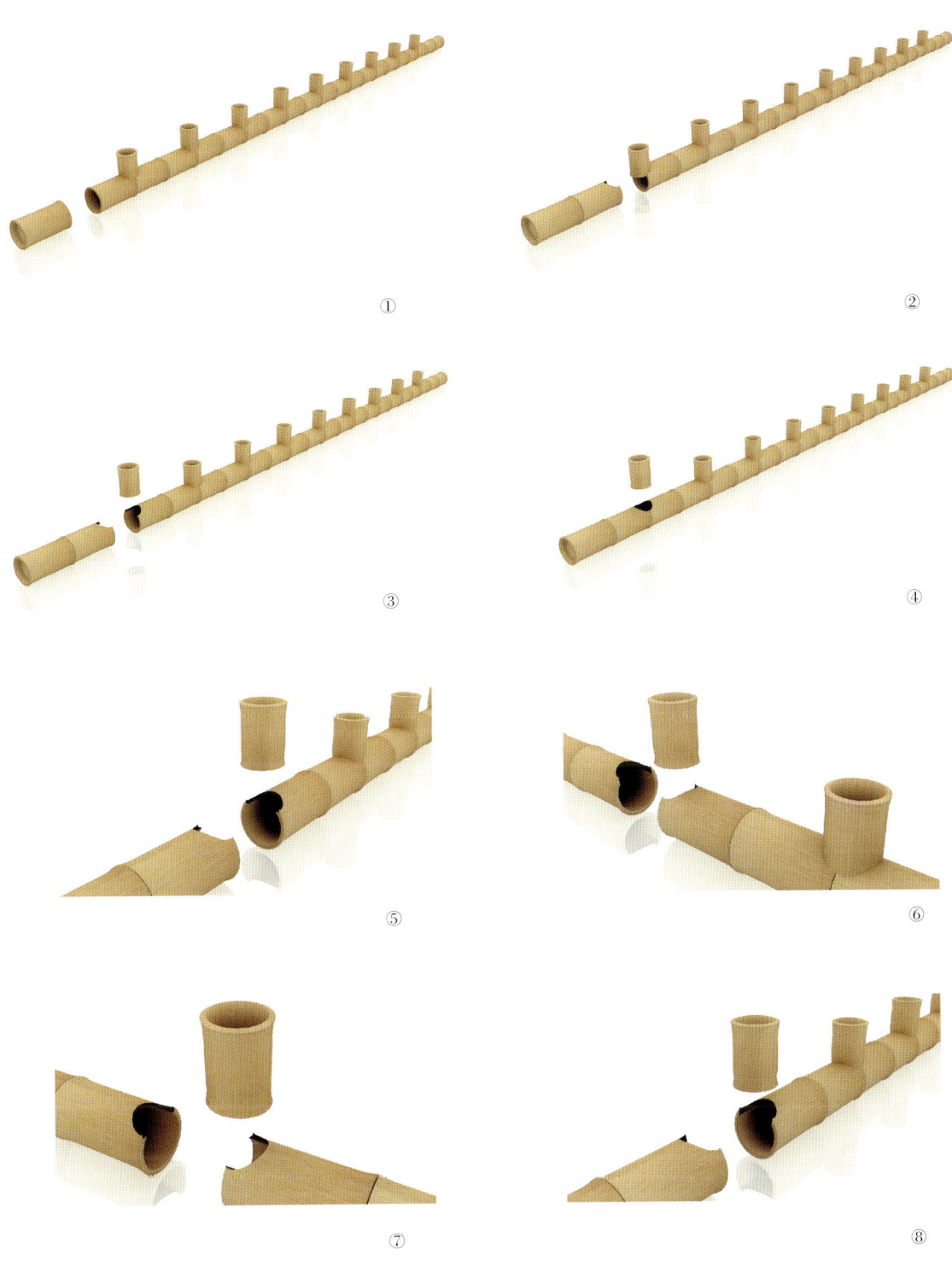

图三　怒族同心酒酒器细节图

第四章 怒族传统生活用具

怒族背具

图一 怒族背具主图

怒族居住在怒江和澜沧江两岸，分布于碧罗雪山和高黎贡山之间的大峡谷中，怒族居住地多为险峻山地，深壑遍布，江河汇聚。因此，怒族居住地自古以来交通极其闭塞。在清末民国之初，怒族人民村落之间的交通多为人行道路，道路非常狭窄弯曲，正所谓"鸟道羊肠，宽不容掌"，很少有一条人马栈道。当时怒族人民与外界交通，都要历经险阻，坎坷攀藤，避山绕水的。

因为地理条件的艰苦与恶劣，怒族人民寻常的运输方式，很多是靠人背马驮。但像一些人行小道，需要翻山越岭，道路崎岖坎坷，悬崖绝壁遍布，马是无法行走的。怒族人民为了生存、交往，只好遇岩搭梯，逢水架索，砍刀开路，拔草寻径，极为艰险，所以在搬运物品的方式中，是要靠人力来驮背的。

怒族人的背具主要分为背篓和背板两个部分，背篓都用竹和篾编织而成，因为怒族所处的地域雨水较多，背着东西在潮湿的山林间穿梭，用竹篾材质制作的背篓，不仅轻便、防潮，而且非常坚固。背篓的形状有许多种，有大有小，使用功能也各不相同，可以用来背各种物品，平时劳作像砍柴、狩猎、打猪草等时是必不可少的，甚至可以将它用来背小孩。背板是怒族人民勤劳智慧的发明，人们有时不免背负十分沉重的物品，有可能还要背着跋山涉水，那么如何方便省力便成为怒族人需要考虑的问题。背板结构并不复杂，它主要是在背篓背负重物时，能巧妙借助人体肩膀与头部来作为辅助力的支撑。背板主要是用当地的树木制作而成，长度一般和正常人的肩膀尺寸宽度相近约为74厘米，宽为18厘米，厚度为2厘米。背板的造型略为弯曲，是为适应人体的肩膀曲线，在背板中间位置开了一个13厘米左右宽的凹槽，凹槽是为了使背板可以嵌入人的颈脖处，方便背负而设计的。背板在两端各打一圆孔，用麻绳穿过，麻绳一端连着28厘米左右长的皮质宽带，皮质宽带是用来套在头部的。背负重物时，可以借助头部、额部的力量减轻肩膀和腰的负担。背板的另一端打结可与背篓相结合，可托住背篓的重量。整个背具设计方便合理，是怒族人民智慧的体现。

图片来源

图一至图四　徐晶　摄影

图二　怒族背具使用正面图

图三　怒族背具使用背面图

图四　怒族背具使用图

怒族采果工具

图一 怒族采果工具主图

怒族人民居住的怒江大峡谷，气候温暖，雨量充沛，植被茂盛，物种繁多。所以，怒族人民主要的生产方式就是农耕、渔猎、游牧与采集。

采集作为怒族人民自给自足的一种生产方式一直延续到今天，每年中的五、六月份，怒族人民就要进到山林中采集各种食物，如野菜、竹笋、菌类、野果等，来作为平时食物的补充。面对不同的采集对象，怒族人民在长期的生产活动中，制作了许多劳动工具用来针对不同对象，这些工具可以在生产过程中更加方便快捷。

对于采集野果，怒族人民运用自己的智慧发明制作了专门用来采集野果的采摘工具。采摘工具的材质主要是竹与篾，工具构造比较简单，但使用非常便利，工具也比较容易制作。采果工具分为两部分结构，一是采集杆，二是采集篓。采集杆是用随处可得的竹竿制成，长度根据所要采集的果实高度而定，如果遇到树枝高处的果实需要采集的话，工具杆还可以随时用几根竹竿拼接在一起加长，竹竿拼接之间用篾条捆绑紧固，非常便利。采集篓是用竹篾编制成小的圆篓，圆篓下部与主杆连接，连接处依然用篾条紧固。采集篓上端为开口，用来盛装果实。采摘果实时，将主杆升起，把采集篓的上端套进树上的果实，成熟的果实在人力稍微的摇晃中便可脱落于篓中，高树上的果实就这样轻而易举地被采摘下来。采果工具集功能合理、制作便利为一体，充分体现了勤劳怒族人民的智慧。

图片来源
　　图一、图四　　徐晶　摄影
　　图二、图三　　徐江华　制图

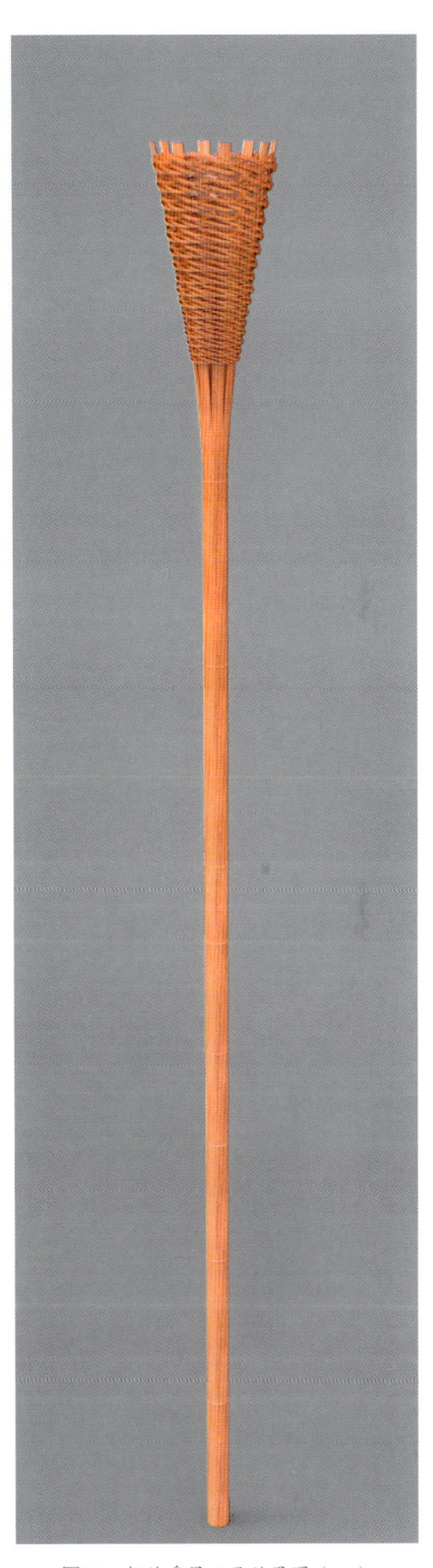

图二　怒族采果工具效果图（一）

图三 怒族采果工具效果图（二）

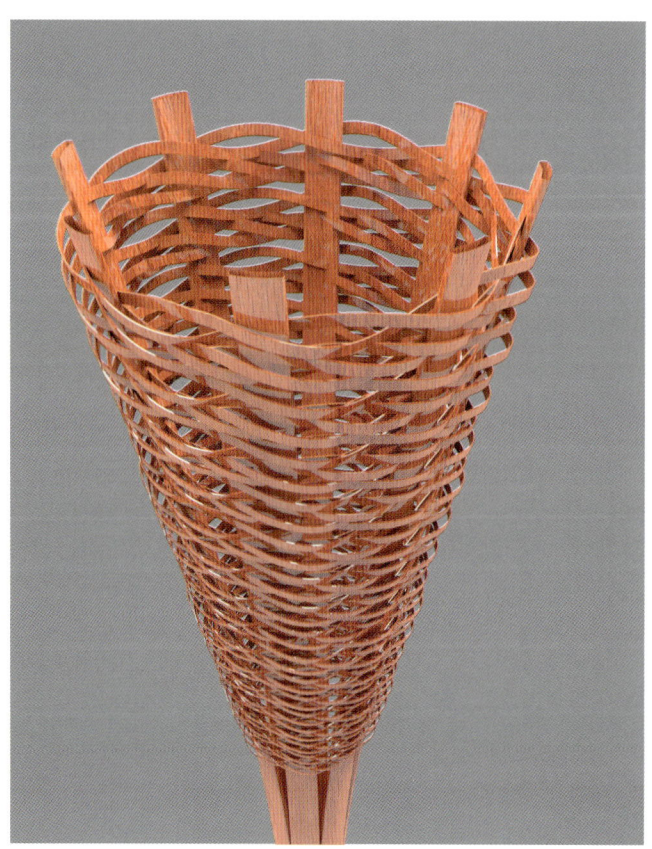

图四 怒族采果工具细部图

怒族砍刀

图一　怒族砍刀主图

砍刀工具由古至今一直是怒族人家中必不可少的生产生活工具。怒族人的砍刀制作起来很简便，但确实非常实用。怒族人对于砍刀的使用，实际上是和他们长久以来的生产生活方式密不可分的。

怒族人家生活在连绵几百公里的大峡谷中，居住的地方都是茂密的原始森林，整个地区处在印度洋暖流和北方寒流的结合部，雨量充沛，植被生长十分茂盛。这里山高坡陡，气候复杂，既有河谷到山顶的立体气候，又有峡谷南北的立体气候，具有"一山分四季，十里不同天"的特点。怒族人民耕种的土地大多是高山陡坡地，间有一些冲击堆、冲积扇的河谷平地。人们大多居住在半山腰，少数居住在河谷。基于这种特殊的地理地貌，怒族人民种植粮食长久以来保持着一种"刀耕火种"的种植生产方式。

所谓"刀耕火种"，是一种较为原始的农业种植方式。由于怒族人居住地多为坡地，而且大多处在山林之中，较少有平坦的、可以直接开垦种粮的土地。那时生产力也不够发达，没有农业机械工具，所以要耕种的话就要把茂密的森林砍伐变成可以种植的平地。

在砍伐森林中，先用刀斧砍伐地面上的树木等枯根朽茎，待砍倒的草木晒干后再用火焚烧，经过火烧的土地质地也变得松软，这样就不用翻地，且火烧之后草木的灰烬富含氮、钾等元素，这样利用地表草木灰作肥料，播种后就不用再施肥，庄稼就依靠这天然的养料生长起来。怒族大峡谷气候温暖，雨水多，各种草木遍地蔓生，往往需要反复砍伐，粮食才能得以收获。于是，怒族人的耕作就是这样砍倒一片森林，放火一烧，用木棍扒扒整整，撒上种子，不用管理，只等收获。第二年又另砍一片，又烧、又种，第三年再继续，周而复始。怒族人这种较为原始的耕作方式，犹如草原的游牧民族一般，可以说是游耕。正如古代文人对怒人耕作方式所描述的那样："刀耕火种，食尽迁移""迁移靡定"。

正是基于这种特殊的种植生产方式，在砍伐大片山林草木时，必不可少的工具砍刀应运而生。怒族人的砍刀制作起来非常的简便，砍刀整体长约50厘米，由刀柄和刀片组成，刀柄是用当地的木材制作而成，刀片为双刃，两面都可以使用，再配上刀套，用绳子系于腰间，使用时可以直接拔出，非常方便。

除此之外，砍刀不但用于刀耕火种，还是怒族人民生产生活中的"万能工具"。刀耕火种时用它来砍倒树木，日常生活中用它砍柴，修缮房屋时用它砍伐木料，而且砍刀成了怒族男子装束中的标准佩戴。因为怒族人除了刀耕之外，他们还要依靠在森林里狩猎来获得食物。原始森林中，飞禽走兽居多，时常威胁着怒族猎人的生命安全，所以佩戴砍刀也是为了防身自卫。久而久之，砍刀就不仅仅作为生产生活工具，而作为怒族男子勇敢、勇气的象征，随身佩挂在腰间了。

图片来源
图一、图四至图七　徐晶　摄影
图二、图三　徐江华　制图

图二　怒族砍刀效果图（一）

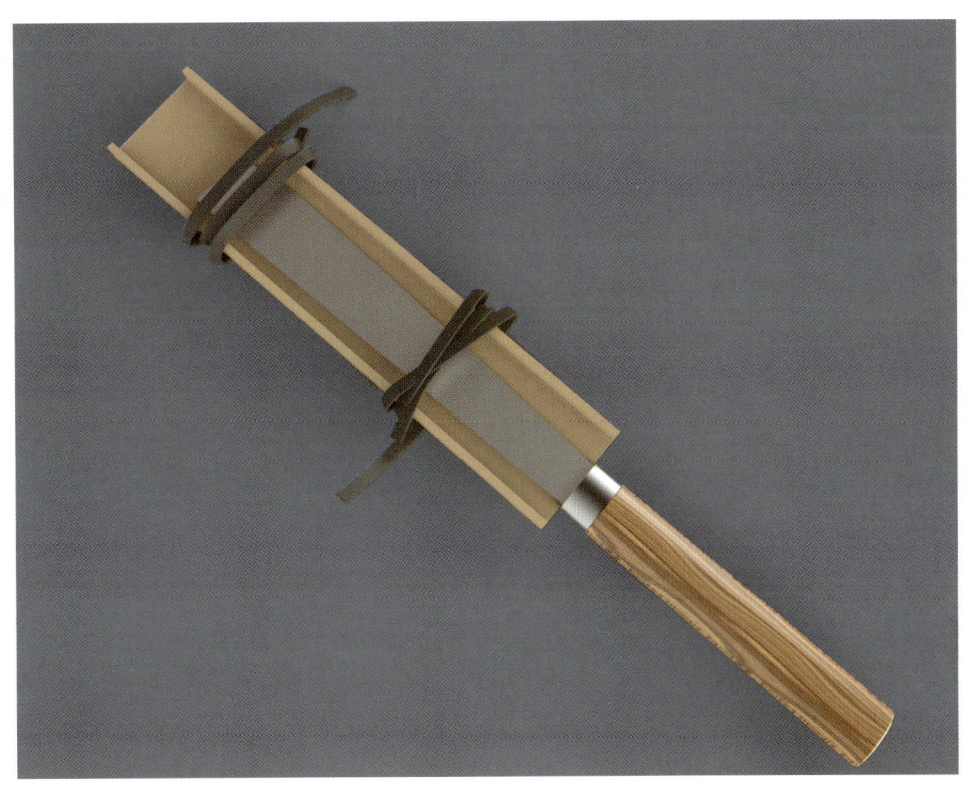

图三 怒族砍刀效果图（二）

图四 怒族砍刀细部图

图五 怒族砍刀分解图

第四章 怒族传统生活用具

图六　怒族砍刀佩戴图

图七　怒族砍刀使用图

怒族弩弓

图一　怒族弩弓主图

早在三千多年前，中国就发明了弓箭，这是一种利用机械弹射原理的早期武器。人们利用手拉弓弦过程中积累的力量，以瞬间爆发的形式将箭弹射出去，对对象物体造成伤害，弩弓便是在弓箭的基础上发明创造出来的。弩弓最初出现于春秋时期，相传是由楚琴氏发明的。楚琴氏在战争中感到弓箭的威力不够强大，便在弓上装臂，创造了弩弓。

弩弓对于怒族人民而言，是一种非常重要的生存工具，它既具有较高技术水平，又可以提高劳动生产效率。怒族人民使用弩弓不仅可以射杀野兽，而且大大减少猎取动物的危险性，提高了怒族猎人的生存概率。

怒族弩弓相对于一般弓箭来说，具有结构合理、杀伤力大、射击命中率高、携带方便等优点。怒族弩弓一般长约80厘米，宽约92厘米，由弓身、弓背、弓弦、扳机四部分组成，结构轻便实用，制作过程相对简单。怒族弩弓长约80厘米，厚约2厘米，弓身一般是取材于当地的硬质木材制作而成，木质坚硬细密，纹路美观，弓身前端开有小槽，略弯的弓背穿过此槽与前端弓臂相连，弓臂两端开有小孔，方便穿入弩弦，弩弦一般用野麻或牛筋拧成，柔韧耐拉。弩背上设计有一条箭槽，射击时弩箭便是放入此槽之中，再将弩弦拉紧扣入扳机之上。当需要射击之时，瞄准后扣动扳机，绷紧的弩弦脱钩，巨大的弹力将弩箭弹射出去。因此，可见弩弓的发射原理是与弓箭相同的，但比弓箭射得远，精准度高，且杀伤力强，并克服了拉弓时体力受限制而不能持久等弱点。怒族弩弓还具备取材容易、制作简单，故一直得到怒族男子的青睐。

一把好弩的制作必须具备三个条件：一是各个部件(弩身、弩臂、弩弦、扳机、箭)的制作材料要质地优良，且比例协调美观；二是瞄得准、把得稳、扳机灵、射击狠；三是箭身、箭尾的三角形平衡器没有丝毫偏差。因为有这些要求，所以要造一张好弩就得有丰富的经验和高超的技艺。

怒族男子从小就玩弩，进而在生活和实践中学习制作弩和不断提高射弩技术。怒族人对男孩子的狩猎教育极为重视，并极其注重传统性的传承。一般男孩长到三岁后便能得到父亲亲自为其制作的一把小弩弓。弩弓是怒族男子一生中最重要的随身之物。怒族男孩子长至四五岁后，父亲便手把手教其弩弓的使用方法，不停地教其练习射击，当孩子长至七八岁后，父亲便有意识带上儿子上山打猎，进行实地训练。时至今日，怒族的狩猎活动日渐减少，但弩弓作为怒族男子成年的重要标志，依然广泛保留在怒族民间。每年重要节庆，怒族还会举行射弩比赛。怒族男子对于弩弓的那份热爱，是一种精神，是一种深入心灵的依恋，它不会因停止狩猎而被轻易舍弃。

图片来源
图一、图二、图三　徐晶　摄影
图四至图七　徐江华　制图

图二　怒族弩弓实物图

图三　怒族弩弓细部图

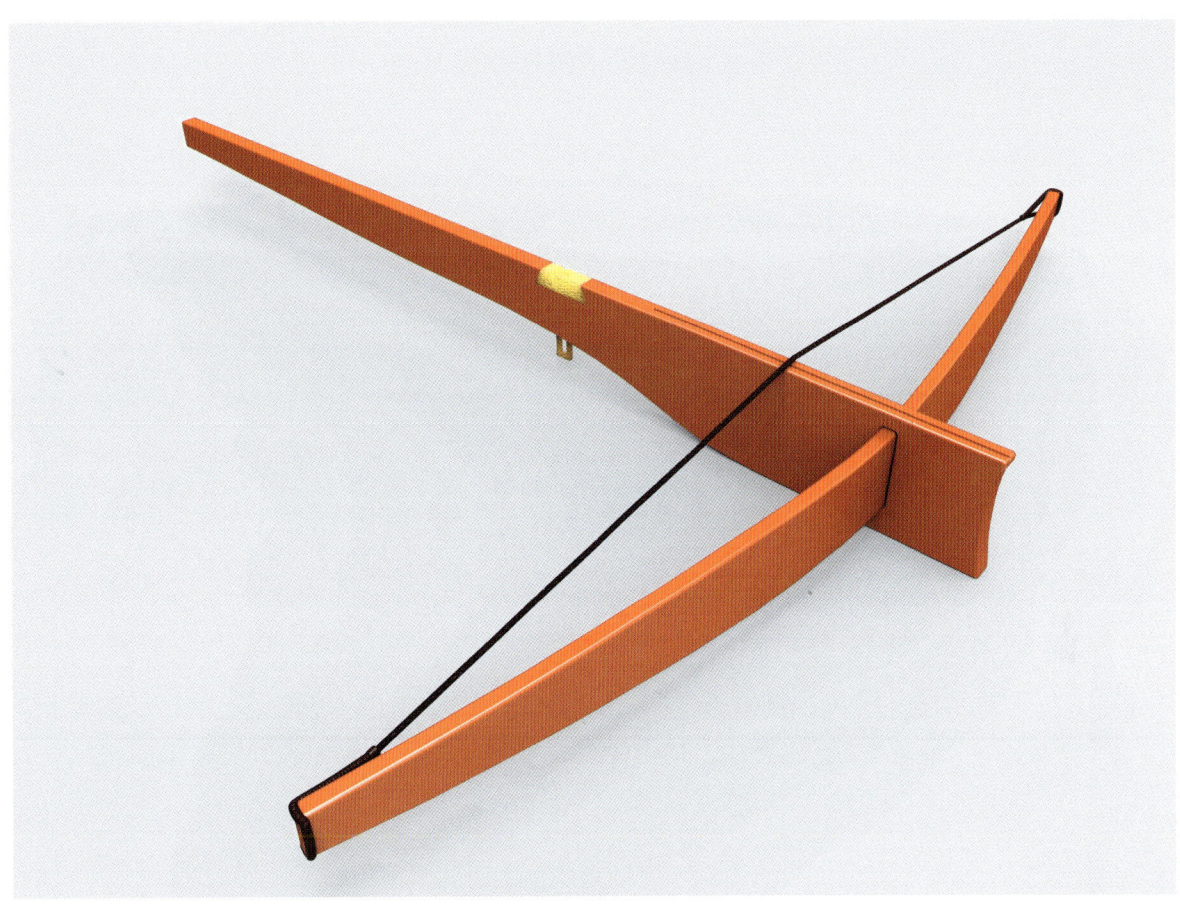

图四 怒族弩弓效果图

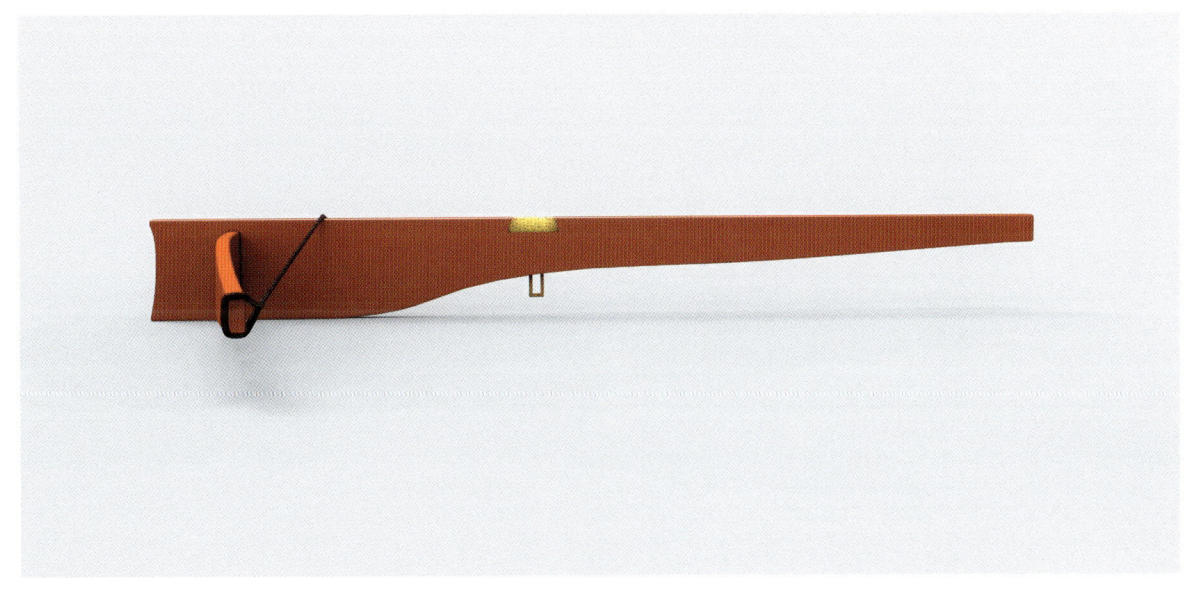

图五 怒族弩弓侧面图

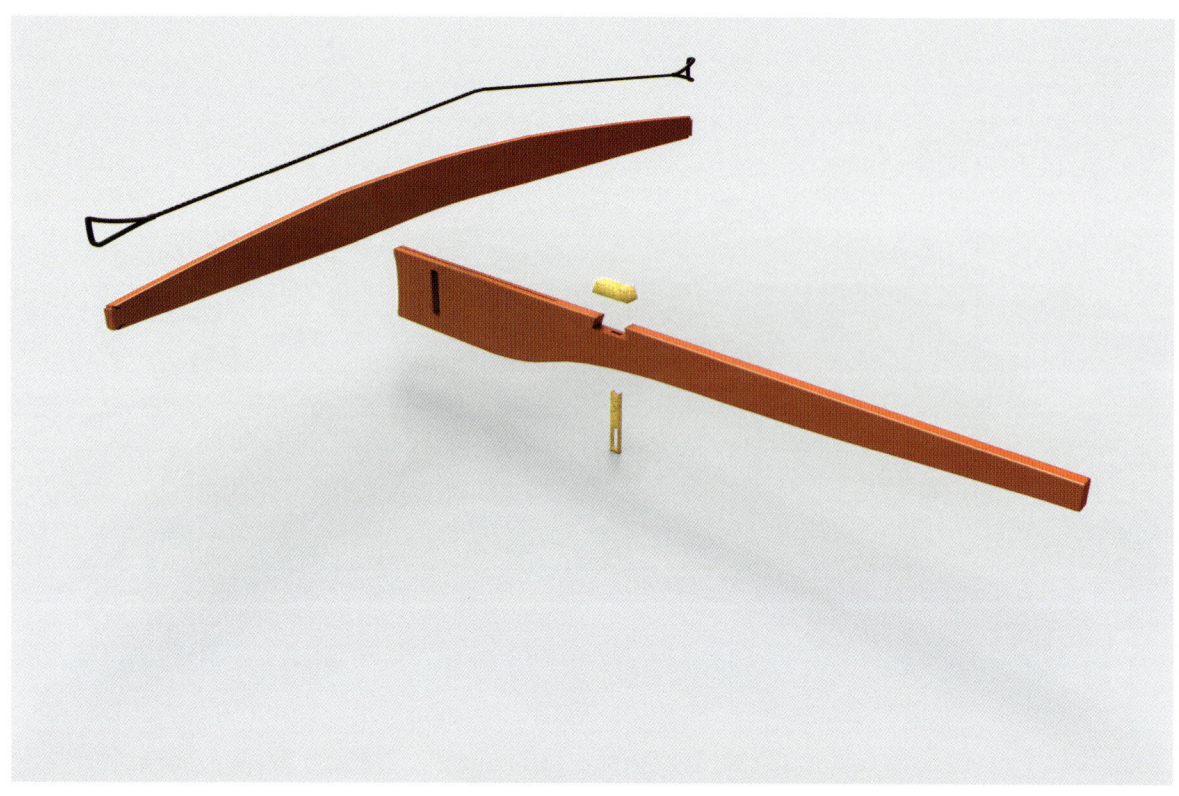

图六 怒族弩弓分解图（一）

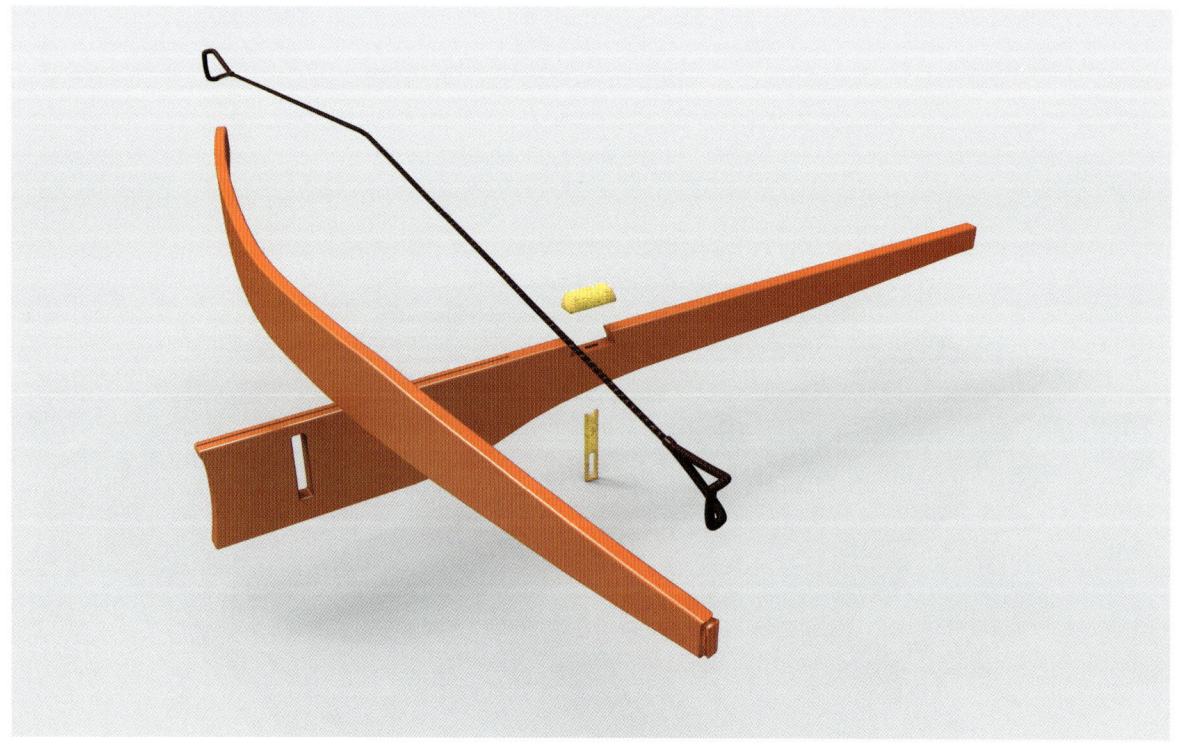

图七 怒族弩弓分解图（二）

怒族耕犁

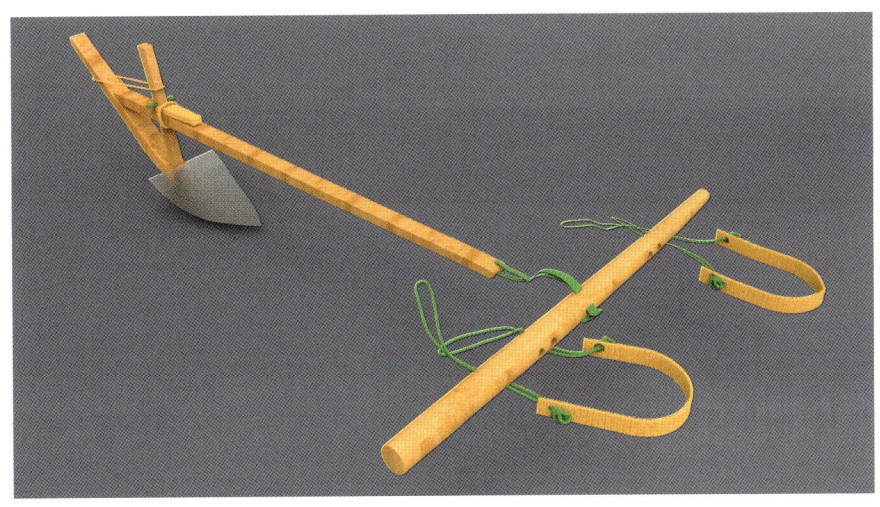

图一　怒族耕犁主图

耕犁是怒族现代农业耕作中常用的劳作工具，一般用来耕翻疏松土壤，有助于农作物的种子发育。以往，怒族人家的耕作方式基本是刀耕火种，但火烧后的耕地随着时间推移土壤的肥力会慢慢下降，庄稼的收成也会相应减少。所以，火烧后的土地一般种植一年后，便要荒上三五年，怒族人便要更换地方继续砍伐草木，火烧出新的种植地。类似这样游耕耕作、砍伐火烧的种植方式对林地具有相当大的破坏力。

随着社会的发展，也基于上述两种原因，怒族人逐渐采用铁质农具，像购置形似矛头或尖口的铁头套在木柄之上，变为小铁锄；套在木构犁头上变成耕犁，用于农业生产。耕犁的出现和使用代表了怒族社会生产力的进步，它也代表着怒族人逐渐摆脱了刀耕火种的原始耕作方式。

实际上，早在商朝时期，耕犁就已经发明。到春秋战国时期，牛耕犁才渐渐普及起来。而在西方，据史书记载，大约公元前2686年至公元前2181年的埃及古王国时期也已有农民使用双牛牵引的原始木犁来耕地了；古希腊公元前11至9世纪的"荷马时代"，也已广泛应用铁器，并已知用双牛牵引犁来深耕。总之，耕犁的使用是人类农业史上的一大发明，它使个体经营的农业终于成为现实，从而为封建农业最后取代奴隶制农业奠定了坚实的物质和技术基础。

在怒族人居住地，只有少数地区进入了牛耕。怒族所用的耕犁跟其他地区所用的耕犁相差无几，耕犁的结构相对比较简单合理，一般分为犁头和抬架，材质都是选用当地盛产的木材加工制作而成，耕犁部件之间用麻绳进行捆绑紧固。抬架的一端则与牛身连接，犁头部分则在下端安装金属铁片，用于深耕土地。由于怒族居住地多为坡地，而且地块较小,所以,怒族的耕犁不是二牛抬杠,而是出现了适应本地生产的一人扶犁,一头牛拉,一人手抬牛杠与牛平行前进拉犁的特殊耕地现象。

图片来源
图一、图二　徐江华　制图
图三至图五　徐晶　摄影

图二　怒族耕犁细部图

图四　怒族耕犁实物细部图(一)

图三　怒族耕犁实物图

图五　怒族耕犁实物细部图(二)

怒族石磨

图一　怒族石磨主图

怒族人日常的主要粮食为包谷、荞麦、青稞等，怒族的很多食物、酿酒种类的主材都是来源于这些主食原料。比如酿酒中的包谷酒、杵酒等都是需要一开始对这些主材原料进行加工，食物中的包谷稀饭、石板粑粑、咕噜饭等也都需要对粮食进行碾磨加工才能使用，这些都离不开怒族人的一个重要的粮食加工工具——石磨。

怒族人的石磨与其他民族的石磨没有太大的区别，石磨最初叫硙，汉代时才被叫作磨，主要是把粮食诸如玉米、荞麦、豆类粮食加工成粉、浆的一种石制机械。石磨可以用人力或畜力，后来还发明了用水作为动力来驱动石磨。

怒族人的石磨是用当地的青石制成，分为上、下两个结构组成，通常由两个有一定厚度的扁圆柱形的石头制成磨扇，然后与底座组成。圆盘磨是平面的两层，磨扇的直径尺寸大约50厘米，下扇中间装有一个短的立轴，用铁制成，上扇中间有一个相应的空套，两扇相合以后，下扇固定，上扇可以绕轴转动。两扇相对的一面，留有一个空腔，叫磨膛，两层之间的接合处都会制成一起一伏的磨齿，这些粗犷的磨齿就是为了把粮食磨碎。

上层磨盘的侧面突出有一个耳，耳部上钻有一圆孔，这个圆孔可以和木质连杆相接，木质连杆再与牲畜相连。上部磨盘偏中心位置还有一个圆孔，这就是磨眼。磨面的时候，粮食就是从这个磨眼进入两层中间的磨缝，谷物通过磨眼流入磨膛，均匀地分布在四周，粮食就是沿着纹理向外运移，被磨成粉末，从夹缝中流到磨盘底座上，再通过罗筛去麸皮就得到面粉。

石磨的使用是怒族人针对自己粮食加工方式的改进，最早怒族人要吃玉米、荞麦，都是把粮食放在石臼里，用粗石棍来捣。用这种方法很费力，捣出来的粉有粗有细，而且一次捣得很少。而石磨是一种用力少且收效大的生产加工方式，所以在现在缺少机械的怒族村落还广泛使用。

图片来源
图一、图二　蔡克中　制图
图三、图四　徐晶　摄影

图二　怒族石磨顶视图

图三 怒族石磨实物图

图四 怒族石磨实物近景图

第四章 怒族传统生活用具

怒族制陶工具

图一　怒族制陶工具主图

怒族人日常所用的生活器具中有大量陶制品，这些陶制品多为制陶工匠手工制成。怒族制陶者所制陶器均质地疏松，吸水性较强，陶片断面可见大量砂粒。器形不甚规整，在附件与陶器主体连接处可明显看出粘连痕迹。少量陶器内外壁有裂痕。陶器总体呈橙黄色，但在表面掺杂有黑色或灰色斑点。除小陶灯等小件陶器及陶器附件素面无纹外，其他需拍打成型陶器外表均布满不规整竖条纹，而内壁则布满不规则圆窝纹，但在部分供奉用陶器的表面，在不规则竖条纹之上还有用木拍柄底压印的同心圆或花瓣形等不同纹饰。怒族的手工陶器按其用途大致可分为制酒器、炊煮器、盛器、杂器等。

怒族目前仍在使用原始的手工制陶术，制陶的全过程可分为上山取土、晒土、春土、筛土、和泥、制初坯、制（拍）器身、制（拍）器底、阴（烘）干、烧陶等环节。怒族的制陶工具也具有自身独特的特点，一般可分为以下几个部分：

1. 圆形石板

怒语称之为"龙不拉",制陶者一般都拥有大小圆形石板多个,且均为自制,直径不等,最大者有约60厘米,最小的也有约23厘米。石板采用本地所产之石片经敲击制成,边缘不整齐,但中间较平整。其中较厚的石板作为底盘使用,厚约3厘米,直径约30厘米,其余的厚度在0.5~1.5厘米之间,均作为制陶时垫子使用。

2. 木拍

怒语称之为"大达",其作用是与圆石配合用来拍打陶器初坯,使之成型,并使器壁紧密结实。木拍最大者总长40厘米,柄长27厘米,前端最宽处7厘米,木柄中部位置有一小孔。也有一些木拍的长度在20~30厘米之间,均有柄,柄长不等,柄上无孔,前端宽度在3~7厘米之间。木拍前端正面均刻有平行横纹,有14~17道不等,怒语称之为"日蒙",反面则无纹且微凸。柄底分别刻有同心圆、花瓣形等不同刻纹。经了解,该刻纹主要用于在部分供奉用陶器上制作相应纹饰,为制陶者的自创。

3. 圆石

怒语称之为"大秋龙逮",大小不等,直径介于5.2~8.6厘米之间,厚度介于2.9~3.7厘米之间,均从怒江沙滩上拾回,多数单面或双面经过一定程度的打磨。其作用是在拍打陶坯时垫在陶坯内配合木拍的拍打。

图二　怒族制陶工具效果图(一)

图三　怒族制陶工具效果图（二）

4. 尖头小木棍

怒语称之为"当如"，木棍中间大，两头小，长约21厘米，中部最大处直径约为1.5厘米，两头顶端直径约0.2厘米，用于在陶坯上钻空。

5. 木槽及木杵

木槽整体长约150厘米，宽约35厘米，厚约33厘米，槽长约110厘米，宽28厘米，深约20厘米。木杵长约175厘米，两端大，中间小，两端直径约为8厘米、长约45厘米，中部直径约4.5厘米，用于舂碎陶土。

6. 顶杆

顶杆由木柄及圆形木板组成。木柄长约60厘米，直径约4厘米；圆形木板直径约7厘米，边缘厚约1厘米，木板一面中部突起并锉孔与木柄紧紧相连，另一面则较为平整。如所制陶器腹腔较深，在拍制陶器器身下部或底部时无法以手握圆石为垫，便以此工具代替，其木柄便如加长之手臂，而顶端圆形木板则当圆石使用。

图片来源

图一至图五　徐江华　制图

图四　怒族制陶工具效果图（三）

图五　怒族制陶工具效果图（四）

怒族加车陶

图一　怒族加车陶主图

怒族的陶器是他们生活中的必需品，也是怒族用来进行交易的商品。怒族制作陶器历史悠久，不仅美观，而且种类也多，土盆、土碗、土锅等。大的如储粮罐、背水用的桶、装水的水罐、煮饭的饭锅，小的如烧水罐、酥油茶壶、灯盏、香炉、酒杯等，这些罐形的陶器除长筒形和水桶外，一般特征粗而矮，平口，而且有盖子，皮薄。制陶的出现须有一定的背景，处于渔猎、采集阶段的民族和处于原始农业早期的民族一般不会制陶。竹制炊具不经久耐用，易损易坏，待改进。在锄耕农业比较发达和经营水田的民族中，生产工具和技术比较先进，为他们改进炊具提供了良好的条件。在同火、土长期打交道之后，他们摸索出制陶技术，陶器代替竹器，成为主要的炊具。据研究者调查，原碧江县的加车村是截至中华人民共和国成立前我国少数民族中原始制陶术保留最完好的村寨之一。

"加车"是傈僳语，意为制造土锅的村

寨,该村是国内少数民族中制陶比较早的村寨之一,该村原有15户会制造土锅。村民们制造土锅就地取材,他们还不懂得在陶土中加羼合料,也不懂得区分不同的器皿使用不同的陶土,但他们在实践中已懂得选择适宜的泥土作土锅。

加车村制陶的工艺流程包括:(1)选择陶土。在离村一里外的一个小山场上取土,土呈红色,黏性重,粗细适中。据说只有这里的土才能制土锅。(2)加工陶土。陶土取回后,倒在木槽上,两边堵上,放水泡土,待陶土把水汲干后,用木杵捣烂,捡去小石头和砂子,再放置一段时间。在这期间,要注意观察,并常常稍加些水,翻动均匀,不使陶土干裂。然后把陶土放在木板上,用木刀砍,继续捡去石头、砂子。经反复加工后,陶土终于黏结成团,可以揉压成各种形状,可以拉长而不致断裂且不变形,这种陶土即可供制土锅之用。(3)开始制作陶坯。加车村陶工们捏制陶器的技术是相当精巧的。采用捏塑法,借助可转动的木板做成陶坯,再用扁平椭圆形石头把陶坯修饰

图二 怒族加车陶取泥沙效果图

图三　怒族加车陶筛泥沙效果图

平整圆滑。这种方法可以制成大小不同的土锅，也可以制成茶盅、饭碗、菜盆。（4）烧成陶器。加车村烧制陶器的方法也是比较进步的。在烧制过程中已有覆盖物了，他们烧陶的覆盖物和燃料是松树皮，据说别的树皮不行。每烧10个土锅大约要两背筐的松树皮。烧陶场所就在屋前或田间一角，四周用石头或树干围好，内膛只有一米见方。把陶坯放在里面一排排垒好，陶坯之间隔着松树皮，放好一层陶坯覆盖上一层松树皮，这样一层层往上码，最后用松树皮盖严，然后点火燃烧。一般烧5个小时左右即成。加车村的土锅不上釉，但色泽较光亮，这与他们以松树皮作燃料有关。中华人民共和国成立前，加车村烧制的土锅还销到兰坪、维西、福贡、泸水、云龙以及缅甸等地，之后已基本绝迹。

图片来源
图一至图十一　尹晖　制图

图四　怒族加车陶和陶泥效果图

图五　怒族加车陶搓泥条效果图　　　　　图六　怒族加车陶围泥片效果图

第四章　怒族传统生活用具

图七　怒族加车陶拍打成形效果图　　　　　图八　怒族加车陶修器形效果图

图九　怒族加车陶露天堆烧效果图

图十　怒族加车陶出炉效果图

图十一　怒族加车陶渗碳效果图

怒族腰织机

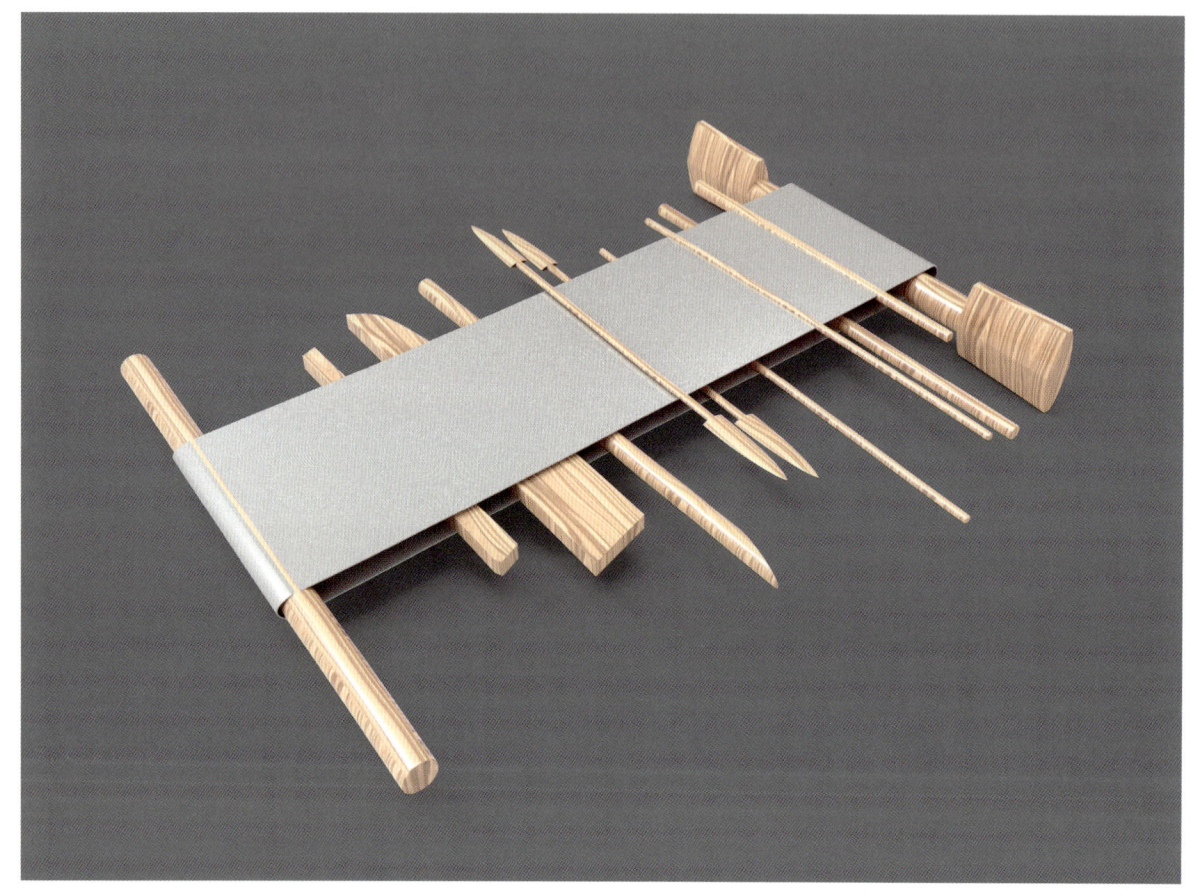

图一 怒族腰织机主图

众所周知，怒族有着许多著名的纺织产品，其中有怒族小挎包、提花麻布毯、怒毯、怒"龙口麻布袋"、对襟衣等等。这些纺织品都是通过怒族的自制纺织器具编织出来的，其中以兰坪兔峨怒族的腰织机最为典型。

腰织机其主要部件是由卷布轴、卷经轴、分经棍、打纬刀和提综、绞棍等组成。卷布轴是两根边长约2厘米，长约45~50厘米的四方木棍。其他部件长度亦与此相同。使用时，用一块两端有绳的牛皮皮辐兜住腰部，用绳把卷布轴两端绑上，使它固定于腹前。卷经轴是一根小竹棍，使用时蹬在织者两足之下。分经棍用一根粗竹筒做成，其作用是把经线按奇数和偶数分开，使经纱分作上下两层，即面经和底经，形成一道织口。打纬刀是块窄木板或竹片，其作用是扩大织口和拍紧纬线。

怒族的织机结构很简单，仅由几根木桩一根本针及梭子构成。织布前要先栽相距

5厘米多的两根木桩,这两根木桩主要用来绕经线,目的是使其长短一致。一般来说,织怒毯的经线需80根,衣料需100根。待经线绕完后再从相距两根木桩的正中剪断,再将这些经线分成3半编起来,将线的一端穿在1尺长、5寸宽的梭子上,在经线的中间放上所需的木针(织怒毯需放40对木针,衣料需50对木针),做完这些工作后,织布的准备工作也就算做完了。织布人正对织布机而坐,然后脚踏木板,手持木针飞速地来回在经线中穿插,每穿过两次,就将梭子往后压几下,将纬线压紧。只有这样织出来的布才密实耐用。

一般来说,一个能干的巧妇一年最多只能织上30丈左右的麻布(指非专职)。妇女织布的季节也是小伙子们择偶的大好时机。哪个姑娘织得布越好,追求的小伙子就越多。织布的技术从某种角度说是姑娘们婚嫁的主要资本之一。如在谈聘礼时,女方家常常会将姑娘新织的布拿出来给男方看,并说些诸如"我家的姑娘很能干,织出的布又密又细,就是你倒一碗水在布上也滴水不漏"等话语。男方听了这些话就立即明白,这是女方在委婉地要求增加聘礼,男方必须回应。每年的秋天到次年的三月是怒族妇女绩麻织布的季节,全家人一年的穿戴都要在此期间织成。

图片来源
图一、图二　徐江华　制图
图三　徐晶　摄影
图四、图五　丁岩　制图

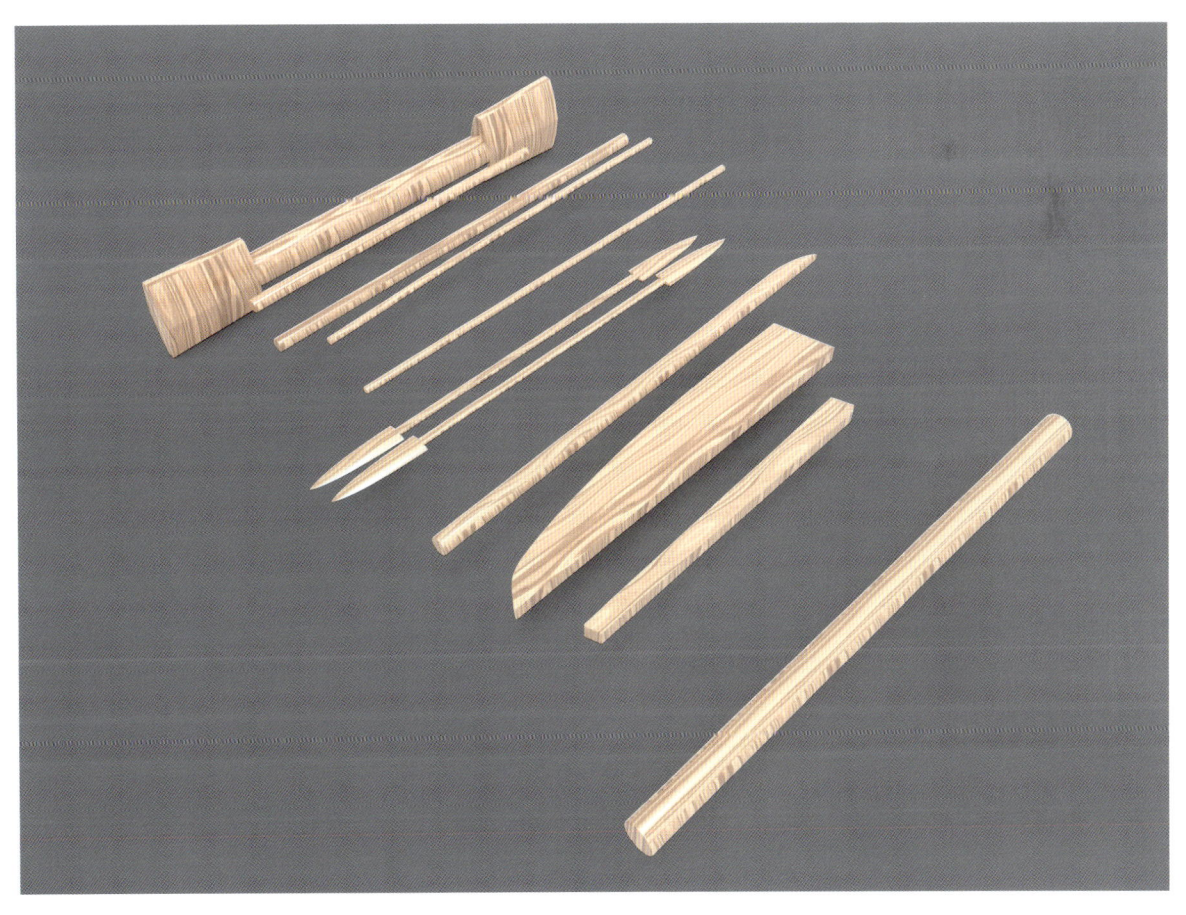

图二　怒族腰织机零部件图

图三　怒族腰织机实物图

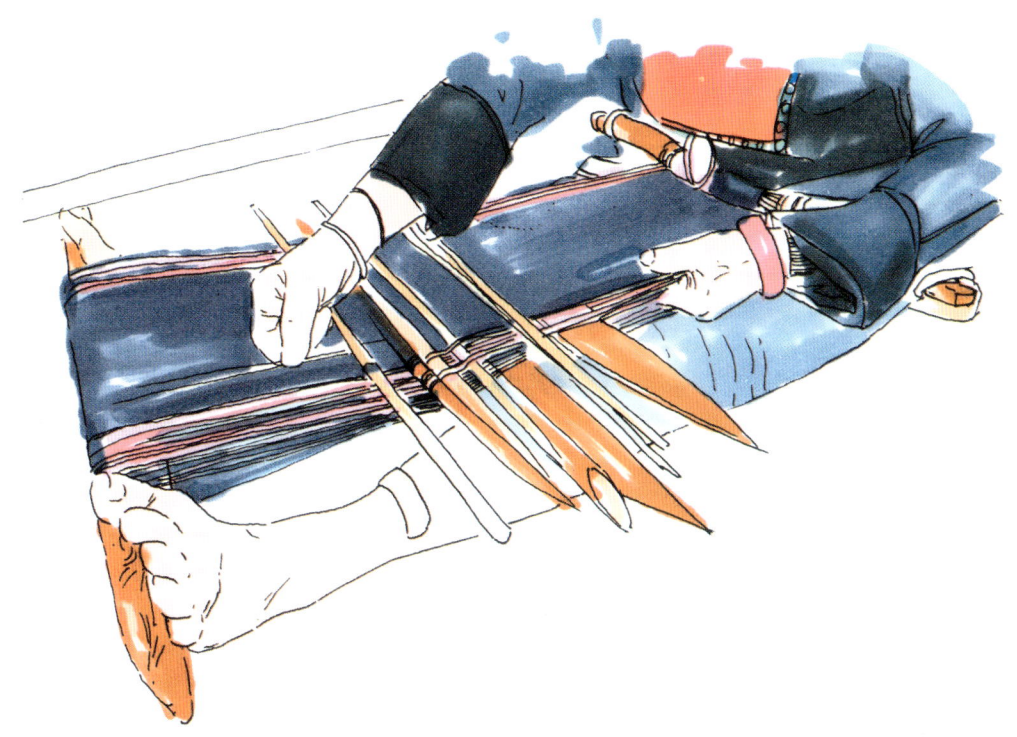

图四 怒族腰织机使用情境图（一）

图五 怒族腰织机使用情境图（二）

怒族蒸酒工具

图一 怒族蒸酒工具主图

怒族人民大多喜好喝酒，所酿的包谷酒、杵酒等多为蒸酒。所谓蒸酒之名，是源自酒的酿造中以蒸馏为主要工序。怒族蒸酒的首选原料为玉米，也用荞麦、高粱、稻谷等。蒸酒的过程与很多其他民族大同小异，都是先浸泡原粮、蒸熟酒饭、拌上酒曲贮存发酵。最后在蒸制烧酒时，使用的器具会有所不同。怒族人所用的甑子是用老树原木挖空而成，甑子的中上部留一小孔插上细竹管，是为出酒槽。锅底加热时，酒气上升遇冷凝聚为酒，落入甑中的接酒器中，再通过出酒槽流出，即为酒的成品。

怒族的蒸酒过程是十分讲究的，首先是蒸酒工具的制作，怒族的蒸酒工具一般分为炉灶、锅架、铁锅、木甑、接酒器等。蒸酒前，先在地上挖一个大坑，支成一盘地炕，地炕上放置锅架。或是直接在灶台上架起一口大锅，以锅沿高出地面30厘米为宜，这样做的目的是为了减轻后面蒸酒过程中上料的工作量。蒸馏过程中,先是在底锅装满水,锅口上方放一结实的笼屉,再扣上木甑,这是放发酵好的酿酒原料用的。然后再把一口铁锅口朝上压在木桶口之上,铁锅与木甑之间用纱布隔开。在上面铁锅内放入凉水,另制作一簸箕状过滤酒器和盛酒器具若干。

蒸酒时,将底部大锅中的水烧开,把发酵好的原料一层一层均匀地铺在笼屉上的木甑内。每铺好30厘米一层,等水汽冒上来之后就赶紧往里面填料铺第二层,直至将木甑铺满。上料过程中不要挤压,压实了会妨碍水汽通过,降低出酒率,浪费材料。此时在蒸汽的作用下,冒出来的热气便是酒气,酒气上升至上面的大锅底,因为大锅里装满了凉水。热的水气遇冷而凝结成水,这便是酒了。这种现象在物理学上被称作"液化",所以这是以前乡间蒸酒为何多选在冬天的缘由。如果上面铁锅里的水热了,要及时用新的凉水不停地进行替换。锅底的被液化的水多了会流下来,从木甑的酒槽流出来的便是酒了。这样酿成的酒色泽清澈,先出者度数高,酒劲大,所以怒族人把蒸酒称为烧锅。随着蒸烤时间的推移,浓度渐次降低,越后者味越寡淡。像在蒸包谷酒时,热气四溢,酒香弥漫,包谷的香气会令人陶醉。炉灶里跳跃的火光,加上酒气的熏陶,会让蒸酒人体会到收获的喜悦,劳动的成就感也油然而生。

图片来源

图一、图二　徐江华　制图
图三至图六　徐晶　摄影
图七　丁岩　制图

图二　怒族蒸酒工具分解图

图三 怒族蒸酒工具实物侧面图

图四 怒族蒸酒工具实物顶视图

图五 怒族蒸酒工具实物底部图

图六 怒族蒸酒工具实物图

图七　怒族蒸酒效果图

怒族水烟筒

图一 怒族水烟筒主图

怒族人吸烟常用水烟筒,他们的水烟筒如同琴筒一般粗大,也很像灶台用的吹火筒。吸水烟是怒族人民传统的吸烟方式,先将烟筒内部盛上清水,把烟插在烟嘴之上,然后将嘴放在烟筒顶部往里吸气,使烟筒里面产生负压,而使烟气通过水吸入口中,吸食时发出"咕噜咕噜"的声音,真可谓"烟波浩渺最难求"。据说这样吸烟,烟气经过水的过滤可以降低焦油的浓度,能减少有害成分,故而比吸旱烟科学。如果在水烟筒里盛上甘草薄荷水,可以清热解渴,吸出的烟味具有甜隽之味,更加清凉香醇。

怒族的水烟筒一般用竹木制作,携带方便,工艺也十分精美。水烟筒一般长约60~70厘米,内径7厘米,外径10厘米。水烟筒结构比较简单,由烟仓、插管、烟钎、链条部分组成。

插管一般处在烟筒中下部,为一小铜

管或小竹管，乃为点烟的地方。除此插管也是烟筒的重要装饰件，对整体起平衡美化作用。一个精致的水烟筒插管总是制作得很讲究，插管上部有的做成香炉形，有的做成葫芦形，也有球形、喇叭形等等。烟钎是水烟筒的重要配件，富裕人家的烟钎会用白银、纯铜铸造成，有的会涂上珐琅彩，甚至在银针顶上饰翠料的。竹烟筒内部中空，里面盛着水，竹筒上部开口处用于吸烟。竹筒外部还要用金属链条紧固，金属链条一般在烟筒的顶部、底部和插管部位，水烟筒的链条式样也很多，有银链条、白铜福禄寿禧吉祥链、梅花链、回纹链、铜条刻花链等等。据史料记载，水烟筒流行于明末、清代、民国时期，在20世纪现代卷烟流行后逐渐退出历史舞台。

图片来源
图一至图三　徐江华　制图
图四　徐晶　摄影

图二　怒族水烟筒效果图

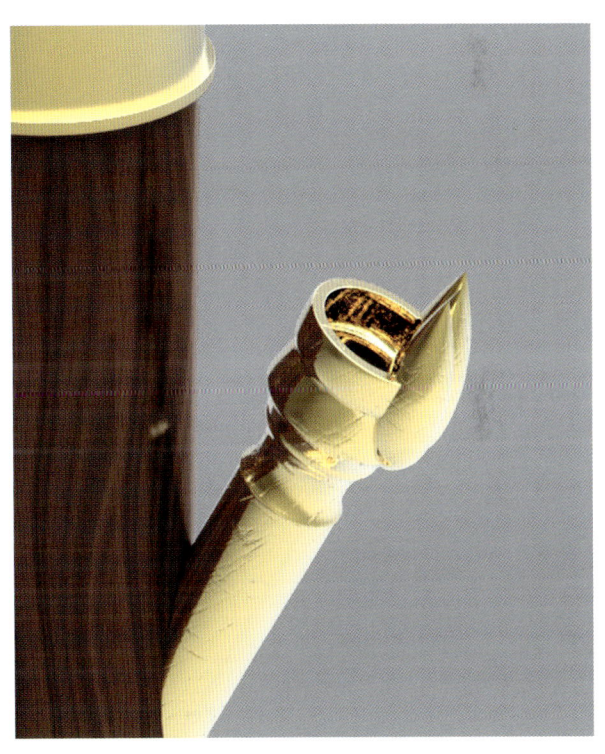

图三　怒族水烟筒细部图

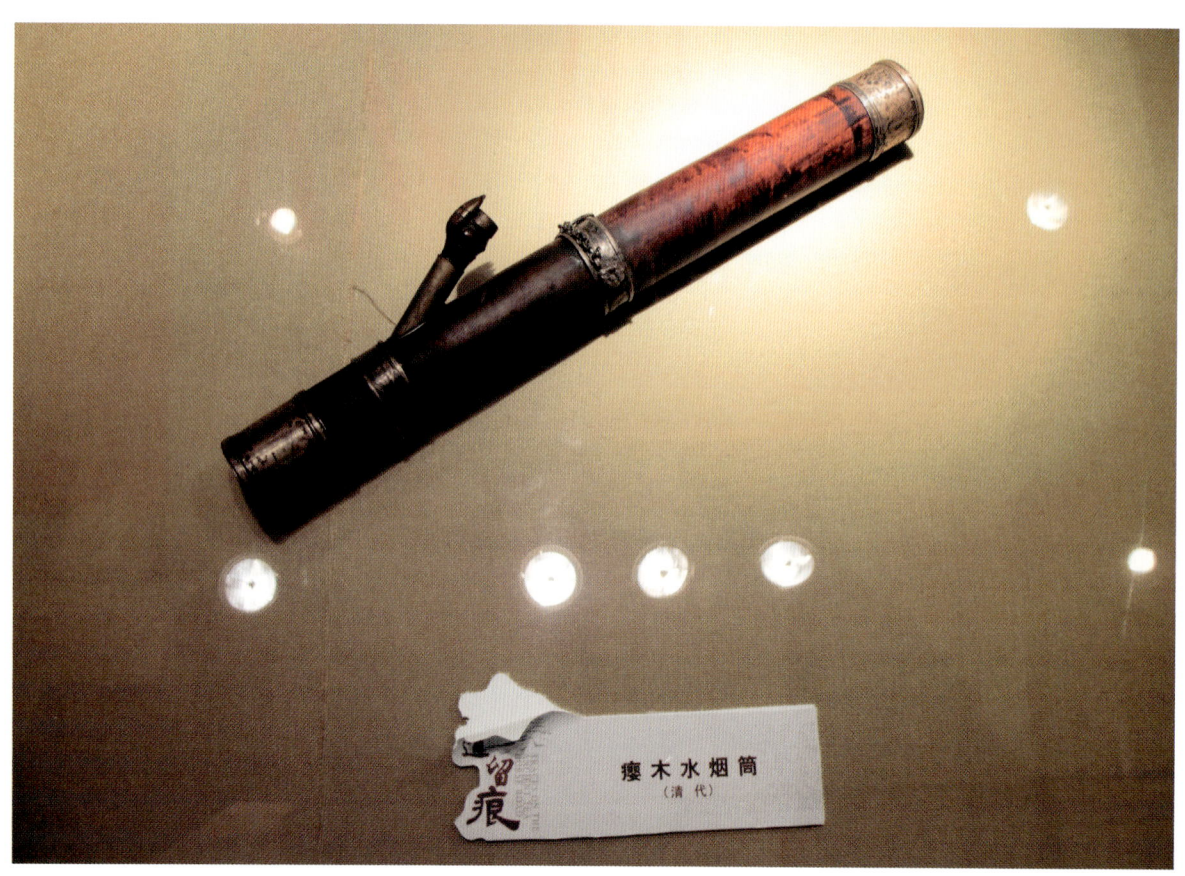

图四 怒族水烟筒实物图

怒族马鞍

图一　怒族马鞍主图

怒族人自古以来都居住于怒江和澜沧江两岸，由于高丽贡山和碧罗雪山相夹着怒江激流，峡谷两岸地形千态，到处都是悬崖绝壁，山高水急，峰峦林立，其间江河纵横交错，道路崎岖艰险。高山峡谷的地理环境严重制约着这里的交通发展，很久以来怒族人居住的地区交通状况极其闭塞，人们行走方式往往是靠溜索飞渡、竹筏或猪槽船渡江，或是河沟、溪涧上的临时便桥，大都是如独木桥、拼木桥、藤篾桥等。

在清末民国之初，怒族人民运输交通的道路多为鸟道羊肠，就算是驿道也是狭窄弯曲，造成怒族人民与外界交通十分艰难。如此的地理环境造成怒族人民寻常的运输事务都是靠人背马驮。早些时候，货运是靠人工背运的，而后发展为主要靠马帮来运输。

马帮运输是怒族民间的一种特殊交通形式，在现代汽车、拖拉机等机械运输普及至边疆民族地区之前，骡马运输曾一度活跃在怒族民间，所以马帮运输作为怒族人民特殊的交通运输方式，其在怒族民间交通中占有十分重要的位置。直至今日，怒族的偏远地区，公路尚未修通的地方，物资运输依然是靠马帮来完成。

赶马帮通常是男子的事，一个成年男子一般要赶六匹或八匹骡马，每匹骡马上要背负许多货物。马帮的盛行，就意味要有许多相配套的马具设计。其中，马帮运输中所用的马鞍就和许多平日常见的马鞍有所不同。怒族马帮的马鞍设计轻便，且能方便背负大量的物品。怒族的马鞍一般是木质的，因为当地盛产木材，怒族人家许多的工具都是就地取材。木质的马鞍结构简单合理，并不需要特殊的工艺完成。马鞍外形是类似八字形的木质矮凳一般，之间用榫卯结构连接，可见怒族人有着高超的木艺技术。八字形造型正好使马鞍能十分稳妥地架放在骡马背上，马鞍的顶面并没有设置骑马的位置，而是两根横木将马鞍牢固的连接在一起，可以背负十分沉重的货物。在骡马背负货物时，先将马鞍架在马背之上，同皮带从马背穿过马肚将马鞍牢牢的紧固在马背之上，再用麻绳将装袋的货物捆绑悬挂在马鞍的两侧，货物的重量要保持平衡，许多沉重的物资就是通过这样的运输方式，穿越怒江峡谷的艰难险阻，和外界保持联系。马帮运输在怒族与外界的商品流通中起了重要的作用，随着现代交通事业的发展，公路的建设越来越完善，马帮这一交通运输形式在不久的将来，将成为怒族人民的过去。

图片来源
图一、图三、图四　徐江华　制图
图二、图五　徐晶　摄影

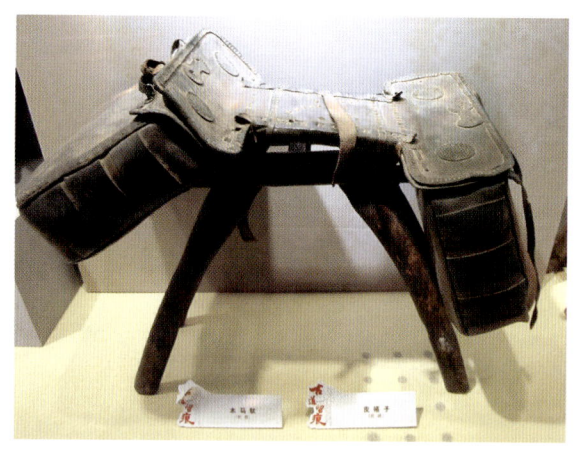

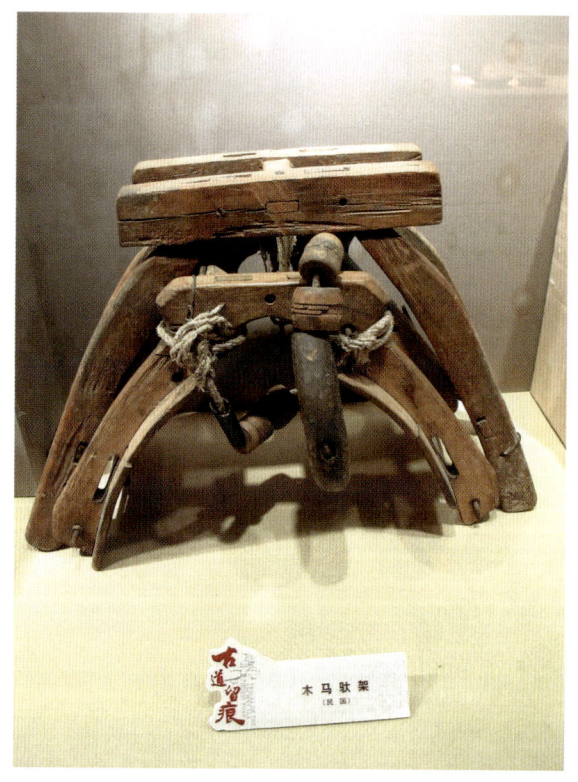

图二　怒族马鞍实物图

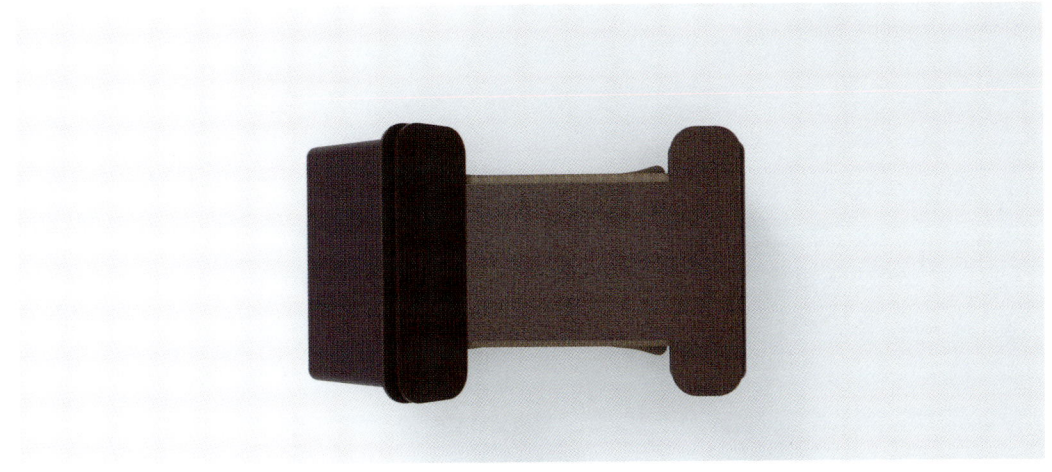

图三 怒族马鞍俯视图

图四 怒族马鞍侧视图

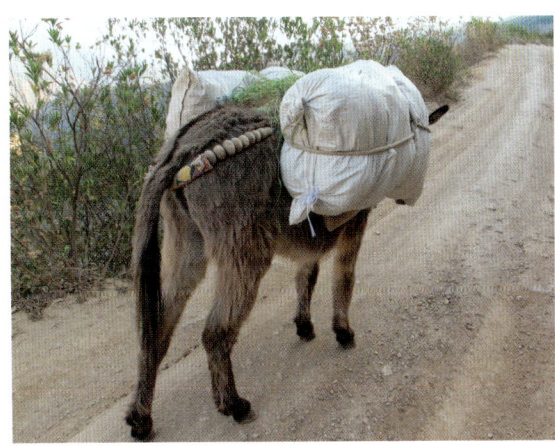

图五 怒族马鞍使用情境图

怒族溜索

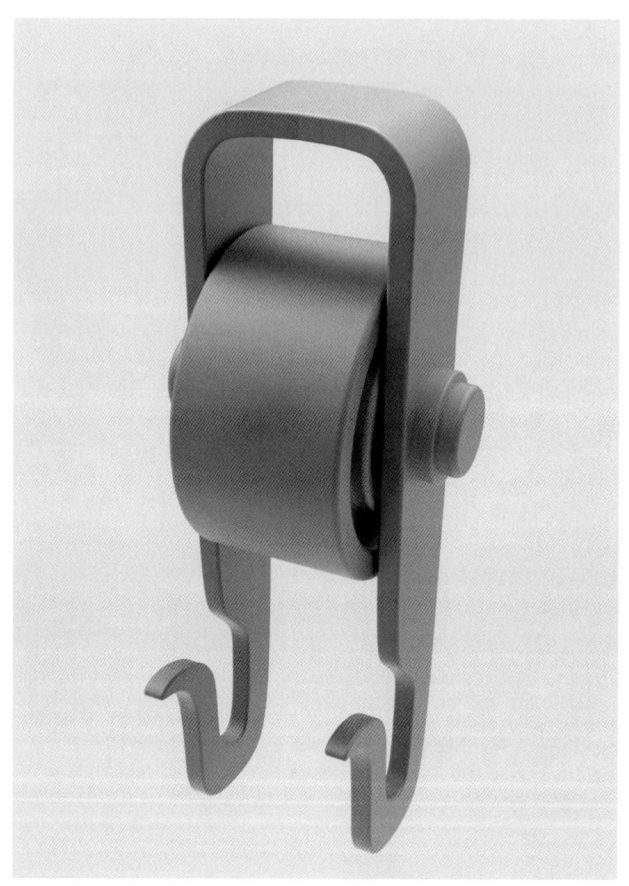

图一　怒族溜索主图

溜索是原始渡河工具，中国古代称为撞，明曹学佺撰《蜀中广记》中所记"度索寻撞之桥"，大抵即指溜索。用两条或一条绳索，分别系于河流两岸的树木或其他固定物上。一头高，一头低，形成高低倾斜。在秘鲁安第斯山的印第安人也运用溜索作为渡河工具，溜索不仅可以溜渡人，而且还可以溜渡货物、牲畜等。溜索是怒江大峡谷各少数民族的主要交通工具，是他们改造和战胜自然的象征，是他们不畏艰险，勇猛顽强性格的写照。近几年，溜索已经从单纯的交通工具，发展为表现各民族顽强意志的民族传统体育项目。过溜有单人、双人、男女混双、人与物、人与畜等多种项目，成为怒江大峡谷一大惊险景观。绳索有牦牛毛绳、藤编绳及钢丝绳等多种。过渡者将竹、木制做的溜板或特制座位吊在绳索上，借助于绳索的倾斜度，溜向彼岸。过去生活在金沙江、怒江、澜沧江一带的藏、傈僳、怒、独龙等民族，多使用溜索过渡。中华人民共和国成立后，随着少数民族地区交通事业的发展，大部分溜索已为桥梁所取代，只有极少数边远地区仍在使用溜索。

溜索是怒族历史上最重要的交通设施之一。神奇壮美的峡谷，历史上给怒族与外界乃至其内部间的交往带来了几乎难以克服的困难。虽然如此，高山峡谷，危崖大江却没有禁锢住怒族人民交往的需求。据传，在很久以前，居住在怒江两岸的怒族先民，虽鸡犬之声相闻，隔江能对话也能传情，就是无法相会，他们常常只能在江边徘徊。后来，由于受到蜘蛛织网并能在网上自由穿梭的启示，他们试着破竹制索，剥麻为绳，然后把拴在竹索上的麻绳系在特制的强弩的箭上，用力将麻绳射到对岸，由对岸的人拉绳，后面的人推索，最后将竹索的两端分别在两岸岸上系牢，溜索发明了。篾溜索是先用竹皮篾片扭成三根篾索，再将三根篾索拧在一起，有手腕般粗，横截面约5～6厘米。选择在江两岸的陡坡和缓坡地段架设，把溜索拴在江两岸的大树或木桩、石岩上。破竹、剥篾、纽索及架设共需100多个工日。怒族最初的竹篾溜索没有溜板，全靠双手双脚吃力地攀爬。后来，怒族人又在长期的实践中发明了溜梆及安全带。溜梆是用硬木挖成的，一般用紫柚木或栗木精制而成，形似带柄的筒瓦。溜梆下面有槽，卡住溜索，上面有眼孔，穿过安全带。过溜时，将溜梆架在溜索上，把溜绳从溜梆孔中穿过，将安全带在臀部、腰部各围一圈，然后再将安全带挂于溜梆之上。溜时用手握紧溜梆，同时双脚蹬一下溜柱，溜便顺势下滑，转眼间便能飞越江面。怒族的竹篾溜索有两种，一种叫平溜，一种叫陡溜。所谓平溜，它只有一根溜索，一般用于江面较窄的地方，横悬于江面上，两头稍高，中间倾凹，又叫单溜。相对而言，这种溜索较安全，但也最费力。所谓陡

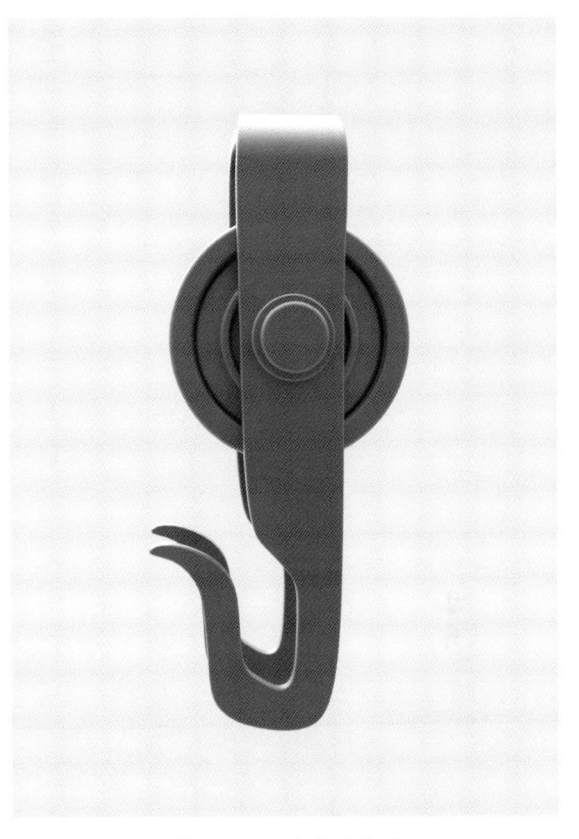

图二　怒族溜索效果图

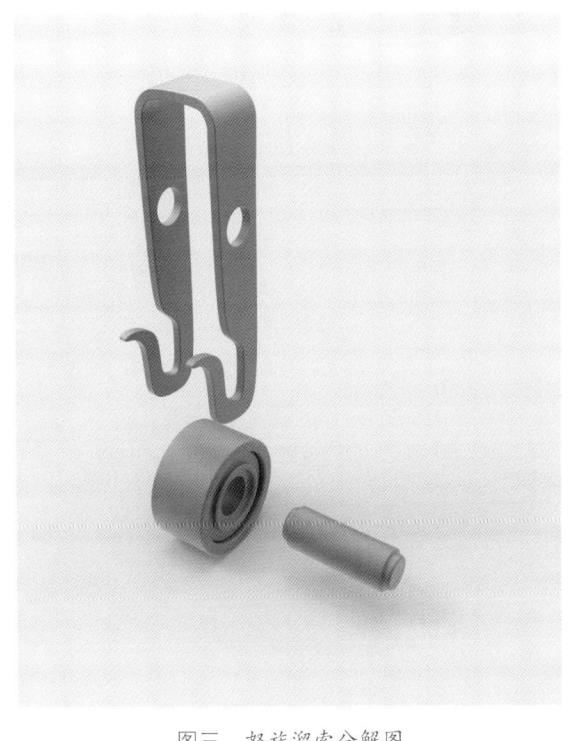

图三　怒族溜索分解图

溜，它有两根溜索，又称双股溜，用于江面较宽、来往人较多的地方，一高一低一来一往，高低对倾。人们在过陡溜时，从高处向低处溜，由于坡度大，瞬间便能飞越天堑。相对平溜而言，陡溜快捷、省力。在漫长的历史过程中，"过溜"事实上早就成了怒族的一项生存技能了，不论男女老少均能自如过溜。怒族人不仅能单独过溜，还可带人带物过溜。溜渡的人、物不同，其方法也不同。除此以外，怒族人还能带牛马牲畜、驮子及其他货物一起过溜，这一绝技常让人惊叹不已。

图片来源
图一至图四　徐江华　制图
图五　蔡轩　制图

图四　怒族溜索组合图

图五　怒族溜索使用情境图

怒族猪槽船

图一 怒族猪槽船主图

怒族猪槽船类似汉族的独木舟，船是用粗大的树干挖凿而成，作为水上交通工具主要在怒江流域两岸的少数民族中使用。澜沧江两岸的怒族以使用二合一的双木舟为主，猪槽船仅限于秋末至初春的枯水季节使用，因为这时水流平缓。据传，怒族先民是受小鸟踩踏树枝顺水势漂到对岸的启示，效仿制造了独木舟。

最初的独木舟并无槽，也不叫独木舟。过江者抱着木头浸在水中渡过，极不安全。后来才想到要有槽船，可减少危险，于是就有了槽船。槽船用料一般是松木或冬瓜木，此木料耐潮耐腐、漂浮性好且坚韧，砍下一棵直径1米左右的大树，选取一节直溜溜的躯干，先把上下面削平，然后用斧头和锛子挖凿成猪槽形状的船。这种槽船一般宽约0.8米，长约7米，两头略尖，可乘坐三五人，可载物700～800斤。因独木舟形似当地人喂猪的食槽，故俗称"猪槽船"。独木桥取耐腐之材，数十年不用更换。

怒族男子大都长于挖凿槽船，偌大的一条槽船，一般两三个男子挖凿一天即可。怒江北部贡山独龙族怒族自治县境内的捧当、丙中洛乡一带，江水多有平缓处，当地的怒族男女都善于划船。他们乘坐自己挖凿的猪槽船横渡怒江或在江中捕鱼。有些在冬春江水落潮时，还扎竹木筏来充当水上交通工具。当今，随着交通事业的发展，怒江上架设了很多桥，如汽车吊桥、人马吊桥、永久性公路桥，大大改善了民间交通状况。尽管如此，在怒族民间，至今还习惯用猪槽船、竹木筏下江捕鱼或过江做事、载运农作物等。坐木船或坐竹筏是有讲究的，禁止那些做过伤天害理之事的人和携带麝香、水银的人过江，以免惹怒船神、水神和上苍而招致不测。在大集体时代生产队出资、出力修建的溜索或船只，外村、外地人渡江时还需交付一定的过江费。

图片来源

图一至图三　徐江华　制图
图四　徐晶　摄影
图五　尹晖　制图

图二　怒族猪槽船侧视图

图三　怒族猪槽船效果图

图四　怒族猪槽船实物图

图五　怒族猪槽船使用情境图

第四章　怒族传统生活用具

209

怒族达比亚

图一　怒族达比亚主图

怒族乐器达比亚是怒族弹拨弦鸣乐器，怒语又称"达弁安"，当地汉族人称其为"怒族的小琵琶"。怒族人向来能歌善舞，且特别善于演奏乐器。达比亚便是怒族民间用于歌舞伴奏的主要乐器，它既是一种可以独立运用的弹拨乐器，又可以采取以达比亚为主、配口弦等乐器为辅的演奏形式。达比亚是怒族日常生活中不可缺少的乐器，无论是访友探亲、生产劳动、上山狩猎还是外出远游，人们都随身携带达比亚。在怒族婚嫁喜庆和风俗节日如过年、仙女节（鲜花节）和祭谷神等传统节日的仪式中，达比亚也均有运用。总之，达比亚应用范围很广，表现力非常丰富，又以浓郁的民族特色、流畅简洁的造型和多元化的功能而著称，具有很高的历史文化价值。

怒族的达比亚由音箱、琴头、琴杆、弦轴、琴弦、琴马等部分构成。整件乐器是由一整块木料加工而成，木头大多采用黄桑木和楠木制造，全长约65～70厘米，柄长约30～35厘米。音箱呈三角形、梯形，也有长椭圆形。正面蒙以木板，在板的中间烙有若干个小音孔。颈微屈并且有柄，琴头为平顶，两侧各有两个木制弦轴。面板上音槽的下部置一木质琴马。颈端四轮分列，系以同等粗细之四条琴弦，早年曾经用过兽肠弦、弩弓弦、羊肠弦等，而现代多用钢丝金属弦。有些弹奏者会在琴的面板或琴颈上烙以不同的图案或自己的名字，其个性鲜明凸显怒族乐器独特的特点。演奏时弹奏者持抱琴柄，音箱贴近腰腹边，用左手中指和无名指按弦，右手拇指与食指弹拨琴弦发音，演奏时因演奏曲调不同而有多种定弦法，音色明亮清脆。演奏技法有撒音、打音、抹、摭、分、勾、挑等。达比亚可用于独奏、合奏或伴奏。

细品达比亚，可以发现其设计构造是极具韵律之美的。正如前文述及，达比亚是由一整块黄桑木或楠木木料加工而成的，表面几乎无装饰，但是真正质美的东西是无须装饰的。正如老子在《春秋》中所言"朴散则为器，圣人用则为官长"，达比亚不仅保留了历史古朴的风格，同时也具备现代美学造型感。又如韩非子于《战国》中所曰："和氏之璧，不饰以五彩。隋侯之珠，不饰以银黄。其质至美，物不足以饰之。"因而，达比亚亦可说是朴素质美的代表。

达比亚的设计基本可分为三种形态，分别为：长颈扁椭圆形、长颈长圆形、长颈三角形等几种形制，其整体形态均采用面、线、体、直线和小曲面的流畅组合，给人以丰满、古韵质朴的视觉艺术效果，充满了美感；其质感效果细腻柔和，彰显了怒族达比亚的文化特色。长颈椭圆形达比亚是形体与质感的双重整合，流畅之余不僵硬，圆润之中不死板，是浑然天成的佳作；长颈三角形达比亚在轻盈中不失稳重，和谐中不失流畅，显示出珠圆玉润的秀美，切合形体的设计构思，巧妙塑造出流畅的形态，可以将人引入视幻的意境。

可见，达比亚设计的韵律之美是往往通过一定的秩序，将设计品的形状、色彩、材质等因素进行优化组合，给人以整体的美感。达比

图二　怒族达比亚侧面图

亚乐器之外部形态都是有美的规律可循的，如整体形态均采用整块面材、曲线或曲面的流畅组合、各种形制均给人以圆润丰满、古韵质朴的视觉艺术效果，乐器注意其形态的整合，使整体达到错落有致、有机结合，彼此之间相互衬托、相互呼应、相互调和等等，都体现了怒族乐器达比亚的韵律美。

图片来源
图一至图四　徐江华　制图
图五至图七　徐晶　摄影

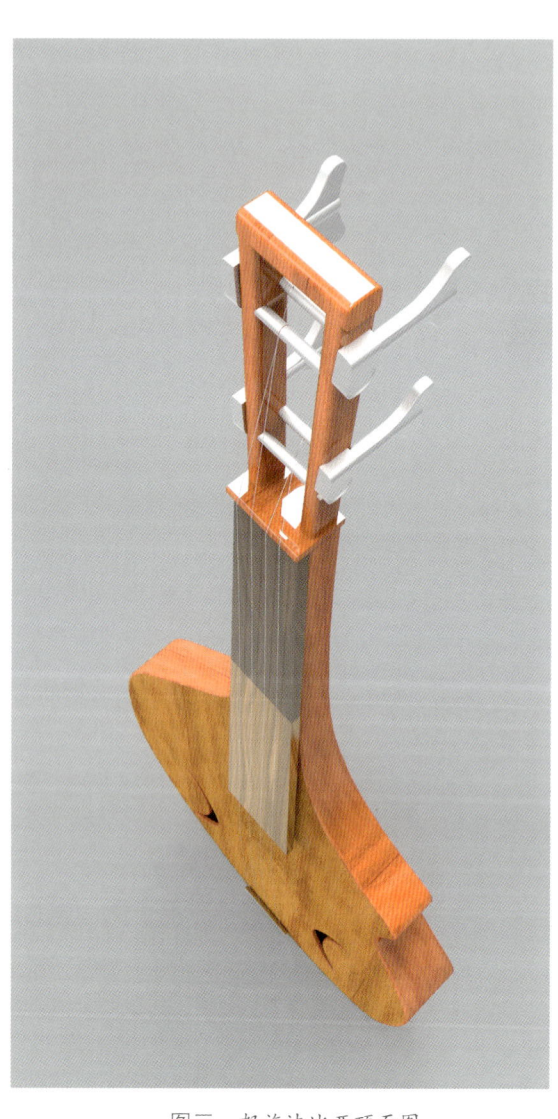

图三　怒族达比亚顶面图

图四　怒族达比亚细部图

图五 怒族达比亚演奏图

图六 怒族达比亚实物细部图

图七 怒族达比亚实物图

怒族口弦

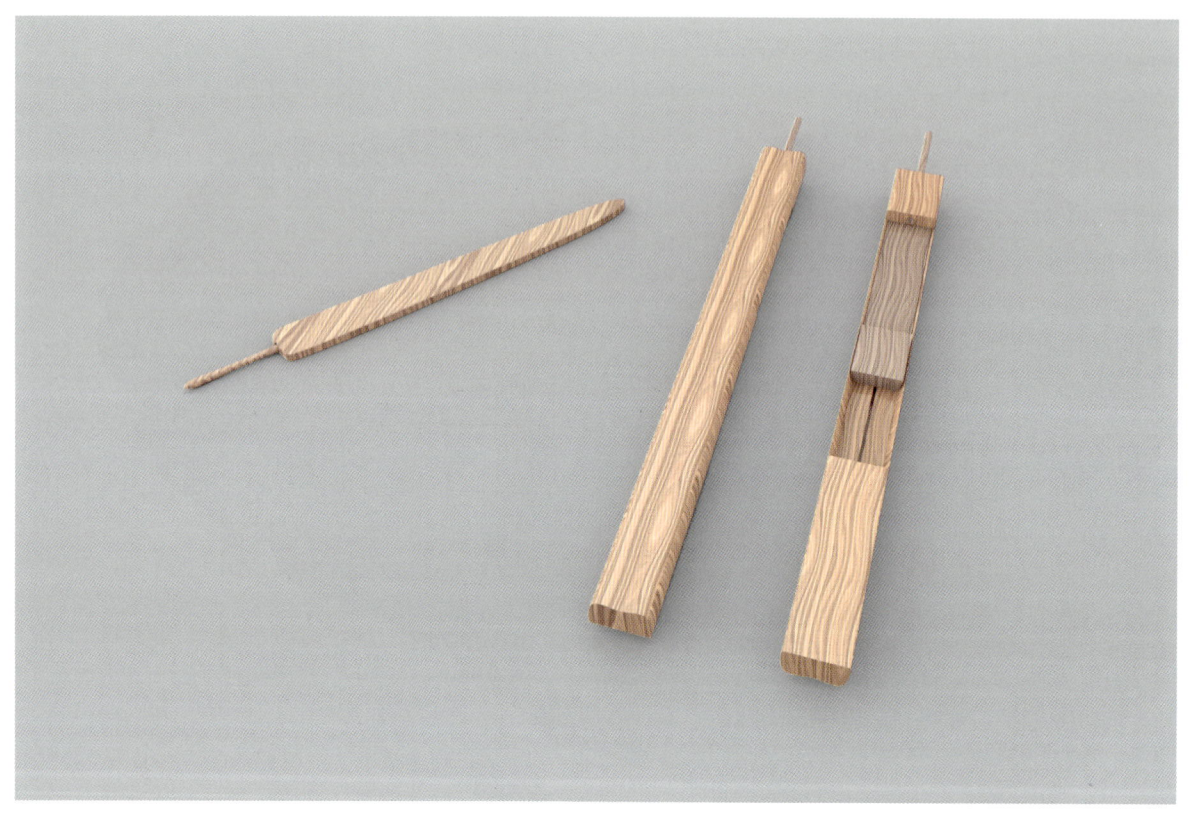

图一　怒族口弦主图

口弦，怒苏语称"几味"，阿侬人称之为"芒弓"，是怒族的代表性乐器之一。怒族男青年为了显示自己的才能，将做好的口弦装在一个精制的小竹筒里，筒面上雕刻了各种花纹图案，系上红色或黄色的缨穗，送给自己心爱的姑娘，作为爱情的信物。姑娘收到心爱小伙的礼物，便会把它挂在胸前随身携带，既可作为装饰品，又可随时取出吹奏娱乐。它是怒族女子向情人倾诉衷肠及平时表达情感的一种最重要、最常用的工具。

怒族口弦根据簧片数量的不同，一般分为一片弦和三片弦两种。口弦多为竹制，一般采用质地坚硬的楠竹片削制而成。在制作时，先用锋利的刀子将竹片刳薄，在中间三面镂空刻出簧舌，然后把弦的片头削尖呈剑形，片尾截齐做弦柄。口弦的簧舌头部大而薄，中部窄而厚，舌的两侧削成斜面，与竹片的头部相连。弹拨片头时，利用竹片的弹性，可以使簧舌自由往复地振动发音。如果把三个竹片用绳子穿接起来，就制成三片口弦。三片口弦较一片口弦复杂，有三个音，其中一个音是固定的，音程关系为"1""6""2"和"5""1""2"，竹片的音高取决于簧舌的长短、宽窄和厚薄。

怒族的口弦制作精巧，携带方便，常装在刻有精美的鸟雀图案的弦筒内，不仅在形状和制作方法上颇有特色，用丝线抻动的演奏方法也非常独特。演奏时，口弦演奏者在每个簧片的尖端系上一条丝线，先用左手的拇指和食指夹住口弦的顶头，将簧舌部分放在两唇之间，再用右手拉线头，并将有楞部位含于口腔，用手指牵线，让呼吸的气流鼓动簧片，随着气流的变化和指头的弹动，使簧片振动而共鸣发音。另外，为了增加共鸣和扩大音量，演奏者在演奏口弦的时候，双唇要向前突出，形成筒状。他们还要借助口型的变化和控制呼吸气流等方法来控制音量高低、大小。怒族口弦音色深厚低沉、柔美悠扬、娓娓动听，不仅可以演奏出音色多变的乐曲，也是花前月下怒族少女向情郎倾诉衷肠、表达感情的乐器。所以，在云南少数民族地区中树林里、小河边或是幽静的夜晚，总会传来阵阵悦耳动听的口弦声，这是姑娘们在向心上人倾吐她们心中的爱情。

图片来源
图一　徐江华　制图
图二　徐晶　摄影
图三　陈荣喆　制图

图二　怒族口弦实物图

图三 怒族口弦使用情境图

怒族竹号

图一　怒族竹号主图

竹号，又称布利亚，流行于云南省怒江傈僳族自治州的碧江、兰坪和泸水等地，是一种怒族边棱气鸣乐器。

竹号由吹管和共鸣筒两部分组成。吹管部分为细竹制，长25～35厘米，直径2～2.5厘米，一端留节，另外一端敞口。在留节的一端斜削管身，露出管的内腔为吹孔，吹孔内径1.5～2厘米。共鸣筒的部分是用一段较为粗大的龙竹制作，长30～40厘米，直径7～10厘米，一端留节，另一端敞口。

竹号在演奏时，演奏人左手持共鸣筒，右手持吹管，将吹管敞口一端插入共鸣筒内，吹孔置于唇间吹奏。只发一音，其音为"嘟嘟"声，无固定音高。竹号音色浑厚，音量较大，传播甚远。吹奏时，边吹边移动共鸣筒，可使竹号发出下滑音，其声更有悲伤之感。

怒族竹号用于民间的丧事活动，是怒族用来报丧时专用的吹奏乐器。

在怒族丧俗中，碧江怒族男子死时便要吹响这种竹制号角。吹响竹号，是向全村报丧，也是为死者"开路"。而竹号的数目要视死者的年龄及身份而定，未婚者只吹一个竹号，有妻子及儿女者吹两个，头人吹三个，巫师吹四个。妇女和小孩死亡，是不吹竹号的，这是因为那些已死的父兄已经在前面等着替他们开路。所以，村里的人一听到竹号声，即知某家死人，死什么人。于是，大家都带一瓶酒去吊丧，和死者喝"离别酒"道别。死者家属也要备酒，让死者与众亲友"告别"，先由巫师给死者灌一杯酒，然后在场的诸位也各饮一杯。妇女故去，享受不到这种待遇，可见在怒族男女地位的差别。

图片来源
　　图一、图二　徐江华　制图
　　图三至图五　徐晶　摄影

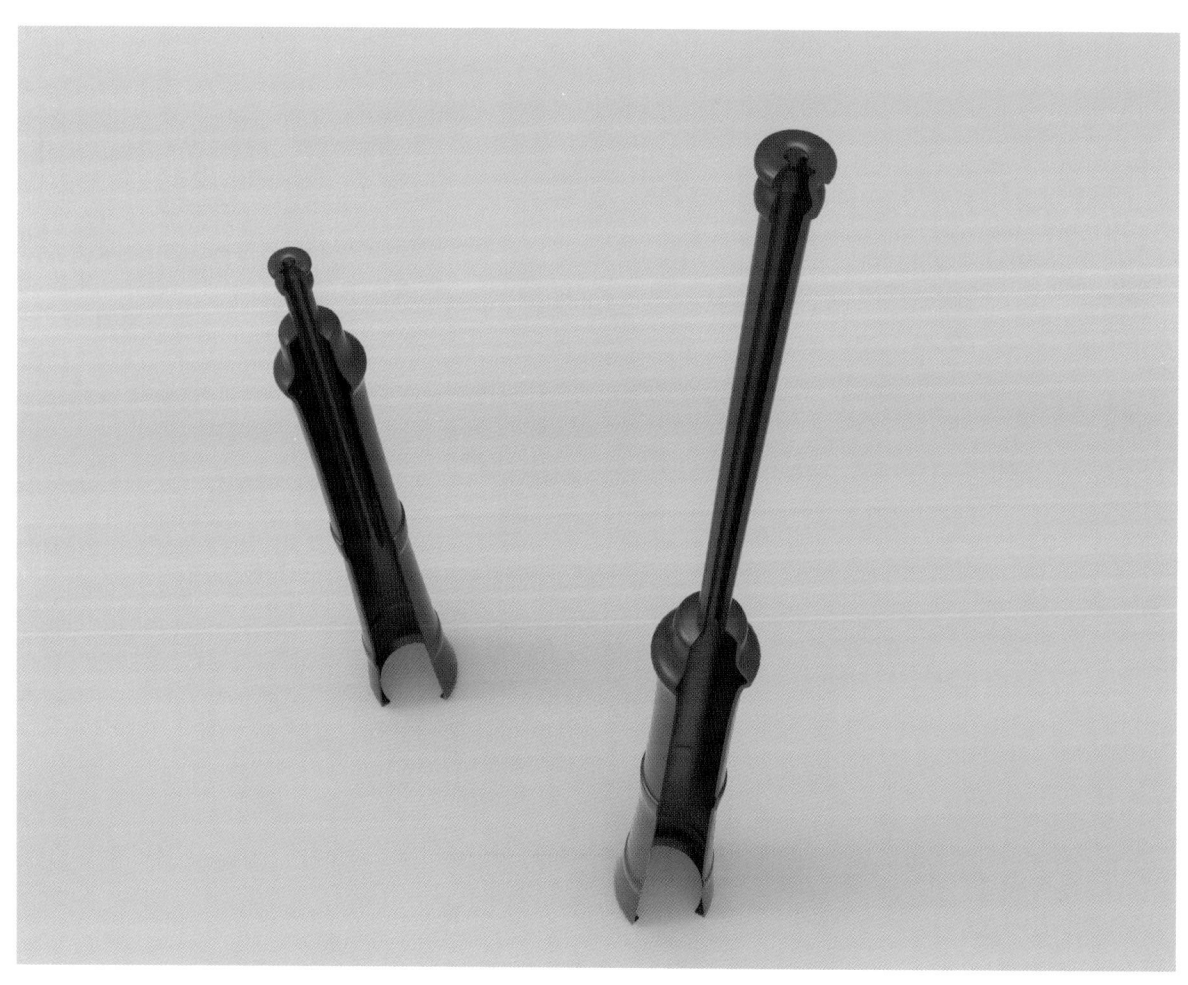

图二　怒族竹号剖面图

图三　怒族竹号实物图

图四　怒族竹号实物细部图（一）

第四章　怒族传统生活用具

图五　怒族竹号实物细部图（二）

第五章
怒族传统民俗和宗教造像

怒族仙女节

图一　怒族仙女节主图

仙女节，现定名为乃仍节，亦称朝山节和鲜花节。据《征集菖蒲桶沿边志》记载："丙中洛达拉后山顶上，有一石洞俗名仙人洞，方围七八十丈，深幽无底，洞内积有土燕窝，质白力厚，采取不易。每年于三月十五日，各外夷人男女，皆醵酒肉食物，结队前往朝山。在洞左右露宿一宵，翌日结队归，前者执一布旗，后者敲一小锣，沿途歌唱饮酒，到家后仍群聚饮酒，欢尽始散。"这是有关仙女节最早的文字记载。

现如今，仙女节仍然是云南省贡山一带怒族人民的民间传统节日，每年农历三月十五开始，共延续三天。每年参与者多达数千人，人们穿着节日盛装，带着祭祀礼品，从四面八方汇聚到仙女洞前，由普化寺的喇嘛击鼓诵经，众人叩头献礼，奉献鲜花、种子、酒食等。

仙女节的由来已久，节庆起源于一个美丽的传说：相传很久以前，吉木得村有一个聪慧美丽的阿龙少女叫阿茸，她不仅发明了织麻布、独木舟、溜索，还在高黎贡山上为人们引来了甘甜的泉水，芳名远播。但是有个残暴的头人要用暴力抢她为妻，阿茸抗婚躲进了溶洞里，后被头人放火烧死。她死后身躯化为钟乳石，灵魂成了崖神，而溶洞周围则开满了杜鹃花。传说那天正好是农历三月十五，怒族人为了凭吊这位仙女，每年的农历三月十五都要聚集到洞口，举行各种祭祀活动。节庆活动包括祭祀仙女并迎接圣水、歌舞祈福、体育竞技三项。传说洞内由阿茸化作的钟乳石会流出仙乳即"圣水"，由青年女子进洞接圣水，然后众人共饮，载歌载舞，通宵达旦，祈求仙女、崖神保佑怒族人民安康幸福、五谷丰登、六畜兴旺。

怒族原始宗教的发展大体可分为自然崇拜、图腾崇拜和祖先崇拜三个阶段，自然崇拜是怒族原始信仰活动中最古老的内容。怒族人民大都信奉"万物有灵"的原始宗教，他们认为自然界的万物和人一样是有灵魂的，凡天地、山水、日月、动植物都有神灵存在或主宰。怒族聚居的怒江大峡谷地区，到处都是悬崖峭壁，石灰岩溶洞亦较多，而较大的崖壁和溶洞几乎都有崖神的传说。农历三月十五的鲜花节，实际上就是祭祀崖神的日子。这类传说中的崖神，被认为主宰着山林的茂盛和野兽的出没，主宰着谷物的生产，也主宰着人间的疾病、婚姻和生育，甚至还主宰着各种自然现象等，它们从不同的方面影响或支配着人们的生活，人们对之采取敬畏、讨好和某些禁忌，并向其祭祀，以求得庇护和保佑。

图片来源
图一至图四　尹晖　制图

图二　怒族仙女节接圣水

图三　怒族仙女节绕山

图四　怒族仙女节祭拜崖神

声 明

本书编写时收入的个别图片,因条件所限,未能同相关著作权人取得联系,获得授权,敬请谅解。请相关著作权人及时与编者联系,以便奉上稿酬。谢谢!